Baedeker

Allianz Reiseführer

Salzburger Land

Salzburg • Salzkammergut

www.baedeker.com

Verlag Karl Baedeker

TOP-REISEZIELE ★★

Die Liste der Sehenswürdigkeiten ist lang, doch wo sind die Highlights im Salzburger Land und im Salzkammergut? Ob idyllische Seen oder schroffe Felsen, grüne Almen oder eisige Gletscher, sehenswerte Museen oder historische Burgen, Festspiele oder Mozartkugeln – wir haben für Sie zusammengestellt, was Sie auf keinen Fall versäumen sollten.

1 ★★ Salzburg
Die weltberühmte Mozartstadt heißt jedes Jahr Millionen Besucher willkommen. Festspiele, Dom, Festung und vieles andere sind eine Reise wert. ▸ **Seite 209**

2 ★★ Salzburger Freilichtmuseum
Über 50 historische Bauernhäuser und Nebengebäude aus verschiedenen Regionen des Salzburger Landes wurden in der Nähe von Großgmain wieder aufgebaut. ▸ **Seite 153**

3 ★★ Hallein
In der uralten Salinen- und Keltenstadt wurde über Jahrtausende hinweg das »weiße Gold« abgebaut. ▸ **Seite 154**

4 ★★ Eisriesenwelt bei Werfen
Der Naturfilmer David Attenborough zählt die Eisriesenwelt zu den dreißig größten Naturwundern der Erde. ▸ **Seite 265**

5 ★★ Liechtensteinklamm
Ein fantastisches Naturschauspiel bietet auch die Liechtensteinklamm, eine der großartigsten Felsschluchten im gesamten Alpenraum. ▸ **Seite 244**

6 ★★ Großglockner-Hochalpenstraße
Knapp 10 km lang ist die wunderschöne Panoramafahrt auf der Großglockner-Hochalpenstraße. ▸ **Seite 149**

Salzburgs Schokoladenseite
– vom rechten Salzachufer aus gesehen.

7 ✶✶ Kraftwerk Glockner-Kaprun
Ein Kraftwerk als Touristenziel? Fahren Sie einfach mal hin und lassen Sie sich überzeugen. ▸ **Seite 170**

8 ✶✶ Schmittenhöhe beim Zeller See
Der Blick reicht vom Hochkönig im Norden über den Dachstein im Osten bis zum Großglockner und Großvenediger im Süden. ▸ **Seite 276**

9 ✶✶ Hohe Tauern
Hier entfaltet der gewaltige Gebirgszug mit Österreichs höchsten Bergen seine ganze Pracht. ▸ **Seite 165**

10 ✶✶ Krimmler Wasserfälle
Mit 380 m Gefälle sind die Krimmler Wasserfälle die höchsten Mitteleuropas. ▸ **Seite 173**

11 ✶✶ Gmunden am Traunsee
Das reizende Städtchen an der Nordspitze des malerischen Traunsees lockt auch mit dem durchs Fernsehen bekannten Seeschloss Orth. ▸ **Seite 253**

12 ✶✶ St. Wolfgang am Wolfgangsee
Hierher pilgern die Menschen gerne – die einen zur Wallfahrtskirche, die anderen ins »Weisse Rössl« ... ▸ **Seite 271**

13 ✶✶ Hallstätter See
Hier lag vor 2500 Jahren ein Wirtschaftszentrum der Kelten. Die archäologischen Funde gaben einer frühgeschichtlichen Epoche ihren Namen. ▸ **Seite 160**

14 ✶✶ Dachstein
Die raue Schönheit dieses riesigen Gebirgsmassivs zieht Wanderer, Kletterer, Skifahrer und Gleitschirmflieger gleichermaßen an. ▸ **Seite 138**

Der mächtige Großglockner
ist der höchste Berg Österreichs.

DIE BESTEN BAEDEKER-TIPPS

Von allen Baedeker-Tipps in diesem Buch haben wir hier die interessantesten für Sie zusammengestellt! Erleben und genießen Sie das Salzburger Land von seiner schönsten Seite.

Den Wanderschuh fürs Leben

... gibt es in Bad Goisern südlich von Bad Ischl. Die berühmten »Goiserer« werden nach Maß gearbeitet. ▸ **Seite 71**

Zarte Versuchung

Marzipan und Pistazien, umhüllt von feiner Schokolade – Schleckermäuler wissen sofort, dass es sich dabei nur um die berühmte Mozartkugel handeln kann. Und hier gibt es das Original! ▸ **Seite 72**

Wozu widerstehen?
Einfach auf der Zunge zergehen lassen und genießen!

Mittelalterfest

Mittelalterlich geht es Ende August auf Burg Golling zu, mit Gauklern, Musik, altem Handwerk und rustikalen kulinarischen Angeboten. Ein besonderer Spaß auch für Kinder! ▸ **Seite 144**

Arnoweg

Nach dem ersten Salzburger Erzbischof Arno ist der insgesamt 1200 km lange Wanderweg durch das Salzburger Land benannt. Ob der Erzbischof gerne gewandert ist, ist allerdings nicht überliefert. ▸ **Seite 156**

Wanderbus

Eine höchst praktische Einrichtung ist der Wanderbus am Hochkönig, denn er erlaubt auch Wanderungen mit unterschiedlichen Ausgangs- und Zielpunkten. Der Bus sammelt alle wieder ein. ▸ **Seite 164**

Tauernradweg

Wer gern in die Pedale tritt, sollte in Krimml seinen Drahtesel besteigen: Es folgen salzach- und innabwärts bis Passau rund 330 km Tauernradweg, die meisten davon eben. ▸ **Seite 176**

Diabelli-Sommer

Ein beliebtes Festival klassischer Musik ist der Diabelli-Sommer im Juli und August in Mattsee. ▸ **Seite 182**

Käserdiplom statt Jodeldiplom

Wie man beispielsweise Frischkäse selber herstellen kann, lernt man in den Salzburger Käsewelten – der Lohn der Mühe: das Käserdiplom. ▸ **Seite 183**

Eisenbahnromantik

Auf 760 mm Spurbreite fährt die Taurachbahn durch den Lungau von Mauterndorf nach St. Andrä. ▸ **Seite 186**

Eine Köchin mit vier Hauben

Weniger rustikal als beim Käsemachen geht es hier zu: Johanna Maier, strahlender Stern am internationalen

Alles Käse!
Aus dem Käsebruch im Kessel wird mal ein schöner, fester Käselaib.

Gourmethimmel, verrät beim Kochkurs einige ihrer schönsten Rezepte.
► Seite 202

! Bikeworld
Für Moutainbiker ein Dorado: die Bikeworld in Leogang. Hier treffen sich die Besten. ► **Seite 209**

! Panoramafahrt
Salzburg mal geruhsam aus einem anderen Blickwinkel, nämlich von der Salzach aus – einfach das Panoramaschiff besteigen und sich schippern lassen. ► **Seite 228**

! Klangvolles Souvenir
Wer auf Mozart steht, sollte sich in den Mozartmuseen mit CDs eindecken: die Musik des Meisters, gespielt auf Instrumenten seiner Zeit. ► **Seite 235**

! Zuckmayer-Jause
Auf den kulinarischen Spuren des Schriftstellers Carl Zuckmayer wandelt man in Henndorf am Wallersee. Wie wäre es mit einer zünftigen Jause? ► **Seite 264**

! Schwimmende k.u.k.-Nostalgie
Mehr als 130 Jahre hat er auf dem Buckel, der Schaufelraddampfer »Franz Joseph I.« auf dem Wolfgangsee, benannt nach seiner Majestät. ► **Seite 271**

Schaufelraddampfer-Nostalgie
... auf dem Wolfgangsee

Diese Köstlichkeit gehört zu Salzburg wie der Dom oder die Festung
▸ Seite 73

HINTERGRUND

Preiskategorien

Hotels
Luxus: ab 150 €
Komfortabel: 75 – 150 €
Günstig: bis 75 €
Zwei Personen im Doppelzimmer

Restaurants
Fein & teuer: ab 25 €
Erschwinglich: 12 – 25 €
Preiswert: bis 12 €
Ein Hauptgericht ohne Getränke

PRAKTISCHE INFORMATIONEN VON A BIS Z

Ob Radwanderwege für den Familienausflug wie hier der Tauernradweg oder Anspruchsvolles für Mountainbiker – im Salzburger Land wird jeder fündig.
▸ **Seite 92**

TOUREN

REISEZIELE VON A BIS Z

Schöner Spaziergang rund um den stillen Prebersee
▸ **Seite 251**

»Römisches Theater« im Park des Schlosses Hellbrunn
▸ **Seite 240**

Almen am Fuß des Hochkönigs
▸ **Seite 163**

Hintergrund

HIER ERFAHREN SIE INTERESSANTES UND WISSENSWERTES ÜBER DAS SCHÖNE SALZBURGER LAND, SEINE JAHRTAUSENDEALTE GESCHICHTE, SEINE KULTUR UND NATÜRLICH SEINE GRANDIOSE NATUR.

URLAUB IM PARADIES

Das zumindest verspricht die Salzburger Tourismuswerbung. Zu viel versprochen? Kaum! In diesem freundlichen Land zwischen Bergen und Seen kann jeder sein eigenes kleines Paradies finden. Und hat dabei kaiserliche Vorbilder, denn schließlich hat schon Kaiser Franz Joseph I. selig die Sommerfrische in Bad Ischl verbracht.

Gekrönte Häupter unterschiedlichster Länder genossen ab dem 19. Jahrhundert die Szenerie im Gasteiner Tal und brachten einen Hauch Belle Epoque in die majestätische Berglandschaft, wo man heute außer auf sportlich Ambitionierte auch auf Wellness-Anhänger setzt. Was einst als Kuranwendung eher bieder in Form von Trinkbechern und Moorbädern daherkam, zeigt sich nun als umfassendes Angebot von ausgedehnten Badelandschaften und ausgefeilten Saunagängen über Beautycenter bis zu wohl riechenden Kräuteraufgüssen und Lichttherapien.

In die Ferne *über prächtige Hochgebirgskulissen schweift der Blick der Wanderer am Hochkönig.*

Wer einfach nur die Seele baumeln lassen will und die Ruhe liebt, kommt ebenfalls auf seine Kosten: Geruhsame Almen und einsame Gebirgsseen inmitten grandioser Berge, tosende Wasserfälle und stille Wälder zeigen, dass man im Salzburger Land den Wert einer intakten Natur erkannt hat. Sie gilt es zu schützen, nicht nur wegen der anziehenden Wirkung auf die Touristen. Ein gutes Beispiel für diese Erkenntnis ist die Ausweisung des Nationalparks Hohe Tauern, in dem die beiden höchsten Berge Österreichs liegen, der Großglockner und der Großvenediger. Wer die Großglockner-Hochalpenstraße befährt, kann bei gutem Wetter einen Blick auf 37 Dreitausender genießen.

Sportfreunde willkommen

Ein ausgedehntes, gut ausgebautes Wanderwegenetz zeigt den Touristen, wo es langgeht. Bergwanderer und Kletterer schätzen das Hochgebirge mit schroffen Felsen, eisigen Gletschern und herrlichen Panoramablicken. Gleitschirmflieger lassen sich hier gerne den Wind um die Nase wehen. Dass man die Berge auch mit einem stabilen Zweirad bewältigen kann, beweisen diverse Moutainbike-Routen.

Ballonfahren statt Skifahren
Wer sich die Pisten einmal von oben ansehen will, steigt am besten bei Filzmoos in den Ballonkorb.

Still ruht der Hallstätter See
und der Kirchturm von Hallstatt spiegelt sich darin. Im Hintergrund die Kulisse des Dachstein-Massivs.

Barockes Gepräge auch für Pferde
Prachtentfaltung in jeder Hinsicht war nach dem Geschmack der Salzburger Fürstbischöfe.

Blühende Idylle
So recht was fürs Auge sind die üppig blühenden, weil sorgfältig gepflegten Balkonpflanzen, die man im Salzburger Land oft sehen kann.

Wanderer, kommst du zum Schoberstein,
dann genieße nach der Mühe des Aufstiegs den Ausblick über den Attersee.

Christliches Zentrum
Das Kollegiatsstift in Mattsee ist das drittälteste Kloster Österreichs. Deutlich jünger ist die prunkvolle barocke Ausstattung der Stiftskirche St. Michael.

Wer es flacher und gemächlicher liebt, nimmt stattdessen beispielsweise den Tauernradweg entlang der Salzach unter die Pedale. Die Seen des Salzburger Landes und des Salzkammergutes laden zum Baden, Surfen oder Segeln ein. Ganz Mutige wagen sich ans Rafting auf Salzach oder Saalach. Wenn die Temperaturen fallen, sind Skifahrer und Snowboarder nicht weit – für die Qualität der zahlreichen Skischaukeln sprechen die Erfolge der Skination Österreich.

Kulturmetropole Salzburg

Als Kulturmetropole par excellence gilt die Mozartstadt Salzburg. Der Mozartwoche im Januar folgen die Osterfestspiele und die Festspiele Pfingsten Barock. Wichtigstes Ereignis sind natürlich die weltberühmten Salzburger Festspiele im Sommer, die dann von den Kulturtagen im Herbst abgelöst werden – kaum ein Tag also, an dem in der Stadt nichts los wäre. Viel gerühmt wird Salzburg auch für sein vollständig erhaltenes barockes Altstadtensemble: Die stolze Festung Salzburg schaut hinab auf enge Gassen und weite Plätze, die sich schon zu Mozarts Zeiten ähnlich präsentierten. Was im Bombenhagel des Zweiten Weltkriegs zu Bruch ging, wurde sorgfältig restauriert. Auch die Liste namhafter Museen und Kunstsammlungen ist beeindruckend, vom Dommuseum mit seinen sakralen Schätzen und der Residenzgalerie, die Gemälde aus dem 16. bis 19. Jh. zeigt, bis zum Museum am Mönchsberg mit seiner bedeutenden Kollektion klassischer Moderne und internationaler Kunst seit 1945. Aber nicht nur in Salzburg ist die Kultur zu Hause: Viele Künstler, Musiker und Schriftsteller zog es schon in vergangenen Jahrhunderten an die Seen des Salzkammerguts – Mahlers Komponistenklause am Attersee oder die Via Artis in Bad Aussee sind beredtes Zeugnis für die inspirierende Wirkung dieser herrlichen Gegend. Sehenswertes findet sich auch in den Klöstern und Kirchen des Landes: Die Klosterbibliothek in Michaelbeuern, der Pacher-Altar in der Wallfahrtskirche St. Wolfgang oder die Glasfenster von St. Leonhard in Tamsweg sind einen ausgiebigen Besuch wert.

Früh übt sich, *was ein rechter Fischer werden will. Auch wer nichts fängt im Wallersee hat jedenfalls viel Spaß gehabt.*

Bei so viel geistiger Anregung darf die kulinarische Basis nicht fehlen: Die Gastronomie des Salzburger Landes hat sich auf ihre Traditionen besonnen und serviert neben feiner internationaler Küche auch regionale Spezialitäten und gute Hausmannskost.

Fakten

Was hat der geografische Mittelpunkt Österreichs mit dem Salzburger Land zu tun? Wann ist die Fernsicht von den Gipfellagen voraussichtlich am besten? Wer regiert derzeit das Land? Und seit wann spielt der Tourismus eine Rolle? Auf den folgenden Seiten werden alle diese Fragen beantwortet.

Naturraum

Das österreichische **Bundesland Salzburg** mit der Hauptstadt Salzburg umfasst eine Fläche von 7154 km² und ist damit das sechstgrößte der neun österreichischen Bundesländer. Es grenzt im Nordwesten an Deutschland, Oberösterreich schließt sich im Norden und Nordosten an, nach Südosten die Steiermark, nach Süden Kärnten und nach Südwesten Tirol. Auf wenigen Kilometern grenzt das Salzburger Land im Südwesten auch an Italien.

Die als **Salzkammergut** bezeichnete Landschaft erstreckt sich von Salzburg im Westen zum Dachstein im Süden und wird im Osten vom Almtal begrenzt. Im Norden wird gemeinhin die Autobahn von Salzburg nach Wien als Grenzlinie angesehen. Drei Bundesländer haben Anteil an diesem Landstrich, dessen Grenzen historisch bedingt sind und der heute nur noch touristisch-geografische Bedeutung hat: Größtenteils gehört das Gebiet zu Oberösterreich, reicht aber mit dem Wolfgang- und dem Fuschlsee ins Land Salzburg sowie mit dem Ausseer Land (►Bad Aussee) in die Steiermark hinüber.

? WUSSTEN SIE SCHON ...?

- ..., wie man Bad Aussee als geografischen Mittelpunkt Österreichs ermittelte? Jemand klebte eine Österreichkarte auf eine Sperrholzplatte, sägte die Grenzen genau aus, stellte die Karte auf eine Nadelspitze und schob sie so lange hin und her, bis die Karte im Gleichgewicht war. Die Wiener Universität hat Bad Aussee als geografischen Mittelpunkt offiziell bestätigt.

Geologische Gliederung

Im Land Salzburg unterscheidet man von Norden nach Süden die Molassezone, die Helvetische Zone, die Flyschzone, die Zone der Nördlichen Kalkalpen, die Grauwacken- und die Zentralalpenzone. Der Norden ist mit Ablagerungen des quartären Eiszeitalters bedeckt, in dem Kalt- und Warmzeiten wechselten und die Salzachgletscher weit vorstießen. Vom Salzachtal zweigen die zahlreichen durch die Gebirgszerschneidung entstandenen Tauerntäler ab. Sie werden durch federförmige, vom Hauptkamm abzweigende Seitenkämme voneinander getrennt. Die Täler haben alle mehr oder weniger eine U-Form, weisen einen unterschiedlich entwickelten Stufenbau und nicht selten ineinander geschachtelte Tröge auf. Die Tröge sind die Folge einer etappenweisen Hebung des Gebirges, während die Stufen auf harte Gesteine, die das Zurückwandern von Gefällsteilen verhinderten, zurückzuführen sind. So entstanden die Mündungsstufen der Tauerntäler, die dort besonders hoch sind, wo das Tal vor seiner Mündung durch härteres Gestein führt. Die Einmündung in das Haupttal geht über Wasserfälle (Krimmler Fälle, Untersulzbachfall) oder Schluchten (Habach-, Hollersbachtal). Den Hohen Tauern stehen nördlich die Kitzbüheler Alpen – die sog. Grasberge – gegen-

← Herbststimmung am Mondsee

über. Dort bleiben die Höhen durchweg unter 2500 m, Felsbildungen sind auf einzelne Kalkzüge beschränkt. Die weithin geschlossene Walddecke reicht bis unter die Gipfelregion.

Das Land Salzburg erstreckt sich vom Tauernhauptkamm bis ins Alpenvorland, umfasst daher sowohl inneralpine Landschaften als auch solche der Außenabdachung des Gebirges und des Vorlandes. Immerhin rund 60 % des gesamten Gebietes liegen im Hochgebirge über 1200 m.

Seinen besonderen Reiz erfährt das Salzkammergut durch den Gegensatz der über vierzig Seen verschiedener Größe (u. a. Mondsee, Wolfgangsee, Attersee, Hallstätter See, Fuschlsee) und der markanten Gipfel und Steilwände der umliegenden Berge. Im Süden und Osten erstrecken sich die hohen verkarsteten Kalkstöcke des Dachsteins und des Toten Gebirges, im Norden die Kalkvoralpen (Höllengebirge, ►Traunsee; Schafberg, ►Wolfgangsee) und bewaldete Sandsteinberge wie der Kolomansberg.

Natürliche Landschaften

Das Salzburger Land gliedert sich in natürliche Landschaften, denen die historische und auch die heutige Verwaltungsgliederung mit sechs politischen Bezirken folgt. Im nördlich gelegenen **Flachgau** klingen die gewaltigen Kalkgebirgsstöcke in ein reizvoll bewegtes Hügel- und Flachland aus. Hier findet man außer der Landeshauptstadt als kulturellem Mittelpunkt zahlreiche Badeseen, Wiesen und Moore.

Ganz zu Unrecht ist die Schönheit des Tennengebirges wenig bekannt.

Bereits wenig südlich der Stadt Salzburg beginnt der **Tennengau**. Er umfasst das breite Tal der Salzach mit dem Seitental der Lammer, dem Abtenauer Becken und der Osterhorn-Gruppe der Salzburger Kalkalpen. Nach Süden hin schließen die wuchtigen Kalkmassive des Tennengebirges östlich und des Hagengebirges westlich die Landschaft ab.

Der Salzachdurchbruch am Pass Lueg trennt den Tennengau vom **Pongau**. Dazu gehören das mittlere Salzachtal, das obere Ennstal sowie die Täler der Gasteiner und Großarler Ache (Liechtensteinklamm, ►St. Johann). Die Landschaft wechselt zwischen offenen Talweitungen und Durchbrüchen, an denen die Felswände dicht zusammentreten.

Ebenfalls ganz von Gebirgen eingefasst ist der **Pinzgau** im Südwesten. An das Hagengebirge schließt sich nach Westen hin das Steinerne Meer (►Saalfelden) an, ein riesiges Karstplateau, überragt vom glitzernden Eis der »Übergossenen Alm« des Hochkönigs mit den schroffen Zinnen der Manndlwände. Die Loferer und die Leoganger Steinberge bilden im Westen die Grenze zu Tirol. In einer weiten Mulde, die sich bei Zell am See zum Salzachtal öffnet, liegt der Zeller See. Südlich zieht sich der Kamm der Pinzgauer und Pongauer Schieferalpen bis in das Obere Ennstal. Niedere Tauern heißt die Urgebirgskette von der Steiermark bis zum Murtorl, das den Übergang zu den Hohen Tauern bildet. In die Hohen und Niederen Tauern sind dunkle Gebirgsseen eingebettet. Wasserreiche, über Stufen stürzende

Natürliche und politische Gliederung

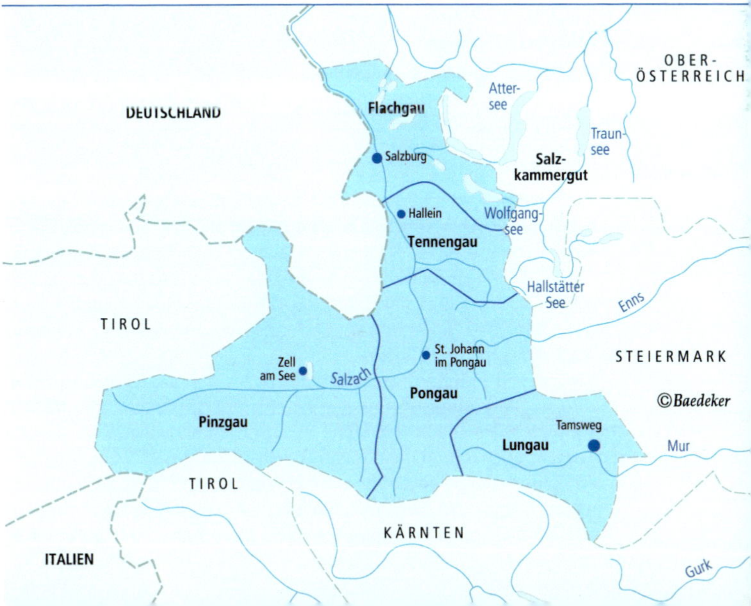

Gebirgsbäche kerben die vielen Täler des Hochgebirgswalls. Höchste Erhebung der Hohen Tauern ist der Großglockner (3798 m), dessen Gipfel allerdings bereits auf Kärntner Gebiet liegt. Höchster Berg im Salzburger Land ist der Großvenediger (3674 m).
Als **Lungau** bezeichnet man das bewaldete Hochtalbecken (1000 bis 1200 m) im Südosten des Salzburger Landes zwischen den Schladminger Tauern, einem Teil der Niederen Tauern, im Norden und den Gurktaler Alpen im Süden, das von den Quellflüssen der Mur durchflossen wird.

Flüsse

Der größte Teil des Salzburger Landes gehört zum Einzugsgebiet der Salzach, die auch alle Landesteile verbindet. Salzach und Saalach durchbrechen die Kalkalpen, im Osten liegt das Einzugsgebiet der Flüsse Enns, Mur und Traun auf Salzburger Boden.

Klima

Zwei Klimazonen

Das Salzburger Land zerfällt in zwei Teilräume mit eigener Klimaausprägung: den Alpennordrand, zu dem die Stadt Salzburg, der Flachgau und das Salzkammergut gehören, und die inneren Alpen, die den größten Teil des Salzburger Landes ausmachen.

Alpennordrand ►

Der nördliche Alpenrand weist ein besonders feuchtes Klima auf. Die in Mitteleuropa vorherrschenden westlichen und nordwestlichen Winde bringen feuchte atlantische Luftmassen heran, die am Gebirgsrand aufsteigen und abkühlen. Die Folge sind kräftige Wolkenbildung und Niederschläge, die mit steigender Höhe merkbar zunehmen: In Bereichen zwischen 1000 und 1500 m Höhe liegen die Niederschlagsmengen etwa doppelt so hoch wie in den Talregionen und in Salzburg ist der sommerliche »Schnürlregen« geradezu sprichwörtlich geworden. Kennzeichnend für die tieferen Lagen dieser Region sind milde Winter und mäßig warme Sommer. Die mittlere Jahrestemperatur liegt in der Mozartstadt bei 12 °C, die Durchschnittswerte für den Juli betragen 18 °C, für den Januar -2 °C.

Innere Alpen ►

Zum Alpeninneren hin gehen die Niederschläge auf durchschnittliche mitteleuropäische Werte zurück, das alpine Klima bleibt aber generell niederschlagsreich. Die Sommer sind kurz und relativ kühl. Wegen der intensiven Sonneneinstrahlung bei schönem Wetter werden die niedrigen Lufttemperaturen jedoch nicht so bewusst wahrgenommen. Im Landschaftsbild sind die Unterschiede zwischen dem südexponierten Sonnenhang und dem nordexponierten Schattenhang deutlich ausgebildet.
Rasche und kräftige Wetterumschwünge treten häufig auf; ganz besonders Bergwanderer müssen sich darauf einstellen. Die **Niederschläge** nehmen mit der Höhe zu. Im Sommer fallen sie meist als Schauer oder während eines Gewitters, so dass große Mengen in kurzer Zeit niedergehen können. Über 3000 m fällt Niederschlag generell als Schnee. Im Herbst und Winter haben die Berg- und Gipfellagen deutlich mehr Sonnenschein und klare Luft – mit guter Fern-

sicht – als die tiefen Täler, die oft tagelang unter einer Nebeldecke liegen. In Becken und abgeschlossenen Tälern sammelt sich die Kaltluft und kühlt weiter ab; es kommt zu Tiefsttemperaturen von deutlich unter -30 °C. Da die Sonne die hangnahen Luftschichten tagsüber aufheizt, so dass diese aufsteigen, kommt es bei ruhigem Hochdruckwetter einerseits zum so genannten Talwind und andererseits zur Wolkenbildung um die Gipfel. Nachts weht umgekehrt ein kühlender Bergwind und die Wolken lösen sich wieder auf, so dass frühmorgens die beste Sicht besteht.

Föhn

Eine Besonderheit ist der Föhn. Er tritt hauptsächlich im Frühjahr und Herbst auf, und zwar immer dann, wenn ein **Tief nördlich der Alpen** Luft aus einem **Hoch südlich des Gebirges** ansaugt. Auf der Alpensüdseite kommt es dann zu Steigungsregen. Wegen der freiwerdenden Kondensationswärme kühlt sich die Luft beim Aufstieg aber nur wenig ab, während sie sich andererseits beim Abstieg auf der Nordseite um 1 °C pro 100 Höhenmeter erwärmt. Als zunehmend wärmere, trockenere und wolkenfreiere Luft stürzt sie böig und stürmisch in die Täler der Alpennordseite. Die Grenze der Wolkenauflösung, die sog. Föhnmauer, bleibt ortsfest über den Zentralalpen, während nördlich davon ein Band blauen Himmels, das Föhnfenster, erscheint. Je kräftiger der Föhn ist, desto tiefer stößt er in die Täler vor und desto weiter dringt er in das Alpenvorland. Der Föhn kann zu Kopfschmerzen führen und mindert die Leistungsfähigkeit, er kann Lawinen verursachen und Brände verstärken.

Pflanzen und Tiere

Blauer Enzian – farbenprächtiges Symbol der Alpen

Entsprechend der Höhenstufung – das Salzburger Land steigt vom Alpenvorland mit Höhen zwischen 400 und 600 m bis zu den Hochgebirgsregionen der Hohen Tauern mit Gipfelhöhen von weit über 3000 m an – bestehen unterschiedliche Vegetationszonen. Das **Alpenvorland** (400 – 600 m) wird intensiv landwirtschaftlich genutzt. Nur sehr vereinzelt gibt es noch Waldflächen. Im subalpinen Mischwald kommen neben Buchen und Tannen u. a. auch Bergulmen, Eiben und Ahorn vor. Mancherorts wurden derartige Areale durch geforstete Fichtenwälder ersetzt. Am Mittellauf der Salzach findet man gelegentlich Auwälder. Zwischen 600 und 1600 m liegt die **Waldzone**. In den unteren Regionen dominieren Fichten, Buchen, Lärchen und Kiefern. Ab 1350 m herrscht an feuchten Hängen die Fichte vor, an trockenen die Kiefer. An der obe-

Der drollige Nager ist zwar scheu, aber mit etwas Glück kann man ihn beobachten.

ren Waldgrenze stehen meist Fichten und Lärchen. In den Tauern wächst vielfach die Zirbe, eine hochalpine Kiefernart, die schon im September in ihrem Stamm Wasser speichert und so auch im strengsten Winter bei Temperaturen mit bis zu -40 °C nicht austrocknet. Auf Kalkplateaus ist die Legföhre (Latsche) typisch. An die obere Waldgrenze schließen **Almen** an (1500 – 2300 m). Je höher man hinaufkommt, desto niedriger wird das Gras. Während des Bergfrühlings bietet eine naturbelassene Almwiese ein herrlich buntes Bild. Dort wachsen u. a. Alpenaster, Alpenleinkraut, Alpenmohn, Alpennelke, Arnika, alle Arten von Enzian, verschiedene Primelarten, Silberwurz, Germer und Trollblume. Die meist rosarote Alpenrose bildet oft ganze Buschflächen. An Bäumen findet man hier lediglich einzelne Zirbelkiefern, Latschen und Lärchen sowie Bestände von Krummholzkiefern, die bis etwa 2400 m Höhe wachsen. Im **Felsengebiet** zwischen 2300 und 2700 m leben spärlich verteilt kleine hochalpine Pflänzchen, hauptsächlich Moose, Flechten und Algen, aber auch einige Blütenpflanzen. Zu ihnen gehört das inzwischen selten gewordene Edelweiß. Im Bereich von 2000 bis über 4000 m liegt der Lebensraum der am **höchsten steigenden Blütenpflanze Europas**, des Gletscherhahnenfußes.

Artenreichtum

Etwa 10 000 Tierarten, so wird geschätzt, gibt es allein im Bereich der Hohen Tauern. Selbst in Gletscherlagen sind noch einige Arten beheimatet. Zu den bekanntesten Arten gehören der Alpensteinbock und die scheue, flinke Gämse mit nach hinten gekrümmten Hörnern. Sie lebt vor allem im oberen Waldgürtel, im Sommer aber auch im Felsgebiet. Sehr selten geworden sind der majestätische Steinadler und der Gänsegeier. Wieder angesiedelt wird derzeit der ehemals hier heimische Bartgeier. Auch das **Murmeltier** ist nicht allzu häufig anzutreffen. Es stößt bei Gefahr schrille Warnpfiffe aus und verschwindet dann in seinen Erdhöhlen, wo es auch seinen Winterschlaf hält. Vorzugsweise in der Dämmerung oder bei Regen unterwegs ist der Alpensalamander, der sich den rauen Hochgebirgsbedingungen angepasst hat, aber auch im Bergwald vorkommt. Noch in Höhen von 3000 m sieht man die Schneemaus oder den Schneefink, der hier oben sogar seine Eier ausbrütet.

Naturschutz

Im Salzburger Land sind zahlreiche Naturdenkmäler, Naturschutzgebiete und Landschaftsschutzgebiete ausgewiesen. Aushängeschild im Bemühen, ein begrenztes Gebiet in seiner ursprünglichen Schönheit zu bewahren, ist der **Nationalpark Hohe Tauern**. Das Schutzgebiet, an dem neben Salzburg auch die Bundesländer Tirol und Kärnten Anteil haben, gilt als größter Nationalpark Mitteleuropas. Die Salzburger Gemeinden, die Flächen in den Nationalpark einbringen, setzen erfolgreich auf »Nationalparktourismus«. Um den Individualverkehr einzudämmen, werden täglich ca. 600 km von fast 200 Busstrecken bedient. In den Seitentälern des Nationalparks sind nur noch Zubringertaxis zugelassen. Im Nationalpark dürfen keine Skilifte und Seilbahnen, keine Hotels und Staumauern gebaut werden. Ein Großteil der aufgelassenen Almen wird wieder bewirtschaftet.

◄ Regeln zum Naturschutz

Die Nationalparkverwaltung bittet alle Besucher, die ausgewiesenen Wanderwege nicht zu verlassen und wild lebende Tiere nicht zu stören. Abfälle muss man grundsätzlich wieder mitnehmen. Feuer darf im Nationalpark nicht entfacht werden, Zelten ist verboten. Hunde sind an der Leine zu führen und es versteht sich von selbst, Blumen, Insekten und Mineralien dort zu belassen, wo sie sind.

Bevölkerung · Politik · Wirtschaft

Siedlungsgeschichte

Seit Ende des 5. Jh.s drangen verschiedene Stämme, hauptsächlich aus Böhmen, daher Bojoarier oder **Bajuwaren** genannt, in das Alpenvorland ein und festigten sich zur Volksgruppe der Bayern. In der zweiten Hälfte des 6. Jh.s nahmen sie vom heutigen Flachgau und dem fruchtbaren Becken von Saalfelden Besitz. Sie trafen auf romanisierte Kelten und Restgruppen römischer Bevölkerungsteile, die im Stamm der Bayern aufgingen. In den folgenden Jahrhunderten stie-

Zahlen und Fakten Salzburger Land

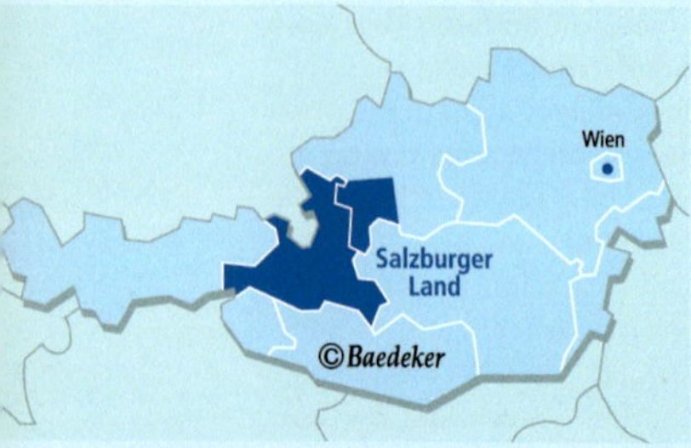

Fläche
- 7154 km² (8,5 % der Gesamtfläche Österreichs)

Max. Ausdehnung (Luftlinie)
- West – Ost: ca. 175 km
- Nord – Süd: ca. 125 km
- Höchster Berg: Großvenediger (3674 m ü. d. M.)

Einwohnerzahlen
- Land Salzburg: 525 000
- Stadt Salzburg 150 000

Verwaltungsbezirke
- Flachgau (Salzburg), Tennengau (Hallein), Pongau (St. Johann im Pongau), Pinzgau (Zell am See), Lungau (Tamsweg)

Religion
- 85 % Katholiken
- 5 % Protestanten

Wirtschaft
- ca. 251 000 Erwerbstätige
- Bruttoinlandsprodukt pro Einwohner: ca. 31 000 €
- Beschäftigungsstruktur: Landwirtschaft 1,5 %, Industrie 27,5 %, Dienstleistung 71 %
- Tourismus: jährlich ca. 7 Mio. Besucher (Stadt Salzburg) ca. 22. Mio. (Salzburger Land)

Verkehr
- Autobahndreieck Salzburg – Wien (Westautobahn) bzw. Salzburg – Villach (Tauernautobahn)
- Bahnknotenpunkt Paris – Wien und Salzburg – Triest bzw. Verona
- Flughafen »W. A. Mozart«: jährlich ca. 1,4 Mio. Fluggäste

ßen die Bayern in das südliche Salzburger Becken, den Pongau und den Pinzgau vor. Der Lungau war 400 Jahre länger von slawischen Stämmen besiedelt – hier kamen die Bayern erst im 10. Jh. an.

Siedlungsräume Hauptsiedlungsräume sind das Alpenvorland und die breiten Flusstäler. Von den rund 525 000 Einwohnern des Landes lebt knapp ein Drittel (ca. 148 500) im Bezirk Salzburg Stadt, etwas weniger im Bezirk Salzburg Land (Flachgau; ca. 137 000). Danach folgt der Pinzgau mit 85 000, der Pongau mit 78 000, der Tennengau mit 55 000 und der Lungau mit 22 000 Einwohnern. Die nächstgrößere Stadt nach Salzburg ist Hallein mit knapp 20 000 Einwohnern. Die anderen Orte haben eher dörflichen Charakter, auf mehr als 10 000 Einwohner kommen nur noch Saalfelden und Bischofshofen.

Gesetzgebungsfunktion hat das 36 Köpfe zählende, jeweils für fünf Jahre gewählte Landesparlament, die Regierung wird von einem Landeshauptmann bzw. einer Landeshauptfrau geführt (entspricht dem deutschen Ministerpräsidenten). Seit den Wahlen im März 2004 steht die SPÖ in Regierungsverantwortung und stellt mit Gabi Burgstaller die Landeshauptfrau. Die Mandatsverteilung im Parlament: SPÖ 17, ÖVP 14, FPÖ 3 und Grüne 2 Sitze. Die lokale Verwaltung der sechs Bezirke (Salzburg-Umgebung, Flachgau, Tennengau, Pongau, Pinzgau und Lungau) nimmt die jeweilige Bezirkshauptmannschaft wahr.

Politische Struktur

Wirtschaft

Die Wirtschaftskraft des Bundeslandes Salzburg nimmt hinter Wien den zweiten Platz in Österreich ein. Die Grundlagen wurden nach dem Zweiten Weltkrieg geschaffen, als das Land amerikanische Besatzungszone war und mit Hilfe von Marshallplan-Geldern z. B. der Bau des Kraftwerks Kaprun unterstützt wurde. Hinzu kommt die günstige Lage am Knotenpunkt europäischer Hauptverkehrslinien. Der Tourismus spielt ebenfalls eine große Rolle.

Begünstigte Wirtschaftsregion

Die Landwirtschaft im Land Salzburg ist traditionell von der Bewirtschaftung durch bäuerliche Familienbetriebe charakterisiert. Neun von zehn Höfen liegen im schwer zu bewirtschaftenden Berggebiet, weniger als die Hälfte davon können sich noch als Haupterwerbsbetriebe halten. Im europäischen Vergleich kann sich jedoch das Bundesland Salzburg zu Recht als die »**Öko-Region Europas**« bezeichnen: Rund 93 % aller landwirtschaftlichen Flächen werden ohne die Verwendung von Agrochemie bewirtschaftet. Von der Gesamtfläche des Salzburger Landes werden gut ein Drittel forstwirtschaftlich und gut 40 % landwirtschaftlich genutzt, wobei Grünlandbetriebe mit Rinderhaltung überwiegen.

Land- und Forstwirtschaft

Die Industriebetriebe konzentrieren sich auf das Gebiet um Salzburg und Hallein. Zu den wichtigsten Industriezweigen gehören Metallverarbeitung, Holzverarbeitung und Papiererzeugung, Druck- und Verlagswesen sowie Nahrungs- und Genussmittelindustrie. Die Tauernkraftwerke in Kaprun liefern einen Großteil der Energieleistung der Alpenrepublik, auch die Wasserkraftwerke im Stubachtal leisten einen bedeutenden Beitrag.

Industrie

Salzburg nimmt im Bank- und Kreditwesen inzwischen einen bedeutenden Platz ein. Daneben etablieren sich seit einigen Jahren technologische Innovationszentren vor allem in den Bereichen Kommunikation, Medien, Umwelt und Sport.

Dienstleistung

Der Tourismus war im Salzburger Land schon zur Zeit der Monarchie ein Wirtschaftsfaktor. Heute ist ein Großteil der Arbeitsplätze direkt oder indirekt vom Tourismus abhängig. Hinsichtlich der Besucherzahlen nimmt das Land Salzburg nach Tirol den zweiten Platz

◄ Tourismus

ein. Von den jährlich etwa 22 Mio. Übernachtungen entfallen rund 76 % auf ausländische Touristen. Hauptanziehungspunkt ist natürlich die Stadt Salzburg. Daneben sind das Salzkammergut, die Großglockner-Hochalpenstraße, das Gasteiner Tal, das Wintersportgebiet von Saalbach-Hinterglemm (► Zeller See), die Stauseen von Kaprun und die Krimmler Wasserfälle bevorzugte Reiseziele. Auch der Nationalpark Hohe Tauern hat als Tourismusregion an Bedeutung gewonnen.

Allerdings ist die Zahl der ausländischen Touristen seit einiger Zeit rückläufig. Auch die Deutschen, die früher bis zu 60 % der Gäste ausmachten, kommen nicht mehr so häufig und so lang, was die Hotellerie im Wesentlichen auf das teilweise wenig koordinierte Angebot zurückführt. So gebe es zwar viele Attraktionen, aber eine Tourismuswerbung aus einem Guss, die vorhandene Angebote gebündelt und übersichtlich anpreise, fehle bislang, lautet die Klage.

? WUSSTEN SIE SCHON …?

- …, was die Rückseite der österreichischen Euromünzen ziert? 1 Cent: Enzian; 2 Cent: Edelweiß, 5 Cent: Alpenprimel, 10 Cent: Stephansdom (Wien), 20 Cent: Belvedere (Wien), 50 Cent: Wiener Secession, 1 Euro: Wolfgang Amadeus Mozart, 2 Euro: Bertha von Suttner.

Schnittstelle wichtiger Verkehrsadern

Das Land Salzburg liegt im Schnittpunkt wichtiger Verkehrsadern – einer Nord-Süd-Verbindung von Deutschland über die Alpen nach Italien bzw. Südosteuropa und einer West-Ost-Verbindung von Frankreich über die Schweiz nach Ungarn.

◄ Straßenverkehr

Eine ideale Anbindung an das Autobahnnetz ist durch die Westautobahn (Wien – München) und die Tauernautobahn (Salzburg – Villach) gegeben. Bedeutsam für den Nord-Süd-Verkehr sind auch die über die Tauernpasshöhe führende Bundesstraße, die Bundesstraße (mit Auto-Bahnverladung) durch das Gasteiner Tal sowie die Felbertauernstraße.

◄ Bahnverkehr

Die viel frequentierten Linien Zürich – Wien und München – Triest bzw. Venedig und Ljubljana kreuzen sich in Salzburg.

◄ Flugverkehr

Der Flugverkehr wird über den Flughafen W. A. Mozart bei Salzburg abgewickelt, daneben gibt es in Zell am See einen Landeplatz.

← Das Treppenhaus in Schloss Mirabell gehört zu den schönsten Sehenswürdigkeiten in Salzburg.

Geschichte

Seine Geschichte reicht bis in die Jungsteinzeit zurück, doch zu Österreich gehört das Salzburger Land erst seit knapp 200 Jahren. Wie das alles kam, welche Rolle das Salz und die Geistlichkeit spielten und warum auf Napoleon der österreichische Doppeladler folgte, erfahren Sie hier.

Vor- und Frühgeschichte

40 000–1800 v. Chr.	Siedlungsspuren der Alt- und Höhlensiedlungen der Jungsteinzeit sind nachgewiesen.
1800–800 v. Chr.	Der Mitterberg beim Hochkönig ist Zentrum des Kupferbergbaus in den Ostalpen.
800–450 v. Chr.	Hallstatt und Hallein werden Zentren des Salzabbaus.

Steinzeit

Aus der Jungsteinzeit gibt es Höhlensiedlungen auf dem Rainberg in Salzburg, dem Schlossberg von Mattsee, dem Hellbrunner Berg, dem Dürrnberg bei Hallein, dem Sinnhubschössl und dem Götschenberg bei Bischofshofen sowie dem Burgstall bei Gries im Pinzgau; sie zeugen von einer intensiveren Besiedlung des Landes.

Bronzezeit

Der Mitterberg bei Mühlbach am Hochkönig wird zum Zentrum des Kupferbergbaus in den Ostalpen. Dort und in den benachbarten Bergbaugebieten bei St. Johann, Bischofshofen und im Glemmtal werden von 1800 bis 800 v. Chr. mehr als 20 000 t Kupfer abgebaut.

Eisenzeit

Neben dem Salzburger Becken und dem Pongau ist auch der Pinzgau dicht besiedelt. Bei Uttendorf wurde ein großes Gräberfeld aufgedeckt, dessen über 300 Steinkistengräber teils der späten Urnenfelderzeit, teils der frühen Hallstattzeit angehören. In dieser Periode beginnt der Salzbergbau am Hallstätter See. Nach dem hier freigelegten ausgedehnten Gräberfeld mit reichem Fundmaterial ist die »Hallstattkultur« benannt (► Baedeker Special, S. 38). Ab ca. 450 v. Chr. übertrifft der Salzbergbau auf dem Dürrnberg den von Hallstatt.

Kelten, Römer und Bajuwaren

5.–1. Jh. v. Chr.	Keltische Stämme kommen in den Flachgau, das Königreich Noricum entsteht.
15 v. Chr.	Noricum wird römische Provinz.
Ab 6. Jh. n. Chr.	Die Bajuwaren besiedeln das Salzburger Land.

Keltenzeit

Verschiedene keltische Stämme siedeln sich vorwiegend in der Gegend des heutigen Flachgaus an. Die Orts-, Flur- und Gewässernamen, die sie einführten, sind zum großen Teil heute noch gebräuchlich. Das Gebiet des Salzburger Landes bildet einen nicht unbedeu-

← Der Gmundener Rathausturm trägt Landesgeschichte an seiner Fassade.

Der steinerne Römer schaut recht grimmig auf den Tauernpass.

tenden Teil des im 1. Jh. v. Chr. entstehenden großen keltischen Königreichs Noricum vom Inn bis zum Neusiedler See und von der Donau bis zur Drau.

Durch den Alpenfeldzug von Drusus und Tiberius wird 15 v. Chr. das keltische Noricum unterworfen und in das Römische Reich einbezogen. Kaiser Claudius verleiht 45 n. Chr. der Siedlung Iuvavum das Stadtrecht. Das »municipium Iuvavum« liegt im Bereich der heutigen Salzburger Altstadt und verwaltet einen Landbezirk, der weit größer ist als das Bundesland Salzburg.
Die Römer legen ein ausgedehntes Straßennetz an, Iuvavum avanciert zum Verkehrsknotenpunkt. Eine wichtige Straße führt von Salzburg über den Radstädter-Tauern-Pass und Kärnten nach Italien. An der Passstrecke sind heute zahlreiche Meilensteine wieder aufgestellt. Die gute Verkehrslage begünstigt die Stellung Iuvavums als Handelsstadt.

Völkerwanderung

Im 5. Jh. n. Chr. verdrängen die Ostgoten die Römer. Ca. 470 n. Chr. siedeln die ersten Christen in Salzburg (hl. Severin in Iuvavum und Cucullis, dem heutigen Kuchl). Die Bajuwaren besiedeln ab ca. 550 n. Chr. neben Altbayern auch den heutigen Flachgau und das fruchtbare Becken von Saalfelden im Pinzgau, später den Tennengau und den Pongau. Der Lungau und einige Salzachnebentäler im Pongau bleiben bis ins 10. Jh. Siedlungsgebiet der Alpenslawen.

Die Stadt der Bischöfe

Um 690	Der hl. Rupert erhält das Gebiet um Salzburg und gründet 696 das Kloster Nonnberg.
798	Salzburg wird Erzbistum.
996	Salzburg erhält die Markt-, Maut- und Münzrechte.
13. Jh.	Salzburg wird reich durch den Salzhandel.
1348/1349	Ein Drittel der Bevölkerung stirbt an der Pest.
15. Jh.	Lange Streitigkeiten zwischen Bürgerschaft und Geistlichkeit

09

JE K

UID-Nr.: ATU4390004

7946 13:24 1

Team 1

Buchhandlung

FRÍCK

Buchhandlung

FRÍCK

Buchhandlung

Christianisierung

Bischof Rupert von Worms kommt um 680 n. Chr. nach Regensburg an den Hof des Bayernherzogs Theodo, bekehrt ihn zum christlichen Glauben und erhält das Gebiet um Salzburg sowie die »Salzpurch« auf dem Nonnberg zum Geschenk. Rupert erbaut um das Jahr 696 ein Kloster und eine ansehnliche Kirche zu Ehren Petrus'. Der hl. Bonifatius führt in päpstlichem Auftrag 739 die Kirchenorganisation in Bayern durch. Dabei wird der Salzburger Bischof Johannes in seinem Amt bestätigt und Bayern in die Diözesen Salzburg, Regensburg, Passau, Freising, Säben (Brixen) und Neuburg eingeteilt. Der Ire Virgil leitet als Abt von St. Peter und ab 749 als Bischof die Salzburger Kirche. Unter seiner Führung entwickelt sich die erstmals 755 als »Salzpurch« erwähnte Stadt zum führenden Zentrum der Kunst und Kultur im Südostalpenraum.

Ausdehnung der Kirchenmacht

Am 24. September 774 werden die Reliquien des hl. Rupert aus Worms nach Salzburg überführt und der Dom zu Ehren Ruperts geweiht. Durch **Schenkungen der bayerischen Herzöge** aus dem Hause der Agilolfinger und des Adels erhält die Salzburger Kirche reichen Besitz in Bayern. Wirtschaftlich bedeutend sind die Anteile an der Salzproduktion in Reichenhall, dessen Saline damals eine Monopolstellung im Nordostalpenraum einnahm. Nach der oberen Burg auf dem Nonnberg und dem Salz aus Reichenhall erhält Iuvavum den Namen Salzburg. Virgil setzt durch, dass alle Klöster in der weiteren Umgebung als Eigenklöster dem Salzburger Bischof übergeben werden (Chiemsee, Zell am See, Otting). Als wirtschaftliche und missionarische Stützpunkte werden kleine Zellen (Kufstein, Elsenwang) gegründet. Bischof Arno, ein enger Vertrauter Karls des Großen, leitet von 785 bis 821 die Salzburger Kirche. Auf ausdrücklichen **Wunsch Karls des Großen** erhebt Papst Leo III. Salzburg 798 zum Erzbistum und Arno zum Erzbischof und Metropoliten der Salzburger Kirchenprovinz. König Ludwig der Deutsche schenkt Salzburg 860 reiche Besitzungen im heutigen Ungarn, dem Burgenland, der Steiermark, Kärnten und Niederösterreich. Kaiser Otto III. gewährt 996 Erzbischof Hartwig von Salzburg schriftlich das de facto bereits bestehende Marktrecht sowie Maut- und Münzrecht.

Kaiser oder Papst

Erzbischof Gebhard stellt sich im Jahr 1077 im **Investiturstreit** auf die Seite Papst Gregors VII. Im Zuge der Auseinandersetzungen zwischen Kaiser und Papst werden die Festungsanlagen Hohensalzburg und Werfen errichtet. Als Salzburg wieder für den Papst Partei ergreift, verhängt Kaiser Friedrich Barbarossa 1167 die Reichsacht über Salzburg und lässt die Stadt niederbrennen.

Wohlstand durch Salz

Die Stadt erholt sich schnell: Konrad III., der erste Kardinal in Salzburg, beginnt 1181 mit dem Neubau des großen romanischen Domes, der um 1198 durch Erzbischof Adalbert III. vollendet wird. Eberhard II. (1200–1246) gilt als bedeutendster Salzburger Erzbischof im Hochmittelalter. Durch geschickte Politik verschafft er der

Saline Hallein die führende Stellung im Südostalpenraum und gründet die drei Eigenbistümer Chiemsee, Seckau und Lavant.

Aufstieg des Hauses Habsburg Erzbischof Friedrich II. von Walchen (1271 – 1284), ein treuer Parteigänger Rudolfs von Habsburg, hat entscheidenden Anteil an der Etablierung der Habsburger in Österreich. Mit Unterstützung König Rudolfs wirft er den unbotmäßigen Dienstadel nieder und wird zum Wegbereiter der erzbischöflichen Landeshoheit. Um 1280 beginnt man mit der Ummauerung der Stadt Salzburg.

Salzburgs Niedergang Der großen Pest 1348/1349 fällt etwa ein Drittel der Gesamtbevölkerung zum Opfer. Um 1350 löst sich Salzburg von Bayern und wird selbstständiges geistliches Fürstentum. Unter Erzbischof Eberhard III. (1403 – 1427) nehmen die Fehden des Adels zu. 1481 erhält Salzburg von Kaiser Friedrich III. den »Großen Ratsbrief«, ähnlich der Rechte einer freien Reichsstadt, was zu langen Streitigkeiten zwischen Geistlichkeit und Bürgerschaft führt. Die Regierungszeit des Erzbischofs Friedrich V. von Schaunberg (1489 – 1494), dessen Mätresse das Erzstift beherrscht und alle Ämter vergibt, ist der Tiefpunkt in der erzbischöflichen Geschichte Salzburgs.

Absolutismus und Barock

1495 – 1519	Erzbischof Leonhard von Keutschach baut die geistliche Macht wieder entscheidend aus.
Ab 1587	Erzbischof Wolf Dietrich von Raitenau beginnt mit dem Umbau Salzburgs zur Barockstadt.
1732/1733	Mehr als 20 000 Protestanten werden aus Salzburg ausgewiesen.
1803	Salzburg wird säkularisiert.

Beginn des Absolutismus Der energische Leonhard von Keutschach (1495 – 1519), aus Kärntner Landadel stammend, führt das Erzstift zu neuer Blüte. Neben der Ausgestaltung der Feste Hohensalzburg zur erzbischöflichen Residenz baut und restauriert er zahlreiche Burgen in Salzburg, Kärnten und Bayern, organisiert das Salzburger Münzwesen neu, vertreibt 1498 die in Salzburg ansässigen Juden und zwingt 1511 die Ratsmitglieder zum Verzicht auf ihre im **»Großen Ratsbrief«** festgehaltenen Rechte. Damit ist die Voraussetzung für die absolutistische Herrschaft der nachfolgenden Erzbischöfe geschaffen.

Reformation Die Lehren Luthers und anderes reformatorisches Gedankengut finden in Stadt und Land Salzburg rasch Eingang. Die Bürger der Stadt Salzburg legen 1525 ein nachgerade revolutionäres Programm vor,

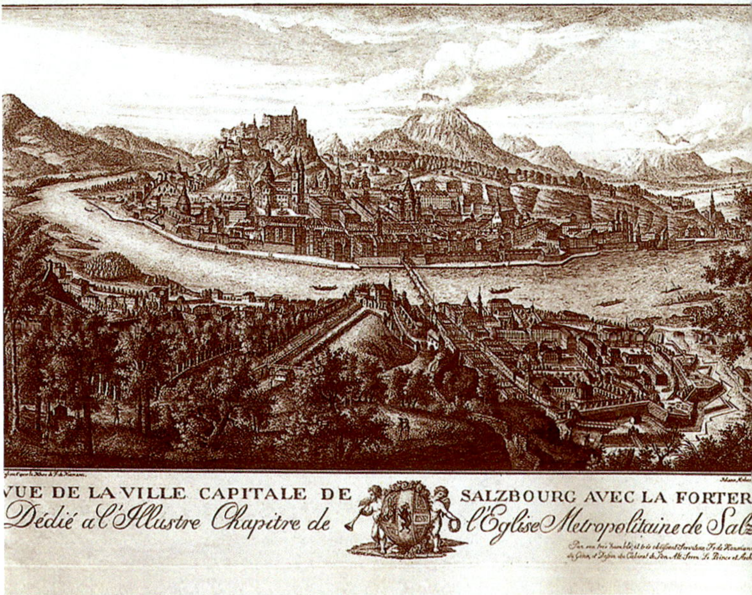

Salzburger Stadtansicht zu Mozarts Zeiten – Stich von 1791

das die geistliche Herrschaft beseitigen will. Nach dreimonatiger erfolgloser Belagerung der Feste Hohensalzburg scheitert der Aufstand.

Umbau der Stadt

Gut 60 Jahre später wird Wolf Dietrich von Raitenau, erst 28 Jahre alt, Erzbischof (1587 – 1612). Die Stadt Salzburg verdankt ihm ihre heutige Gestalt, obwohl die meisten seiner Pläne erst von den Nachfolgern verwirklicht wurden. Er beginnt mit dem Bau der Residenz, beseitigt den Domfriedhof, für den er den St.-Sebastians-Friedhof mit seinem Mausoleum anlegt, lässt den romanischen Dom nach einem Brand (1598) abreißen und gestaltet dessen Umgebung neu. Auf der rechten Uferseite baut er 1606 für seine Lebensgefährtin Salome Alt (► Berühmte Persönlichkeiten) das Schloss Altenau, später Mirabell genannt. 1611 greift Wolf Dietrich im Streit mit Bayern um das Salz Berchtesgaden an, muss flüchten und wird 1612 von seinem Neffen und Nachfolger Markus Sittikus (1612 – 1619) zur Abdankung gezwungen. Dieser baut Schloss Hellbrunn (1613) und beauftragt den italienischen Architekten Solari mit dem Neubau des Domes. Das 1617 gegründete Gymnasium erhalten die Benediktiner.
Durch den Bau starker Befestigungen und eine kluge Politik gelingt es Erzbischof Paris Lodron (1619 – 1653), Salzburg aus den Kampfhandlungen des Dreißigjährigen Krieges herauszuhalten. 1622 gründet er die Universität, 1628 wird der heutige Dom eingeweiht. Mit eindrucksvollen Kirchenbauten von Johann Bernhard Fischer von Erlach im Auftrag des Erzbischofs Johann Ernst von Thun erreicht die Barockarchitektur in Salzburg ihren Höhepunkt.

18. Jahrhundert

Mehr als 20 000 Protestanten werden 1732/1733 unter Erzbischof Firmian ausgewiesen, was der wirtschaftlichen Entwicklung des Landes empfindlich schadet. Viele Ausgewiesene werden von König Friedrich Wilhelm von Preußen als Kolonisten nach Ostpreußen geschickt; andere lassen sich in Holland oder in Ebenezer im Staat Georgia (USA) nieder.

Am 27. Januar 1756 wird **Wolfgang Amadeus Mozart** in der Getreidegasse in Salzburg geboren. Unter Mozarts erzbischöflichem Arbeitgeber Hieronymus Graf Colloredo (1772 – 1803) wird Salzburg zum Zentrum der Aufklärung im süddeutschen Raum. Hieronymus, der letzte Fürstbischof von Salzburg, flieht 1803 vor den napoleonischen Truppen aus Salzburg. Das geistliche Fürstentum wird säkularisiert und Großherzog Ferdinand III. von Toskana amtiert bis 1805 als Kurfürst von Salzburg.

Salzburg in Österreich

1816	Salzburg kommt auf Beschluss des Wiener Kongresses zu Österreich – als oberösterreichischer Landkreis.
1850/1861	Salzburg wird selbstständiges österreichisches Kronland, der erste gewählte Landtag tritt zusammen.
Ab 1860	Die Stadt Salzburg erlebt einen Bauboom, das Land wird mit Eisenbahnlinien erschlossen.

Zwischen Frankreich, Bayern und Österreich

Die Franzosen besetzen Salzburg 1805. Mit dem Friedensschluss kommen Salzburg und Berchtesgaden zu Österreich. Kaiser Franz I. erklärt 1809 Frankreich den Krieg, wieder besetzen französische und bayerische Truppen Salzburg. In den Gebirgspässen beteiligt sich die Bevölkerung (Andreas Hofer) am Freiheitskampf. Salzburg wird 1810 bayerische Provinz und kommt gemäß Beschluss des Wiener Kongresses 1816 endgültig zu Österreich. Die ehemalige Residenzstadt sinkt zu einer Oberösterreich unterstellten Kreisstadt herab. Zwei Jahre später zerstört ein verheerender Stadtbrand einen großen Teil des rechtsseitigen Salzburgs, u. a. auch Schloss Mirabell. Am Weihnachtsabend 1818 erklingt in Oberndorf bei Salzburg zum ersten Mal das Weihnachtslied »Stille Nacht, heilige Nacht«.

1823 wird das Erzbistum wieder eingerichtet, allerdings ohne weltlichen Machtstatus. Die Revolution 1848 beeinflusst auch Salzburg: 1850 wird das Land Salzburg selbstständiges österreichisches Kron-

! *Baedeker* TIPP

Ansichten von 1825

Wer den Anblick Salzburgs in den 1820er-Jahren mit seinen heutigen Eindrücken vergleichen möchte, gehe ins Sattler-Museum beim Residenz-Neugebäude. Dort ist das berühmte Rundpanorama der Salzmetropole zu besichtigen.

land. Mit der Eröffnung der Bahnlinie Wien – Salzburg – München 1860 erhalt Salzburg Anschluss an das internationale Eisenbahnnetz. Am 6. April 1861 tritt der **erste gewählte Landtag** zusammen. In den nachfolgenden Jahren erlebt die Stadt Salzburg einen gewaltigen Bauboom: alte Stadtbefestigungen werden geschleift, neue Stadtviertel entstehen.

20. Jahrhundert bis heute

1920	Salzburg wird österreichisches Bundesland, die Salzburger Festspiele finden zum ersten Mal statt.
1938	Deutsche Truppen marschieren in Salzburg ein.
1955	Das Wasserkraftwerk Kaprun ist fertig gestellt.
1983/1991	Gesetz über die Errichtung des Nationalparks Hohe Tauern auf Salzburger Gebiet. Der Nationalpark erreicht seine heutige Größe.
1995	Österreich wird Mitglied der Europäischen Union.
1996	Die Salzburger Altstadt wird Weltkulturerbe der UNESCO.
2006	Der 250. Geburtstag von Wolfgang Amadeus Mozart wird gebührend gefeiert.

Monarchie, Demokratie, Diktatur

Von 49 000 als Soldaten mobilisierten Salzburgern fallen im Ersten Weltkrieg fast 6000. Mit dem Gesetz über die Vereinigung der Länder zur Republik Österreich wird Salzburg 1920 Bundesland des Bundesstaates Österreich.

Im selben Jahr markiert die erste Aufführung des »Jedermann« auf dem Domplatz den Beginn der Salzburger Festspiele (► Baedeker Special, S. 88). Der Tourismus erlebt einen enormen Aufschwung. Auch Salzburg leidet unter der Weltwirtschaftskrise: 1933 liegt die Arbeitslosenrate bei 32 %.

Nach nur fünfjähriger Bauzeit wird 1935 die Großglockner-Hochalpenstraße für den Verkehr freigegeben.

1938 marschieren die deutschen Truppen ein, bis 1945 ist Salzburg »Reichsgau«. Einige Juden wie Stefan Zweig oder Andersdenkende wie Carl Zuckmayer können fliehen, viele werden in KZs gesperrt. Ein Kulturleben findet praktisch nicht mehr statt. Luftangriffe der Alliierten führen 1944/1945 zu erheblichen Kriegszerstörungen.

Technik und Kultur

Salzburg ist 1945 – 1955 amerikanische Besatzungszone. Ein deutlicher Wirtschaftsaufschwung setzt ein, auch durch steigende Einnahmen im Tourismus. Die Arbeiten am Wasserkraftwerk Kaprun sind 1955 abgeschlossen, es wird zum Symbol für den Sieg der Technik und den Aufbauwillen Österreichs nach dem furchtbaren Krieg.

Gleichzeitig wird Kultur zum »Markenzeichen« von Salzburg: Die Internationale Stiftung Mozarteum veranstaltet 1956 die ersten »Mozartfestspiele«, der Bau des Großen Festspielhauses beginnt. Die Salzburger Universität wird im Jahr 1962 neu gegründet. Zwischen 1962 und 1967 werden Felbertauernstraße und Felbertauerntunnel gebaut (► Mittersill). Das neue Salzburger Altstadterhaltungsgesetz von 1967 sieht vor, die charakteristische Stadtsilhouette möglichst wenig zu verändern.

Nationalpark Hohe Tauern

1983 beschließt der Salzburgische Landtag das Gesetz über die Errichtung des Nationalparks Hohe Tauern auf salzburgischem Gebiet. Mit dem Beschluss des Tiroler Nationalparkgesetzes im Jahr 1991 erhält der Nationalpark, an dem die Bundesländer Salzburg, Kärnten und Tirol Anteil haben, seine heutige Größe.

EU und UNESCO

Am 1. Januar 1995 wird Österreich Mitglied der Europäischen Union (EU). Seit 1996 gehört die Altstadt Salzburgs zum **Weltkulturerbe** der UNESCO. 1998 tritt Österreich dem Schengener Abkommen bei.

Katastrophen

Ende Mai 1999 bricht im Tauerntunnel aufgrund eines Auffahrunfalls ein Feuer aus, es gibt Tote und Verletzte. Bei einer Brandkatastrophe in der Gletscherbahn Kaprun kommen im November 2000 155 Menschen ums Leben.

Das neue Jahrtausend

Bei den Landtagswahlen 2004 wird die SPÖ erstmals stärkste politische Kraft und stellt mit Gabi Burgstaller die erste Landeshauptfrau des Landes Salzburg.

Die Stadt Salzburg erhält 2004 ein neues Museum für moderne Kunst auf dem Mönchsberg. 2005 wird das Salzburger Museum Carolino Augusteum geschlossen und im Sommer 2007 in der umgebauten Neuen Residenz als »Salzburg Museum« wieder eröffnet. Der Umbau des Kleinen Festspielhauses zum Haus für Mozart wird 2006 abgeschlossen und Salzburg feiert den 250. Geburtstag seines großen Sohnes Wolfgang Amadeus Mozart.

← Leonhard von Keutschach wurde auch der »Rübenbischof« genannt – das Wappen rechts unten verrät, warum.

DIE HALLSTATTKULTUR

Ein Gräberfeld am Ausgang des Salzbergtales über dem Hallstätter See wurde Namen gebend für eine ganze Epoche archäologischer Zeitrechnung zwischen Nordost-Frankreich und dem westlichen Balkan: Die Hallstattkultur bezeichnet eine aus verschiedenen Gruppen von Urnenfelderkulturen erwachsene Epoche der älteren Eisenzeit.

Nach dem Einsturz des Kilbwerks 1734 im Hallstätter Salzberg machten die Bergleute einen unerwarteten Fund: Mitten im Geröll entdeckten sie die Leiche eines Mannes. Wer war der Tote? Und woher kam er? Er sah nämlich aus, als wäre er erst vor wenigen Tagen gestorben – merkwürdig schien nur seine Kleidung. Die Bergleute waren, wie sich herausstellte, auf den Leichnam eines Menschen aus grauer Vorzeit gestoßen, genauer eines Bergmanns, der vor über 2000 Jahren bei einem Bergeinsturz begraben worden war. Das Salz hatte die sterblichen Reste so konserviert, dass eine zeitgenössische Beschreibung den besonders guten Erhaltungszustand des Leichnams hervorhob. Dies war aber nicht der einzige Fund – schon im Mittelalter waren in den Hallstätter Bergwerksstollen immer wieder Spuren einer früheren Anwesenheit von Menschen gefunden worden.

Der »österreichische Schliemann«

Bei den Ausgrabungen erwarb sich der Hallstätter Bergmeister **Johann Georg Ramsauer** (1797 – 1876) besondere Verdienste. Ramsauer, kein Wissenschaftler, sondern Laie, begann neben seinem eigentlichen Beruf als Bergwerksbeamter mit der systematischen Erschließung des reichen Gräberfeldes. Von 1846 bis 1863 grub er in 980 Gräbern an die 20 000 Objekte aus und führte darüber genauestens Buch. Bei seinen Zeitgenossen erntete er eher Spott und Mitleid, wissenschaftliche Würdigung wurde ihm erst nach seinem Tod zuteil. Sein Mitarbeiter Isidor Engel (1832 bis

Kunsthandwerk aus längst vergangenen Zeiten: Besonders schöne Exponate aus der Hallstattzeit zeigt das Prähistorische Museum von Hallstatt.

1918) fertigte Skizzen und Aquarelle von den Gräbern und den Fundgegenständen an.

Eisen statt Bronze

Es war die Zeit, als in Mitteleuropa das Eisen als neues Nutzmetall auftrat und allmählich die Bronze verdrängte. Hallstatt als der reichste prähistorische Fundort dieser Entwicklungsphase wurde Namen gebend für die ältere europäische Eisenzeit – etwa 800 – 400 v. Chr. Die Hallstattkultur erstreckte sich vom Main bis Oberitalien, von Ostfrankreich bis zum Balkan. Dass die Menschen dieser Zeit regen Handel trieben und über einen hohen Lebensstandard verfügten, zeigen Grabbeigaben: kostbarer Schmuck, Gefäße von hoher künstlerischer Qualität, reich verzierte Waffen. Aus der jüngeren Hallstattzeit ab etwa 600 v. Chr. fand man Fibeln – Nadelkonstruktionen zum Zusammenhalten der Kleidung –, Bronzegeschirr aus dem Donauraum, Bernstein aus der Ostsee, Glas von der nördlichen Adria und sogar Elfenbein aus Afrika. Den Reichtum verdankten die Hallstattmenschen einem der wichtigsten Handelsgüter jener Zeit, dem **Salz**. Welches Werkzeug sie zur Förderung und Gewinnung des Salzes verwendeten, ist dank zahlreicher Funde ebenfalls bekannt. Allerdings weiß man kaum etwas über ihre Lebensweise oder ihre politische Organisation. Mangels Belegen geht man vorläufig von einem Feudalsystem mit einer Vielzahl kleiner Fürstentümer aus.

Das Verschwinden der Hallstattkultur

Etwa um 400 v. Chr. sorgten **Unwetterkatastrophen** für ein allmähliches Ende des hallstättischen Bergwerkbetriebs. Die Menschen der Hallstattzeit verschwanden aus der Geschichte. Bis heute ist nicht bekannt, wo sie wohnten – eine hallstättische Siedlung konnte bisher weder auf dem Salzberg noch sonstwo gefunden werden. Auch der »Mann im Salz«, dessen Leichnam der Berg über 2000 Jahre konserviert hatte, ist uns nicht erhalten geblieben. Nach seinem Auffinden wurde er als vermeintlicher Heide schnellstens in der Selbstmörderecke des Friedhofs verscharrt.

Kunst und Kultur

Im Halleiner Keltenmuseum ist die Kunst aus längst vergangener Zeit ausgestellt. Wer sich für Höhepunkte der Gotik interessiert, fährt nach St. Wolfgang. Salzburg kann man mit einiger Berechtigung als Barockstadt bezeichnen und Liebhaber neuerer Kunst kommen am Museum der Moderne auf dem Salzburger Mönchsberg nicht vorbei.

Kunstgeschichte

Vor- und Frühgeschichte

Eine besondere Kulturstufe der **Jungsteinzeit** zwischen 2800 und 1800 v. Chr. bildet die sog. Mondseekultur im ufernahen Bereich dieses Sees im Salzkammergut, die bis nach Salzburg und Oberösterreich ausstrahlte. Reste von Pfahlbausiedlungen mit Rekonstruktionsmodellen und jungsteinzeitliche Gebrauchsgegenstände sind im Pfahlbaumuseum des Ortes Mondsee ausgestellt.
Als bedeutende Kulturstufe der mitteleuropäischen Eisenzeit gilt die nach dem Fundort Hallstatt bezeichnete Hallstattkultur (800–400 v. Chr.; Baedeker Special, S. 38). Aus der jüngeren **Hallstattkultur** sind reich ausgestattete Fürstengräber in Gestalt von Hügelgräbern bezeugt, denen häufig Pferd und vierrädriger Wagen beigegeben waren. Die Metallverarbeitung war besonders hoch entwickelt, vor allem die Verwendung von Eisen zur Anfertigung von Schwertklingen, Lanzenspitzen und Streitbeilen. Daneben wurden für Schmuck weiterhin Bronze und andere Edelmetalle verarbeitet. Die Keramik weist vereinzelt figürliche Verzierung wie z. B. Reiter auf, wurde aber meist in Ritz- und Kerbtechnik geometrisch verziert oder bemalt.
Die Kultur der **Kelten** prägte seit dem 5. Jh. v. Chr. das Gebiet des Salzburger Landes. Waffen, Schmuck, Beschläge und Geräte, vorwiegend aus Grabfunden, belegen ein Kunsthandwerk von hoher Qualität. Das Keltenmuseum in Hallein präsentiert hervorragende Schmucksachen aus Gold und Silber, eine herrliche bronzene Schnabelkanne aus Dürrnberg befindet sich im »Salzburg Museum«. Die Kelten-Freilichtschau in Bad Dürrnberg (► Hallein) macht mit der Alltagskultur vom Blockhaus über das Gehöft bis zum Hügelgrab vertraut.

Römerzeit

Von der römischen Bebauung Salzburgs sind nur spärliche Reste erhalten. Entlang den neu angelegten Handels- und Militärrouten, die exakt vermessen und verzeichnet waren, entstanden kleinere Orte, z. B. Cucullae (Kuchl). Römische Siedlungsspuren gibt es auch im Salzachtal, Römersteine wurden in Bad Aussee und Bad Mitterndorf gefunden, Reste eines römischen Gutshofs kamen in Hof bei Salzburg zu Tage.

Frühchristliche Zeit

Etwa im Verlauf des 4. Jh.s etablierte sich in Salzburg das Christentum. Doch lediglich in der Salzburger Mönchsbergwand sind die sog. Katakomben als frühchristliche Grab- und Gebetsstätten nachweisbar, deren Datierung allerdings umstritten ist und vielleicht bis ins 3. Jh. zurückreicht. Erst im 5. Jh. werden in der Lebensbeschreibung des hl. Severin ein Kloster und eine christliche Gemeinde in Salzburg erwähnt. In den nachfolgenden Völkerwanderungsstürmen

← Die barocke Pracht Salzburgs wird von kaum einem Gebäude so beeindruckend verkörpert wie vom Dom.

gingen alle Kunstschätze verloren. 696 gelangte schließlich der hl. Rupert nach Salzburg und sorgte im Rahmen der Rechristianisierung für den Wiederaufbau der Kirchen.

Romanik

Baukunst Zentrum der frühromanischen Kirchenbaukunst war der Bischofssitz Salzburg mit seiner Domkirche, 767–774 als dreischiffige Basilika errichtet und nur noch archäologisch nachweisbar. Ab dem 9. Jh. entwickelte sich der zunächst T-förmige Grundriss im Kirchenbau durch die Einfügung des Chors zur Kreuzform. Im Schnittpunkt von Quer- und Langhaus entstand dadurch die Vierung, vielfach betont und überhöht durch einen Turm oder eine Kuppel. Gleichzeitig wurde der bislang gezimmerte Dachstuhl durch steinerne Wölbungen in Form einer Tonne oder mittels Kreuzrippen ersetzt. In Salzburg vermittelt lediglich die **Stiftskirche St. Peter** – trotz Barockisierung – in ihren Grundformen die Gestaltungsprinzipien der Romanik. Kleiner als St. Peter, aber in seinen gedrungenen, schlichten Formen eindrucksvoll ist das romanische Langhaus (um 1220) der Franziskanerkirche in Salzburg. Im Umland sind nur wenige romanische Kirchen erhalten, darunter St. Georg als ursprünglich kleine romanische Basilika (erste Hälfte 12. Jh.) und die Johanneskapelle (spätes 12. Jh.) in Pürgg (► Bad Mitterndorf). Stimmungsvoll ist auch das Brunnenhaus (Ende 12. Jh.) des Kreuzgangs von St. Peter in Salzburg.
Auch im Profanbau ist nur wenig erhalten, z. B. der sog. Romanische Keller in Salzburg unter der Landeshypothekenanstalt mit Rundpfeilern und kräftigen Kapitellen, Rest einer Kaiserpfalz von 1167. Von den zahlreichen Burgen im Land seien die Burg Klammstein derer von Siegharding aus dem 11. Jh. nahe Dorfgastein (seit dem 16. Jh. Ruine, ►Bad Gastein) sowie Burg Hohenwerfen (►Werfen) erwähnt, die ab 1077 errichtet und später mehrfach umgebaut wurde.

Malerei In der Romanik entfaltete sich die **Monumentalmalerei**. Wunderbare Fresken aus der Zeit um 1150 sind in der Stiftskirche Nonnberg in Salzburg unter dem Nonnenchor erhalten. Beachtenswerte Wandmalereien des 12. Jh.s finden sich in den Kirchen von Pürgg, spätromanische Fresken im Chor der Liebfrauenkirche von Mariapfarr (um 1220) und in der Michaelskirche in St. Michael im Lungau (um 1240). In der kleinen St. Rupertkirche in Weißpirach (►Mariapfarr) sind die Fresken (um 1200 und um 1250) in der Apsis und im Chor sehenswert, darunter Christus als Weltenrichter und Szenen aus dem Leben des hl. Ägidius mit einer reizvollen Darstellung, wie sich der Einsiedler von der Milch einer Hirschkuh nährt.

Skulptur Ältestes Beispiel romanischen Kunsthandwerks ist das reich ornamentierte **Rupertikreuz** (8. Jh.) von St. Maximilian in Bischofshofen. Im Dommuseum von Salzburg werden weitere Kostbarkeiten verwahrt, darunter ein byzantinisch beeinflusstes doppelarmiges Reli-

Ein Meisterwerk gotischer Schnitzkunst ist der Pacher-Altar in St. Wolfgang.

quienkreuz (12. Jh.) aus Limoges. Ein romanisches Taufbecken von 1321 befindet sich im Salzburger Dom. Für die romanische Steinplastik stehen beispielhaft das Stufenportal (um 1200) in der Turmhalle der Pfarrkirche von Kuchl (►Golling) und ein weiteres Stufenportal (um 1240) mit thronendem Christus zwischen Petrus und Paulus im Tympanon an der Westseite der Stiftskirche St. Peter in Salzburg. Ein schönes Säulenportal in der südlichen Vorhalle mit skulptiertem Tympanon besitzt auch die Franziskanerkirche in Salzburg.

Gotik

Baukunst

Im Gegensatz zum gedrungenen Massenbau der Romanik wirkt der gotische Gliederbau **leicht und elegant**. Prächtige Türme und vielgestaltiges äußeres Strebewerk, Spitzbogen und filigrane Maßwerkfenster, mehrteilige Wandgliederungen und Chorumgänge mit Kapellen zeichnen den gotischen Kirchenbau aus. Gewölbe aus Rippenfigurationen bilden die Raumabschlüsse, die in der Spätgotik zunehmend dekorativer zu Stern- und Netzgewölben ausgestaltet wurden. Die Hallenkirche mit gleich hohen Schiffen ist der Grundrisstyp der Gotik. Als dreischiffige Halle mit Stern- und Netzrippengewölbe wurde beispielsweise die Liebfrauen-Pfarrkirche (1498 – 1507) in Bad Hofgastein (►Bad Gastein) errichtet. Ungewöhnlich ist die spätgotische zweischiffige Pfarrkirche von Dienten am Hochkönig. Der gotische Chor der Franziskanerkirche in Salzburg mit auf schlanken Säulen ruhenden Netzgewölben ist ein Werk der Baumeister Hans Stethaimer und Stephan Krumenauer. Eine Art spätgotischen Säulenwald bietet die Krypta (1471) der Stiftskirche Nonnberg in Salzburg. Prunkvolle Rippen- und Rautensterngewölbe (15. Jh.) prägen das Innere von St. Maximilian in Bischofshofen, schöne Netzrippengewölbe die spätgotische Pfarrkirche von Golling.

Im Profanbau weisen nur noch einige Burgen in die Zeit der Gotik, als Sitze des niederen Adels im 13./14. Jh. zwischen Salzburg und Hallein entstanden, z. B. nahe Oberalm die ehemaligen Burgen Kalsperg, Winkel und Haunsperg, die meist im 17. Jh. zu Schlössern umgebaut wurden. Burg Mauterndorf, seit 1253 errichtet, gehört sicherlich zu den schönsten Burgen der Region. Von erlesenem spätgotischen Stilempfinden zeugen die überreich dekorierten Fürstenzimmer in der Hohensalzburg mit farbiger, teils vergoldeter Täfelung.

Malerei Ein eher seltenes Freskenprogramm (um 1350) ist an der Triumphbogenwand der Burgkapelle von Mauterndorf zu sehen. Beachtenswert ist auch der Freskenzyklus aus der ersten Hälfte des 14. Jh.s über dem Südportal der Kirche auf dem Buchberg bei Bischofshofen. In der Michaelskirche von St. Michael im Lungau ist eine wunderbare Freskoszene aus dem Leben der hl. Dorothea (um 1380) erhalten. Aus derselben Zeit stammen die Außenfresken der Kirche von St. Martin im Lungau (► St. Michael). Spätgotische Fresken (um 1430) der Brüder Friedrich und Johannes von Villach in der Georgskapelle der Liebfrauenkirche von Mariapfarr zeigen u. a. den Kampf des hl. Georg mit dem Drachen und eine seltene, von der Mystik geprägte Darstellung zur Verehrung des Leibes und Blutes Christi. Die Fresken (um 1480) im Chor der Nikolauskirche von Bad Gastein geben Nikolausszenen wieder, während die Langhausfresken (um 1517) das Weltgericht heraufbeschwören. In der Bischofshofener Pfarrkirche zeigen Fresken (um 1500) u. a. Grablegung, Höllenfahrt und Auferstehung Christi. Der Wandmalerei erwuchs in der Gotik Konkurrenz durch die Tafelmalerei. Bedeutsam sind hier der Hauptaltar (1449) in der Spitalskirche von Bad Aussee und die Tafeln des Meisters von Großgmain (1496) in der Marienkirche von Großgmain.

Ein bedeutender Zyklus gotischer **Glasfenster** von 1430 bis 1450 ist in der Leonhardskirche von Tamsweg erhalten. Vom berühmten Straßburger Glasmaler Peter Hemmel aus Andlau stammt das mittlere Apsisfenster (1480) der Stiftskirche Nonnberg in Salzburg.

Skulptur Zu den bedeutenden Leistungen der Gotik gehören die zahlreichen **Schnitzaltäre**. Ab dem frühen 12. Jh. verdrängten Altaraufsätze mit Skulpturen und später Gemälden die schlichten romanischen Opfertische. Bevorzugte Altarformen waren der Altarschrein als geschnitzter Altaraufsatz und der gemalte Flügelaltar mit dem mittleren Altarblatt und beweglichen seitlichen Flügeln. Der Flügelschreinaltar besteht aus einem geschnitzten Mittelteil mit beweglichen Seitenflügeln. Ein Beispiel dafür besitzt St. Remigius in Gampern (um 1490 – 1500). Der Wandelaltar hat veränderbare Ansichten mit einer

Festtags- und einer Alltagsseite. Einer der großartigsten Wandelaltäre der Spätgotik ist der Wolfgang-Altar in St. Wolfgang (►Wolfgangsee). Er verbindet Skulptur, Schreinarchitektur und Malerei aufs Beste. Während die Alltagsseite vier Bilder aus dem Leben des Kirchenpatrons zeigt, präsentiert die Sonntagsseite auf acht Bildern die Wundertaten Jesu und die Festtagsseite schließlich den goldschimmernden Schrein mit dem thronenden Gottessohn und Maria.
Meisterhafte Schnitzarbeiten sind die **spätgotischen Relieftafeln** (um 1461) des ehemaligen Hochaltars von St. Leonhard in Tamsweg mit Szenen aus der Kindheit Jesu und dem Marienleben. Eine Kreuzigungsgruppe von Lienhart Astl (1510–1520) und Reliefs auf den Flügeln des Hauptaltars sind Höhepunkte in der Mariä-Himmelfahrt-Kirche von Hallstatt. Dem Weichen Stil verpflichtet sind die reliefgeschnitzten eichenen Türflügel (um 1400) der Mariä-Himmelfahrt-Kirche von Irrsdorf (►Wallersee) mit Bildern der schwangeren Maria und Elisabeth. Die Türflügel (1450) der Kapuzinerkirche in Salzburg stammen aus dem Dom und zeigen Maria, Johannes den Täufer sowie Apostel mit Schriftrollen als Halbfiguren. Zum Typ der Schönen Madonnen gehören die in Holz gearbeitete Statue (um 1400) der Gottesmutter in St. Maria von Altenmarkt (► Radstadt) und eine Statue (um 1420) in St. Paul in Bad Aussee. Um 1530 entstanden die Schnitzfiguren von Heinrich II. und seiner Gemahlin Kunigunde, die als Heilige einen Altar der Annakapelle in St. Johann im Pongau schmücken. Im Bereich der **Steinplastik** ist die ausdrucksvolle Steinguss-Pietà (um 1420) in der Pfarrkirche Bramberg bemerkenswert, die in nichts der so anmutigen Steinguss-Madonna (um 1420) im nördlichen Querschiff von St. Peter in Salzburg nachsteht. Das um 1480 gearbeitete Sakramentshäuschen in Schreinform mit besonders filigranem Maßwerk in der Bürgerspitalkirche in Salzburg ist ebenso beeindruckend wie das rotmarmorne Sakramentshäuschen (1523) und die reliefierte Marmortumba (1453) des Bischofs von Chiemsee in St. Maximilian in Bischofshofen, ebenso die prächtige Steinkanzel (1520) und die Maßwerkbrüstung mit Ornamentbändern an der Westempore der Pfarrkirche Kuchl (► Golling) oder die filigrane spätgotische Maßwerkbrüstung der Westempore der Pfarrkirche Zell am See (►Zeller See).
An der Außenwand der Georgskapelle im Hof der Festung Hohensalzburg erinnert ein 1515 geschaffenes figürliches Denkmal aus rötlichem Marmor an Erzbischof Leonhard von Keutschach (S. 37). In der Goldenen Stube der Festung ist durch die farbenprächtigen Reliefplatten des Kachelofens (1501) auch die Keramik hervorragend vertreten.

? WUSSTEN SIE SCHON ...?

- Der so genannte »Weiche Stil«, auch »Internationaler Stil« genannt, ist die etwa zwischen 1390 und 1430 dominierende europäische Stilrichtung. Sie zeichnet sich durch eine elegante, anmutsvolle Gebärdensprache der Figuren und weich drapierte Gewandfalten aus.

Lieblich und üppig – im »italienischen Stil«: Renaissance-Wandmalerei aus der Zeit um 1615 von Arsenio Mascagni in Schloss Hellbrunn.

Renaissance

Baukunst Reine Renaissancekunst sucht man in Salzburg und Umgebung vergeblich, doch kommen **vereinzelt reizvolle Stilmischungen** im Übergang zur Spätgotik und zum Barock vor. Zahlreiche öffentliche Bauten und Bürgerhäuser im Salzburger Land erhielten zunächst ein Renaissancegepräge, das von späteren Barockisierungen überlagert wurde. Schloss Goldegg, im 16. Jh. durch Umbau einer Wehrburg in ein Renaissanceschloss verwandelt, besitzt noch einen prachtvollen Rittersaal mit Wappenholzdecke und Jagdszenen (► St. Veit). Das Hotel zur Post in St. Gilgen (2. Hälfte 16. Jh.) mit Rundbogenportal (1610) und Fassadenmalerei (1618) ist ein recht stattlicher Renaissancebau.

Malerei Hier ragt die Taufe Christi im Jordan (1597) des Münchner Malers Georg Beham in der Pfarrkirche Vigaun heraus (►Hallein). Dagegen zeichnet sich das Hochaltarblatt (1618) des Salzburger Hofmalers Donato Mascagni in der Leonhardskirche in Mittersill durch manieristische Formvereinfachung aus. Manieristische Einschläge weist auch die Wandmalerei (1620) im Langhaus der Michaelskirche in St. Michael im Lungau auf. Die außergewöhnlichen manieristischen Malereien (um 1615) von Arsenio Mascagni in Schloss Hellbrunn bezaubern durch raffinierte tiefenräumliche Illusionen und galante Szenen (►Salzburg).

Skulptur

Zu den Besonderheiten des spätgotischen Flügelaltars (um 1520) der Filialkirche St. Martin im gleichnamigen Ort gehört das Renaissancerelief der Mantelspende des Heiligen im Schrein, das sich durch großen Detailrealismus und lebendige Körpersprache auszeichnet (► St. Michael). Auf der Grabplatte mit Relieffigur eines Ritters von 1507 in der Pfarrkirche Kuchl verbindet sich renaissancehafter Kontrapost (Stand- und Spielbein) mit tänzerischer Anmut und spätgotischer Eleganz. Lebensnah gestaltet sind der hl. Georg und hl. Florian als ehemalige Schreinwächter (um 1518) von Andreas Lackner, die heute als Konsolfiguren im Langhaus in St. Blasius von Abtenau ausgestellt sind. Der Allerheiligenaltar (1518) in der Pfarrkirche Altmünster bewegt sich im stilistischen Übergang: In den emotional bewegten und individuell gestalteten Gesichtern bricht der Renaissancestil durch, während die Gewandbehandlung noch spätgotische Züge verrät. Ebenfalls im Übergangsstil gearbeitet ist der rotmarmorne Hochaltar (1518) in St. Georgen bei Bruck. Weitere Renaissancealtäre von 1601 bzw. 1607 stehen in der Filialkirche St. Gertraud in Mauterndorf. Erwähnenswert ist außerdem die marmorne Renaissancetumba (1593) des Werner von Raitenau in der Salzburger Stiftskirche St. Peter.

Barock und Rokoko

Baukunst

Die Baumeister im Barock und Rokoko bevorzugten **zentralisierende Raumkonzeptionen**. Im Sakralbau wurden als Neuerungen die Saalkirche und die Wandpfeilerkirche eingeführt. Die Grundrisse variieren vom Kreuz über das Rechteck bis zu Kreis- und Ovalformen. Vor- und zurückspringende Glieder verleihen den Baukörpern Schwung und Bewegung, die von den mehrfach gestuften (Doppel-) Türmen und mächtigen Tambourkuppeln verstärkt werden.
Nach dem Vorbild römischer Barockkirchen schuf der Italiener Santino Solari den **Salzburger Dom** 1614 – 1628 als Kombination aus Lang- und Zentralbau, der 1652 – 1655 die beiden mehrgeschossigen Fassadentürme erhielt. Die mächtige Vierungskuppel verbindet das tonnengewölbte Langhaus mit den Querhausarmen und der Apsis. Kräftige Gesimse sowie kolossale Säulen und Pilaster gliedern die mit zahlreichen Fenster- und Portalöffnungen versehene Fassade.
In Form eines dreiblättrigen Kleeblatts errichtete Johann Caspar Zucalli 1685 – 1689 die Erhardkirche in Salzburg mit hoher Zentralkuppel und einer Säulenvorhalle zwischen den beiden schlanken Fassadentürmen. Für die Salzburger Kajetanerkirche (1685 – 1700) wählte Zucalli einen querovalen Grundriss mit einer palastartigen Schauseite unter Einbeziehung der seitlichen Klostergebäude.
Zu den bedeutendsten Schöpfungen des berühmten Baumeisters Johann Bernhard Fischer von Erlach in Salzburg zählen die Dreifaltigkeitskirche (1694 – 1702) und die Kollegienkirche (1696 – 1707). Bei der Markuskirche (1699 – 1705) entschied sich Fischer von Erlach für einen trapezförmigen Grundriss mit einer Fassadenvariation der Kollegienkirche. Nach seinen Plänen entstand 1693 – 1703 auch die

Wallfahrtskirche Maria Kirchental (►Lofer). Eintürmig mit Zwiebelhaube dominiert die Pfarr- und Wallfahrtskirche Mariä Himmelfahrt in Attersee die Landschaft als barocker Umbau einer gotischen Burgkapelle (1722–1728). Die Wallfahrtskirche Maria Plain (1671–1674; ►Salzburg) besticht durch ihre doppeltürmige Fassade. Eine reizvolle Rokokofassade besitzt die Vikariatskirche (1736–1741) in Schwarzach (►St. Veit).
Zu den besten Beispielen barocker Profanbauten gehören das Salzburger Rathaus (17./18. Jh.) und die Schlösser Kleßheim (1700 bis 1709, Fischer von Erlach) und Leopoldskron, 1736 im Rokokostil von Bernhard Stuart errichtet.

Malerei Der **Triumph des Glaubens** ist das zentrale Thema der barocken religiösen Malerei. Einer der meistbeschäftigten Barockmaler im Salzburger Land und später am Wiener Hof war **Johann Michael Rottmayr**. Dramatisch inszeniert er die Auferstehung Christi als Altarbild (1691) in der Stiftskirche des Benediktinerklosters Michaelbeuern. Weitere Altarblätter Rottmayrs sind die Heilige Sippe (1708) in der Kajetanerkirche, die Karl-Borromäus- und Benedikt-Altarbilder in der Kollegienkirche sowie ein Altar von 1721 in der Wallfahrtskirche Maria Bühel bei Oberndorf. Glanzvoll ist auch sein vielfiguriges Kuppelfresko der Krönung Mariens (um 1700) in der Salzburger Dreifaltigkeitskirche. In den Prunkräumen der Salzburger Residenz malte Rottmayr die Decken aus, darunter im Carabinierisaal das große Mittelbild mit der Darstellung des Meeresherrschers Neptun. Auch die Huldigung der Stadt Byblos an Alexander den Großen im Audienzsaal ist sein Werk.
Nuancenreiche Farbgebung und effektvolle Lichtführung bestimmen das Kuppelfresko (um 1730) der Kajetanerkirche von Paul Troger. Gleichermaßen geschätzt war **Christoph Anton Mayr**, der 1756 die Apotheose der hl. Ursula in der Ursulinenkirchenkuppel in Salzburg malte. In der kleinen Annakapelle von Mittersill schuf er die leuchtenden Gewölbefresken (1751) im Rokokostil mit Szenen aus dem Leben der Eltern Marias, außerdem die Deckenfresken (1757) mit Marienszenen in Langhaus und Chor von Maria Alm (►Hochkönig), die Deckenfresken (um 1745) in der barocken Saalkirche St. Leonhard von Leogang im Pinzgau (►Saalfelden) sowie die Deckenfresken (1756) in der Salzburger Markuskirche. Das Fresko (um 1767) in der Wallfahrtskirche Maria vom guten Rat in Böckstein sprengt mit seinem Farben sprühenden Illusionismus gleichsam die Kuppel.
Aus den Fresken des Abteisaales von Kloster Michaelbeuern, die Franz Nikolaus Streicher 1771 schuf, strahlt dagegen heiteres pastellfarbenes Rokoko. Zu den bedeutenden Altarbildern zählt auch die dramatische Wiedergabe der Steinigung des hl. Stephanus der Oberalmer Pfarrkirche von J. M. Schaumberger (1707). Jakob Zanusi malte das Altarbild in der Michaelskirche des Kollegiatsstifts Mattsee mit dem Kirchenpatron, der vor der Dreifaltigkeit kniet. Weitere Altarbilder von ihm befinden sich in der Michaelskirche von Mondsee. In

der Salzburger Stiftskirche St. Peter hat Martin Johann Schmidt aus Krems zahlreiche bedeutende Altarblätter (1775 – 1782) hinterlassen.

Skulptur

Thomas Schwanthaler schuf 1678 die Schnitzgruppe der Heiligen Drei Könige für den Hochaltar der Mariä-Himmelfahrt-Kirche in Gmunden (▶ Traunsee). Besonders eindrucksvoll sind die beiden exotisch gewandeten und Turban tragenden jüngeren Könige mit kostbaren Pokalen. Von Schwanthaler ist auch der in Schwarz und Gold gehaltene Doppelaltar (1675 bis 1678) in St. Wolfgang (▶ Wolfgangsee).

Der Kitzbüheler Bildhauer Benedikt Faistenberger schnitzte die Heiligenstatuen des rechten Seitenaltars (1685) der Pfarrkirche Maria Alm, die Figuren des Hochaltars (1660) der Pfarrkirche Dienten am Hochkönig und den Hochaltar (1686) von St. Margaretha in Schwarzenbach bei Uttendorf.

? WUSSTEN SIE SCHON ...?

- Die Heiligen Drei Könige sind auch ein Symbol für die drei Lebensabschnitte Jüngling, Mann und Greis. So werden sie in Anbetungsszenen oft dargestellt: Der würdige Greis ist dem Gottessohn am nächsten und überreicht eine Gabe, dahinter folgt der Mann und ganz hinten der Jüngling.

Die früheste Arbeit von **Meinrad Guggenbichler** ist der Hochaltar (1675) von St. Martin in Straßwalchen (▶ Wallersee) in schwarz-goldener Fassung. Mehrere Altäre von Guggenbichler in der Michaelskirche in Mondsee machen zugleich verschiedene Werkphasen nachvollziehbar. Herausragend ist der Corpus-Christi-Altar (1682 – 1684) mit von Weinlaub umwundenem Säulenaufbau und niedlichen Putten. Der Allerseelen- und der Sebastiansaltar beeindrucken durch die pathetische Gebärdensprache der Figuren. Guggenbichler schuf 1707/1708 die Schnitzfiguren der heiligen Bischöfe Rupert und Ulrich mit verzücktem Gesichtsausdruck am Hochaltar der Kilianskirche von Oberwang (▶ Mondsee) und die prachtvolle Kanzel sowie drei Seitenaltäre in der Pfarrkirche St. Wolfgang (▶ Wolfgangsee).

Michael Zürn der Jüngere schnitzte in ausdrucksvollem Realismus um 1700 die Figuren der Elisabeth und des Zacharias im Hochaltar der Gmundener Mariä-Himmelfahrt-Kirche (▶ Traunsee). Von ihm stammen auch die gemütsbewegenden Statuen der Heiligen Johannes, Paulus, Leonhard und Ägidius in der Pfarrkirche Altmünster.

Simeon Fries, Salzburger Bildschnitzer, schuf bewegte Figuren auf den Seitenaltären (1702 – 1705) in der Blasiuskirche von Abtenau, außerdem eine vorzügliche goldgefasste Madonna mit Jesuskind am Triumphbogenpfeiler der Stiftskirche von Seekirchen am Wallersee.

Eine festlich-dekorative Gesamtwirkung mit Fruchtgirlanden und Rankenwerk erzielt **Johann Georg Mohr**, ein Schüler Guggenbichlers, mit dem architektonischen Säulen-Gebälk-Aufbau im Hauptaltar (1707) der Stephanskirche von Oberalm. Die Figur des hl. Martin im Hochaltar (1715) der Georgskirche von Kuchl ist auch ein Werk Mohrs. Der baldachingekrönte Hochaltar (1733) in der Michaelskirche des Kollegiatsstifts Mattsee ist ein gemeinsames Werk des Steinmetzen Johann Högler und des Bildschnitzers Paul Mödlhammer, der die Figuren der vier Erzengel schuf. Kanzel und Hochaltar aus Stuckmarmor (1738 / 1739) in der Mariä-Himmelfahrt-Kirche von Attersee lieferte Josef Mathias Götz. In der Bad Hofgasteiner Pfarrkirche steht der Hochaltar mit einer spätgotischen Sitzmadonna (um 1500) im Mittelpunkt, dessen barocke Umrahmung mit Heiligenfiguren Paul Mödlbauer 1738 ausdrucksvoll geschnitzt hat. Farbenfrohes und schwungvolles Rokokodekor prägt die Seitenaltäre, die Hochaltarrahmung und die Kanzel in der St. Leonhardkirche (1747 – 1749) in Mittersill. Der zartgliedriges Rokoko und barocke Schwere verbindende Hochaltar von Sebastian Eberl in der Martinskirche von Thalgau präsentiert die beiden Bistumsheiligen Rupert und Virgil in einem lichtdurchfluteten Säulenportikus beiderseits des Altarblatts mit der Mantelspende des hl. Martin. Die Pfarrkirche von Traunkirchen (► Traunsee) besitzt eine originelle Rokokokanzel (1753) in Bootsform mit zwei Fischern, die ihr gefülltes Netz einholen.

Metallkunst Ein Meisterwerk ist das schmiedeeiserne **Chorgitter** mit verspieltem Rankenwerk in Maria Plain von Johannes Thomas (1684 / 1685), ebenso das kunstvolle Eisengitter im Rokokostil mit vergoldetem Pflanzendekor (1768) von Philipp Hinterseer in St. Peter in Salzburg.

Brunnen Unter den zahlreichen barocken Brunnenanlagen in Salzburg ragen der Residenzbrunnen (1656 – 1661) mit Wasser speienden Meeresrossen sowie die Pferdeschwemme (1732) am Kapitelplatz aus wei-

Edle Kunst für edle Rösser – die in der Marstallschwemme baden gingen.

ßem Marmor mit einer Neptungruppe von Joseph Anton Pfaffinger hervor, ferner die Marstallschwemme am Sigmundsplatz mit einer Rossebändigergruppe von Bernhard Michael Mandl. Eine Säulenstatue des hl. Florian (1734) von Joseph Anton Pfaffinger krönt den achtseitige Marktbrunnen am Alten Markt.

Volkskunst

Beliebt sind Fassadenmalereien, Hinterglasmalerei, Votivtafeln und Krippenfiguren, besonders jene von Johann Georg Schwanthaler im Gmundener Stadtmuseum (► Traunsee). Die Bauernkeramik in Gmunden überzeugt seit etwa 1700 mit Dekors aus grünen Bändern, Knoten und Schleifen sowie originellen Volksszenen und Sprüchen auf Krügen und Schüsseln.

Gartenbau

Nachdem die Gartenbaukunst in der Spätrenaissance mit allerlei spektakulären Effekten (Wasserspiele, künstliche Grotten etc.) einen Aufschwung erfahren hatte, erreichte sie in der Barockzeit im 17. Jh. ihre höchste Blüte. Aus Repräsentationsgründen sind die geometrisch-axial-angelegten Barockgärten immer auf die Schlosshauptgebäude bezogen. Der schlossnahe ebene Gartenteil, Parterre genannt, wirkt mit Kieswegen, Rasenflächen, Blumenrabatten und kunstvollem Heckenschnitt wie ein gestickter Teppich. Die Mittelachse des Parks ist auf Fernansicht angelegt und mündet meistens in einen Gartenpavillon oder eine Orangerie als Gegenpol zum Schlossgebäude. Von England breitete sich zu Beginn des 18. Jh.s der die Natur idealisierende Landschaftspark (Englischer Garten) aus. Die Salzburger Fürsterzbischöfe ließen mit dem Garten und den Wasserspielen von Hellbrunn nach römisch-manieristischen Vorbildern, mit dem Mirabellgarten im französischen Stil und mit dem Schlosspark der Residenz als englischem Landschaftspark eindrucksvolle Gartenkunstwerke anlegen.

Klassizismus

Baukunst

Als Anwort auf die üppige Formensprache des Barocks greift der Klassizismus auf das **Kunstideal der griechisch-römischen Antike** zurück und entwickelt eine klar gegliederte Architektur aus antikisierenden Versatzstücken. Ein schönes Beispiel für eine frühklassizistische Kirche ist der kleine Zentralbau (1764 – 1767) der Wallfahrtskirche Maria vom guten Rat in Böckstein (►Bad Gastein).

Skulptur

Der Marmorhochaltar (1783) von Johann Högler in der Mariä-Himmelfahrt-Kirche von Stuhlfelden strahlt die Formstrenge des Frühklassizismus aus. Bedeutsam sind auch der monumentale Hochaltar (1799) von Högler mit weiß gefassten Skulpturen, der hl. Antonius und der hl. Hieronymus von Franz Xaver Nißl sowie sieben weitere Altäre aus Höglers Werkstatt in der Dekanatskirche von Hallein. In kühler Eleganz erstrahlt der Weiße Saal in der Salzburger Residenz, der in klassizistischer Manier von Pflauder 1781 stuckiert wurde.

19. / 20. Jahrhundert

Baukunst Im 19. Jh. kam als Gegenbewegung zum Klassizismus der **Historismus** auf, die Verwendung verschiedener Bauformen früherer Stile von der Neugotik über die Neurenaissance bis zum Neubarock. So entstand beispielsweise Schloss Anif (1838 – 1848) durch Umbau eines Wasserschlosses aus dem 16. Jh. als nunmehr neugotischer Bau in Anlehnung an englische Tudorgotik. Die Pfarrkirche (1866/1867) in Bad Gastein von Friedrich von Schmidt ist ein wichtiges Beispiel des neugotischen Kirchenbaus, ebenso der riesige Pongauer Dom in St. Johann im Pongau (1855 – 1873). Die Kaiservilla in Bad Ischl wurde im Biedermeier-Landhausstil mit spätklassizistischen Anklängen errichtet, auch das Marmorschlössl (um 1865) ist eine reizvolle Stilmischung.

Zu Beginn des 20. Jh.s entstand als Reaktion auf die dekorativen Baustile der Vergangenheit der **Funktionalismus**. In sachlich-konstruktivem Stil ist beispielsweise das Collegium Benedictinum (1926) in Salzburg nach Plänen des deutschen Architekten Peter Behrens errichtet. Der Tiroler **Clemens Holzmeister** machte sich u. a. durch die verschiedenen Um- und Erweiterungsbauten des Salzburger Festspielhauses einen Namen, wobei er sowohl traditionelle wie expressive Formen behutsam miteinander kombinierte. Sein Schüler Wilhelm Holzbauer aus Salzburg gründete zusammen mit Friedrich Kurrent, Otto Leitner und Johannes Spalt die Arbeitsgruppe 4, die der österreichischen Nachkriegsarchitektur wichtige Impulse gab. Holzbauer schuf u. a. in Salzburg-Aigen 1966 – 1976 das Studienhaus St. Virgil. Kurrent und Spalt zeichneten als Planer für die Kirche zum Hl. Blut in Parsch bei Salzburg verantwortlich, die 1956 aus dem Umbau eines Bauernhauses entstand. Auch in der Profanarchitektur gibt es eine ganz neue, mutige Architektur, so beispielsweise in Salzburg das Heizkraftwerk Nord des Schweizer Architekten Eric Maier.

Moderne Architektur Auch in jüngster Zeit finden sich immer wieder Beispiele kühner Architektur, insbesondere bei Industriebauten. Das Betriebsgebäude der Salzburg AG und das Salzburger Heizkraftwerk Nord der Schweizer Architekten Marie-Claude Bétrix, Eraldo Consolascio und Eric Maier, 1992 bis 1995 erbaut, gehören dazu. Aber auch das neue Museum der Moderne in Salzburg der Münchner Architekten Friedrich–Hoff–Zwink ist ist etwas für Freunde der Baukultur.

Malerei Zur Malergruppe der Nazarener gehörte im 19. Jh. Josef Rattensperger, von dem das Altarbild der Marienkrönung (1859) in der Pfarrkirche Golling stammt. Der Salzburger Hans Makart war ein viel beachteter Maler der Belle Epoque, zu sehen u. a. in der Salzburger Residenzgalerie und im Salzburg Museum. Weniger bekannte Maler des frühen 20. Jh.s sind der Salzburger Anton Faistauer (Freskenschmuck im Kleinen Festspielhaus/Haus für Mozart) und Wilhelm

Es mutet recht futuristisch an, das Heizkraftwerk Nord in Salzburg.

Thöny. Zu den berühmten Expressionisten zählt dagegen Oskar Kokoschka, der 1953–1963 die Salzburger Sommerakademie leitete und mit einem melancholischen Mädchenbildnis von 1913 sowie bedeutender Druckgrafik im Salzburger Rupertinum vertreten ist. Dort trifft man auch auf Werke der österreichischen Gegenwartskunst, z. B. von Arnulf Rainer, Günter Brus und Christian Ludwig Attersee.

Skulptur

Fritz Wotruba widmete sich der menschlichen Figur in gemäßigt abstrakter Weise. Ähnliches gilt für Rudolf Hochlehner, der u. a. das Stahlrelief im Pausensaal des Großen Festspielhauses mit der »Huldigung an Anton von Webern« schuf. Einen expressiv-figürlichen Stil verfolgte Alfred Hrdlicka, dessen Orpheusstatue im Foyer des Hauses für Mozart aufgestellt ist. In der Eingangshalle des Großen Festspielhauses stehen Brunnenplastiken zum Thema »Musik und Theater« von Wander Bertoni, der konstruktivistisch beeinflusst ist. Ausdrucksvoll sind auch die modernen Bronzeportale (1959) des Salzburger Doms von T. Schneider-Manzell, G. Manzù und E. Mataré mit Darstellungen der christlichen Tugenden Glaube, Liebe und Hoffnung.

Berühmte Persönlichkeiten

An Vater und vor allem Sohn Mozart kommt man hier natürlich nicht vorbei, aber es gab und gibt auch viele weitere interessante Persönlichkeiten, deren Name mit Salzburg und dem Land verbunden wird und die Herausragendes geleistet haben.

Salome Alt (1568 – 1633)

Lebensgefährtin des Erzbischofs Wolf Dietrich von Rathenau

Die Tochter des angesehenen Salzburger Kaufmanns und Ratsherrn Wilhelm Alt wurde die große Liebe des Erzbischofs Wolf Dietrich von Raitenau. Gerüchte wollten wissen, dass er eine Art Ehe mit ihr einging, die ihm sein geistlicher Stand eigentlich verbot. Sie hatten zusammen 15 Kinder, von denen zehn das Kindesalter überlebten. Beide machten nie einen Hehl aus ihrer Verbindung. Spätestens mit der Erhebung in den Adelsstand durch Kaiser Rudolf II. 1609 war die ebenso kluge wie schöne Frau gesellschaftlich anerkannt. Schloss Altenau, später umbenannt in Schloss Mirabell, ließ der Erzbischof 1606 außerhalb der Salzburger Stadtmauern für sie errichten. Nach Wolf Dietrichs Sturz und Gefangennahme 1612 wurde auch seine Lebensgefährtin verhaftet, doch auf Anweisung des Domkapitels wieder auf freien Fuß gesetzt. Salome Alt zog nach Wels, wo die Kinder eine standesgemäße Erziehung erhielten. Wolf Dietrich war sie nach wie vor verbunden, obwohl sie ihn nicht wiedersah. Salome Alt starb am 27. Juni 1633 in Wels.

Johann Michael Haydn (1737 – 1806)

Musiker und Komponist

Er ist nicht so bekannt wie sein älterer Bruder Joseph, doch Johann Michael Haydn war neben Vater und Sohn Mozart der bedeutendste Musiker Salzburgs. Geboren 1737 im niederösterreichischen Rohrau, wurde er mit acht Jahren Chorknabe im Stephansdom in Wien und lernte Geige, Klavier und Orgel. 1763 folgte er einem Ruf nach Salzburg als »Hofmusicus und Concertmeister« der fürsterzbischöflichen Kapelle. Hier musste er den oft abwesenden Vizehofkapellmeister Leopold Mozart vertreten. Sein persönliches Verhältnis zu ihm war – aufgrund charakterlicher Unterschiede – äußerst gespannt. Mit dem Sohn hingegen verstand er sich gut. 1777 wurde er Organist an der Dreifaltigkeitskirche, nach Mozarts Weggang 1781 Hof- und Domorganist. Zu seinen bedeutendsten Schülern gehörte Carl Maria von Weber. Haydn machte sich auch als Komponist von Kirchenmusik einen Namen. Er starb am 10. August 1806 in Salzburg.

Herbert von Karajan (1908 – 1989)

Dirigent

Karajan gehört zu den glanzvollsten Dirigenten des 20. Jahrhunderts. In Wien studierte der gebürtige Salzburger Musikwissenschaft und Dirigieren; zu seinen Lehrern gehörten Franz Schalk und Bernhard Paumgartner. 1927 ging er ans Ulmer Stadttheater, wo er sich in sieben Jahren zum Operndirektor hocharbeitete. 1933 trat er gleich zweimal der NSDAP bei – einmal in Deutschland, einmal in Österreich. Von 1941 bis 1944 war er Leiter der Berliner Staatskapelle. Der wahre Aufstieg Karajans begann nach einer dreijährigen »Zwangs-

← *Berühmter Salzburger: ein Zwerg aus dem Zwerglgarten*

Seinen Fans hat der Meisterdirigent eine Fülle von Aufnahmen hinterlassen.

pause« infolge seiner nationalsozialistischen Vergangenheit – ein Makel, der dem Maestro selbst nie moralische Skrupel zu bereiten schien. 1949 wurde er Direktor der Gesellschaft der Musikfreunde in Wien, 1955 als Nachfolger von Wilhelm Furtwängler Chefdirigent der Berliner Philharmoniker auf Lebenszeit; dazu künstlerischer Leiter der Wiener Staatsoper (bis 1964) und der Salzburger Festspiele (bis 1988). 1967 gründete er die Salzburger Osterfestspiele, bei denen er vor allem die Opern Richard Wagners inszenierte und dirigierte. Zur Förderung junger Dirigenten rief er 1969 die Herbert-von-Karajan-Stiftung ins Leben. Er feierte Erfolge in aller Welt, allein mit den Berliner Philharmonikern gab er in über dreißig Jahren an die 1500 Konzerte. Für seine Salzburger Osterfestspiele engagierte er bevorzugt junge, unbekannte Sänger und Instrumentalsolisten – zu seinen größten »Entdeckungen« zählt die Geigerin Anne-Sophie Mutter. Sein Repertoire war enorm und außergewöhnlich, doch auch sehr am »mainstream« orientiert. Weniger bekannte Komponisten der Moderne interessierten ihn kaum. Der begeisterte Skiläufer, Rennfahrer und Pilot Karajan zeichnete sich durch eiserne Disziplin und Arbeitswillen aus. Nach einer Wirbelsäulenerkrankung 1985 konnte er nur noch im Sitzen dirigieren. Karajan starb am 16. Juli 1989 in Anif bei Salzburg und liegt auf dem dortigen Friedhof begraben.

Ludwig Ritter von Köchel (1800 – 1877)

Jurist und Musikliebhaber

Ludwig Ritter von Köchel hatte einen Brotberuf – den des Juristen – und zwei große Leidenschaften. Mit Begeisterung widmete er sich der Erforschung der Gebirgsflora, entdeckte und benannte neue Pflanzen. 1867 ernannte ihn die Gesellschaft für Landeskunde in Salzburg zum Ehrenmitglied. Doch erst das zweite Hobby machte seinen Namen weltberühmt: die Musik. Nicht als Musiker betätigte er sich, sondern als Sammler. Zu seiner Zeit war bereits ein Drittel von Mozarts Werk verloren gegangen. Köchel sammelte die noch verbliebenen 626 Kompositionen des großen Musikgenies und nummerierte sie. Der enorme Arbeitsaufwand, den er dabei leistete, sollte sich für die spätere Mozartforschung auszahlen: Die erste kritisch durchgesehene Gesamtausgabe der Werke Mozarts (1875 – 1884) z. B. basiert auf seinem 1862 veröffentlichten »Chronologisch-thematischen Verzeichnis sämtlicher Tonwerke W. A. Mozarts«. Das musikhistorische Werk war von solcher Qualität, dass es erst 1937 bearbeitet wurde. Mittlerweile existieren weitere verbesserte Editionen, doch alle behielten bis heute die Bezeichnung »Köchel-Verzeichnis« (Abkürzung: KV).

Anna Bertha Königsegg (1883 – 1948)

Widerstandskämpferin

Mit dem von Adolf Hitler erlassenen Euthanasiegesetz wurde die planmäßige Tötung von Geisteskranken als »lebensunwertem Leben« beschlossen. In Salzburg betraf das vor allem die Landesheilanstalt für Geistes- und Gemütskranke in Lehen sowie die Pflegeanstalt Schloss Schernberg bei Schwarzach: Mehr als 400 Menschen wurden in der im oberösterreichischen Schloss Hartheim installierten Gaskammer ermordet. Offenen, mutigen Protest dagegen wagte nur Schwester Anna Bertha Königsegg, Visitatorin der Schernberger Schwestern. Am 25. August 1940 bot sie Reichsverteidigungskommissar Friedrich Rainer in einem Brief die Übernahme der Pflegekosten für die geistig behinderten Menschen durch die Kongregation an, unter der Voraussetzung, dass die Abtransporte aufhören würden; darüber hinaus gab sie zu bedenken, dass die Schwestern im Falle weiterer Abtransporte jede Mithilfe verweigern würden. Die Antwort kam prompt – in Form der Gestapo. Erst als Fürsterzbischof Waitz dagegen protestierte, ließ man sie nach elf Tagen Haft wieder frei. Schwester Königsegg ließ sich nicht einschüchtern. Am 18. Januar 1941 richtete sie erneut ein Protestschreiben an Rainer, an den Gauleiter von Tirol und an den Reichsminister des Innern; einen dritten Protestbrief schrieb sie am 13. April 1941. Wieder wurde sie verhaftet und diesmal erst nach vier Monaten auf freien Fuß gesetzt – unter der Auflage, Salzburg sofort zu verlassen. Es gelang ihr zwar nicht, die Tötung vieler Schutzbefohlener zu verhindern, doch ihre Proteste trugen zum Abbruch weiterer geplanter Euthanasieaktionen bei. Sie starb 1948 in Königsegg.

Annemarie Moser-Pröll (geb. 1953)

Skiweltmeisterin, Olympiasiegerin

»Miss World Cup«, »Jeanne d'Arc des Skisports« und »beste Skiläuferin aller Zeiten« wurde sie genannt, die Tochter eines Bergbauern aus Kleinarl im Pongau. In der Tat leistete Annemarie Moser-Pröll Beachtliches: Sie war vierfache Weltmeisterin (Kombinations-Weltmeisterin 1972 und 1978, Abfahrts-Weltmeisterin 1974 und 1978), sechsfache Weltcup-Siegerin (1971 – 1975 und 1979) und Olympiasiegerin (Abfahrt) 1980 in Lake Placid. Mit ihren Erfolgen machte sie ihre Geburts- und Heimatstadt weltberühmt. Aus dem einst verschlafenen Bergbauerndorf wurde ein viel besuchter Touristenort. Annemarie Moser-Pröll lebt immer noch in Kleinarl (► Wagrain) und betreibt dort das »Weltcup-Café Annemarie«.

Leopold Mozart (1719 – 1787)

Musiker

Leopold Mozart genoss als Musiker und Komponist großes Ansehen. Außergewöhnlich jedoch waren seine Fähigkeiten als Musikpädagoge und als Geschäftsmann, unschätzbar im Hinblick auf die Karriere seines genialen Sohnes Wolfgang Amadeus. Nach dem Wunsch seiner Eltern, einer Handwerkerfamilie aus Augsburg, sollte Leopold Mozart etwas »Besseres« werden: Deshalb schickten sie ihn zum Theologiestudium auf das Jesuitenkolleg St. Salvator. Als der Vater 1736 starb, musste Leopold sein Studium abbrechen, um der Mutter bei der Versorgung der fünf jüngeren Geschwister zu helfen. Eine Stelle als Kammerdiener verlor er aufgrund persönlicher Dissonanzen mit dem Dienstherrn. Schließlich bekam er die Gelegenheit, seiner wahren Leidenschaft, der Musik, nachzugehen. Der Domherr von Thurn-Valsassina und Taxis stellte ihn als Kammerdiener an, u. a. weil er eine Bedingung erfüllte: Er konnte musizieren. 1740 widmete er seinem Arbeitgeber aus Dankbarkeit seine ersten sechs selbst komponierten Sonaten. 1743 wurde er 4. Violinist in der fürsterzbischöflichen Hofkapelle, 1757 Hofkomponist und 1763 schließlich Vizekapellmeister am Hof des Erzbischofs von Salzburg. Bis dahin hatte er sich längst einen Namen gemacht mit seinen Kirchenwerken, Kantaten, Sinfonien und Divertimenti (»Schlittenfahrt«, »Bauernhochzeit«, »Pastoralsinfonie«). Das Jahr 1756 brachte zwei große Ereignisse: die Geburt seines Sohnes Wolfgang Amadeus und die Veröffentlichung seines Schriftwerkes »Versuch einer gründlichen Violinschule«. Als er das Musikgenie seines Sohnes erkannte, verzichtete er darauf, an seiner eigenen Karriere weiterzubasteln und widmete sich nur noch der Erziehung und Förderung von »Wolferl«. Es folgte die Zeit der langen Tourneen in die Musikmetropolen der damaligen Zeit: Wien, Paris und London. Wolfgang ging 1781 nach Wien, der Vater blieb in Salzburg. Leopold Mozart starb am 28. Mai 1787 in Salzburg.

Wolfgang Amadeus Mozart (1756 – 1791)

Komponist

Mit keinem anderen Namen wird die Stadt Salzburg so sehr in Verbindung gebracht wie mit dem von Wolfgang Amadeus Mozart. Johannes Chrysostomus Wolfgangus Theophilus Mozart wurde am 27. Januar 1756 als siebtes Kind des Hofmusikers und Musiklehrers Leopold Mozart und von Anna Maria, geb. Pertl in der Getreidegasse geboren. Seine musikalische Begabung trat frühzeitig hervor – mit drei Jahren konnte er leichte Klavierstücke in einer halben Stunde auswendig lernen. Für seinen Vater gab es nur noch ein Ziel: das Talent des Sohnes zu fördern und aus ihm eine Berühmtheit zu machen. Seine erste Klaviersonate komponierte »Wolferl« als Fünfjähriger. Mit sechs Jahren begann für ihn die große Zeit der Konzertreisen. Drei Jahre lang reiste er mit seiner Schwester »Nannerl« unter der Obhut des Vaters von einer Stadt zur anderen: München, Wien, Frankfurt/M., Paris, London, Den Haag ... Seine Heimatstadt Salzburg bekam das Wunderkind in dieser Zeit kaum noch zu Gesicht. Eine Kindheit war ihm nicht vergönnt und die Strapazen der Reisen ruinierten seine Gesundheit wohl für immer. Ab 1764 schuf er seine ersten Sinfonien, kurz darauf seine erste Oper. 1769 wurde Mozart zum vorerst unbesoldeten erzbischöflichen Konzertmeister in Salzburg ernannt. Im selben Jahr reiste er mit seinem Vater zum ersten Mal nach Italien; bis 1773 folgten noch zwei weitere Reisen in dieses Land. Hoffnungen auf eine Anstellung in Italien erfüllten sich allerdings nicht.

? WUSSTEN SIE SCHON ...?

- ... dass Mozart in seiner Wiener Zeit ein Top-Verdiener war? In seinen letzten Lebensjahren betrugen seine Einkünfte im Durchschnitt umgerechnet jeweils etwa 100 000 €. Allerdings gab er sein Geld fast schneller aus, als er es mit Kompositionen, Konzerten und Unterrichtsstunden einnehmen konnte.

1777 gab Wolfgang Amadeus seine Stelle in Salzburg auf – unter dem neuen Erzbischof Hieronymus von Colloredo-Waldsee fühlte er sich zu stark reglementiert. Nach wenig erfolgreichen Zwischenspielen in München, Mannheim und Paris und nach dem Tod seiner Mutter 1778 kehrte er wieder nach Salzburg zurück. Der Erzbischof nahm ihn als Hoforganist wieder in Dienst. 1781 kam es zum endgültigen Bruch zwischen Colloredo und dem Musikgenie, dem Vernehmen nach vermittels eines erzbischöflichen Fußtritts. Mozart ging nach Wien. Die Aussicht, sich hier eine einträgliche Existenz aufzubauen, schien günstig. Er gab Klavierunterricht und komponierte 1782 im Auftrag Kaiser Josephs II. die Oper »Die Entführung aus dem Serail«. Am 4. August desselben Jahres heiratete er Constanze Weber, die er während seines Aufenthaltes in Mannheim kennen gelernt hatte. 1784 trat er der Freimaurerloge »Zur Wohlthätigkeit« bei. Bei der Wiener Bevölkerung stieß er als Komponist wie auch als Veranstalter eigener Konzerte zunächst auf sehr gute Resonanz. 1787 wurde er Kaiserlicher Hofkomponist. Doch schon seine beiden Opern »Die

Hochzeit des Figaro« und »Don Giovanni« hatten nur noch in Prag großen Erfolg. Die wirtschaftliche Situation des Ehepaars Mozart verschlechterte sich. Zwar war Mozart ein Großverdiener, doch er gab das Geld schneller aus, als er es verdiente, außerdem spielte er gerne, aber schlecht. Gleichwohl schrieb er in diesen Jahren seine bedeutendsten Werke. Mit der »Zauberflöte«, uraufgeführt am 30. September 1791, gewann er nochmals die Herzen der Wiener Bevölkerung. Über der Arbeit zum anonym bestellten »Requiem« starb er am 5. Dezember 1791 in Wien (►Baedeker Special, S. 62).

Paracelsus (1493 – 1541)

Arzt Philippus Aureolus Theophrastus Bombastus von Hohenheim, genannt Paracelsus, wurde am 10. November 1493 als Sohn eines deutschen Arztes im schweizerischen Einsiedeln geboren. Er studierte zuerst Metallurgie und Chemie, später Medizin und promovierte in Ferrara (1515). Als Arzt legte er sich den Namen Paracelsus zu. Nach über zehnjähriger Wanderschaft durch fast ganz Europa ließ er sich 1524 in Salzburg nieder, musste die Stadt jedoch nach kurzer Zeit verlassen, weil er sich in den Bauernkriegen auf die Seite der Bauern gestellt hatte. 1526 wurde er als Stadtarzt nach Basel berufen, mit dem Recht, Vorlesungen zu halten. Er erwarb sich einen Ruf als Verfasser medizinischer, theologischer und philosophischer Abhandlungen. Studenten aus allen Teilen Europas strömten zu seinen Vorlesungen. Seine Vorträge hielt er auf Deutsch und nicht – wie damals üblich – auf Lateinisch und seine Rhetorik war gewaltig. Paracelsus lehnte die Heilmittel seiner Zeit ab; in der Natur sah er die beste Heilkraft. Grundgesetz seiner Lehre waren die Erhaltung und die Pflege der natürlichen Lebenskraft. Um die eigenen Abwehrkräfte zu stärken, griff er nicht auf die üblichen Pflanzenheilmittel zurück, sondern führte chemische Arzneien wie Quecksilber, Schwefel, Eisen und Kupfersulfate ein. Darüber hinaus setzte er sich in vielen Werken mit seelisch bedingten Krankheiten auseinander.
Infolge eines Streits mit der Baseler Fakultät musste Paracelsus 1528 Basel verlassen. Erneut begann ein Wanderleben durch Süddeutschland, Österreich und die Schweiz. 1540 kam er nach Salzburg, wo er am 24. September 1541, noch keine 48 Jahre alt, starb.

Max Reinhardt (1873 – 1943)

Regisseur Max Reinhardt, der Initiator der Salzburger Festspiele, ist eine der bedeutendsten Persönlichkeiten der Theatergeschichte. Unter dem Namen Max Goldmann am 9. September 1873 in Baden bei Wien geboren, debütierte er 1893 als Schauspieler in Salzburg. 1894 holte ihn Otto Brahm an das Deutsche Theater in Berlin, wo er bis 1903 blieb. 1901 gründete er mit Künstlerkollegen das Kabarett »Schall und Rauch«. Ein Jahr später baute er diese Kleinkunstbühne zum Theater aus. 1905 gelang ihm mit der ersten Inszenierung von

Shakespeares »Sommernachtstraum« der Durchbruch als Regisseur. Ebenfalls 1905 übernahm Reinhardt das Deutsche Theater Berlin, dem er mit kurzen Unterbrechungen bis 1933 als Direktor vorstand. Es folgten Theatergründungen, Arenainszenierungen (u. a. im Berliner Zirkus Schumann) und Theaterleitungen. Zu den Reinhardt'schen Bühnenunternehmen gehörten Bühnen in Berlin, Wien und Salzburg. 1920 verlegte Reinhardt seine Theatertätigkeit größtenteils nach Österreich. Seit 1916 Mitglied im Präsidium der Salzburger Festspielhausgemeinde, initiierte er gemeinsam mit Hugo von Hofmannsthal und Richard Strauss die Salzburger Festspiele, die er bis 1937 leitete. Höhepunkte waren die jährlichen Aufführungen von Hofmannsthals »Jedermann« auf dem Domplatz, 1922 die Inszenierung von dessen »Salzburger Großem Welttheater«, 1925 die Eröffnung des ersten Festspielhauses und die Aufführung von Goethes »Faust I« in der Felsenreitschule. 1929 gründete Reinhardt das Max-Reinhardt-Seminar, eine Regie- und Schauspielschule, in Wien. 1933 emigrierte er aus Deutschland, zunächst nach Österreich, 1937 endgültig in die USA. In Los Angeles leitete er eine Schauspielschule, ab 1942 lebte er bis zu seinem Tod 1943 in New York.

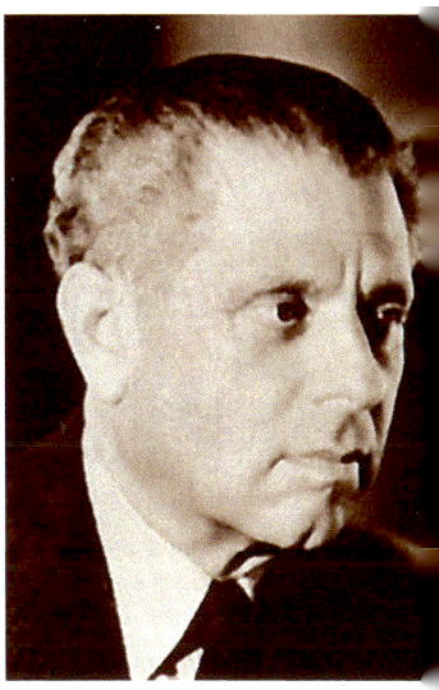

Georg Trakl (1887 – 1914)

Lyriker

Georg Trakl verbrachte den Großteil seines kurzen Lebens in Salzburg. Hier wurde er am 3. Februar 1887 geboren. Bereits mit fünfzehn schrieb er erste Lyrik. 1908 wurde sein Gedicht »Das Morgenlied« veröffentlicht. Im selben Jahr übersiedelte er nach Wien, schrieb aber noch über seine Heimatstadt: »Am Mönchsberg«, »Anif«, »Die schöne Stadt«. 1911/1912 lebte er wieder in Salzburg. Während seines Studiums der Pharmazie wurde er drogenabhängig. 1914 erlebte er als Sanitätsfähnrich die Schlacht bei Gródek, unter deren Eindruck er zusammenbrach. In einem Krakauer Lazarett starb er am 3. November 1914 an einer Überdosis Kokain.
Trakls Anlage zu Ruhelosigkeit und Selbstzerstörung zeigen sich auch in seiner Dichtung. Angeregt vom französischen Symbolismus, kreisen seine Gedichte – in der Frühzeit vorwiegend in überlieferten Gedichtformen (Quartain, Sonett, Terzine), später in freirhythmischen Versen – thematisch um Vergänglichkeit, Tod und Untergang. Dabei bedient er sich einer variantenreichen Farbsymbolik und expressiven Bildlichkeit (»Gedichte«, 1913; »Sebastian im Traum«, 1915). Neben Heym, Stadler und Werfel ist Trakl einer der bedeutendsten deutschsprachigen Frühexpressionisten. Großen Einfluss übte sein Werk auf die expressionistische Lyrik und auf die Lyrik nach 1945 aus.

DER »MORDFALL MOZART«

Wolfgang Amadeus Mozart starb am 5. Dezember 1791 aller Wahrscheinlichkeit nach an einer Streptokokkeninfektion mit Nierenversagen und einer Lungenentzündung. Doch bis zum heutigen Tag sind wilde Spekulationen über einen Mordanschlag erhalten, für den verschiedene Täter geboten werden.

Nicht nur im preisgekrönten Hollywoodfilm »Amadeus« von Milos Forman wird der italienische Komponist und Wiener Hofkapellmeister **Antonio Salieri** als Mörder genannt. Salieris Neid auf das größere musikalische Genie Mozarts ist bezeugt, was auch beweist, dass Salieri seine Grenzen kannte. Aber Mord? Die Opern des Italieners orientierten sich am damals außerordentlich beliebten Belcantostil und am Hof genoss er große Anerkennung. Komponisten wie Beethoven, später Schubert und Liszt, gehörten zu seinen Schülern und finanziell stand er besser da als sein Rivale. Das Gerücht über einen Giftanschlag durch Salieri verstummte damals rasch wieder.

Gift aus Eifersucht?

Honig saugen die Vertreter der Mordtheorie aus der Aussage Mozarts gegenüber seiner Frau Constanze kurz vor seinem Tod, jemand versuche ihn mit »Acqua toffana« umzubringen, einem nach der sizilianischen Giftmischerin Teofania di Adamo benannten Giftcocktail aus Arsen, Antimon und Bleioxid. Doch dürfte die Bemerkung Mozarts der Tatsache geschuldet sein, dass sein Körper in der Tat langsam vergiftet wurde – allerdings durch die tödliche Infektion. Als Giftmörder wird oft Mozarts Freimaurerfreund **Franz Hofdemel** genannt. Dieser hatte eine junge Frau, die Klavierunterricht bei Mozart nahm. Der Meister war dem schönen Geschlecht bekanntlich zugetan. Einen Tag nach Mozarts Tod fand man Magdalena Hofdemel ohnmächtig in einer Blutlache: Ihr Mann hatte ihr das Gesicht, Hals und Hände mit einer Rasierklinge zerschnitten. Er selber lag mit durchschnittener Kehle im Nebenzimmer. Doch dass Hofdemel aus Eifersucht Mozart vergiftete, bevor er seine Frau grausam verstümmelte und sich selber umbrachte, konnte nie bewiesen werden.

Die Rache der Freimaurer?

Schließlich gerieten auch die Freimaurer in den Verdacht, Mozart getötet zu haben und zwar aus Rache, weil er in der kurz vor seinem Tod uraufgeführten Oper »Die Zauber-

Leben und Sterben des Genies haben zu so mancher Legendenbildung beigetragen.

flöte« Geheimnisse über freimaurerische Riten und Lehren preisgegeben habe. Dagegen spricht, dass die Autoren des Librettos, Schikaneder und Giesecke – letzterer Freimaurer wie Mozart – eines natürlichen Todes starben. Außerdem ergriff Mozart in der »Zauberflöte« musikalisch Partei für die humanen Ideale der Freimaurer, die bei den absolutistischen Monarchen des 18. Jh.s auf wenig Gegenliebe stießen und nicht selten verfolgt wurden. Mozarts Logenbrüder scheinen sein Anliegen verstanden zu haben: Nach seinem Tod ließen sie ihm zu Ehren eine »Kleine Freymaurer-Kantate« drucken und publizierten eine Trauerrede, die sie im kleinen Kreis für ihn gehalten hatten.

Mysteriöser Unbekannter?

Immer noch steht vielen das Bild des geheimnisvollen grau gekleideten Herrn vor Augen, der Mozart kurz vor seinem Tod besuchte. Seine Identität ist indes bekannt: Es war der Verwalter des **Grafen von Walsegg-Stuppach**, der im Auftrag seines Herrn Mozart bat, ein Requiem für die wenige Monate zuvor verstorbene Gräfin zu komponieren und dem Grafen die Urheberrechte zu überlassen. Der Graf hatte nämlich die Eigenheit, fremde Partituren aufzukaufen und sie als eigene Werke auszugeben.

Einsames Armenbegräbnis?

Auch die Geschichten um Mozarts Begräbnis haben mit der Realität nicht viel zu tun, trugen aber zur Legendenbildung bei. Der berühmte Stich mit dem Titel **Armenbegräbnis** von Pierre R. Vigneron befand sich im Besitz Ludwig van Beethovens, der die Darstellung dem Begräbnis des von ihm verehrten Mozart zuschrieb. Tatsächlich hatte sich Constanze Weber angesichts der finanziellen Misere, die ihr Mann hinterlassen hatte, für ein Begräbnis Dritter Klasse entschieden. Nach der Trauerfeier begleiteten Witwe und Trauergemeinde den Sarg bis zum Stadttor und blieben hier wegen der großen Entfernung zum St. Marxer Friedhof (immerhin 4 km) und des schlechten Wetters zurück. Erst ab hier musste der Leichenwagen alleine weiterfahren. Der Sarg kam, wie es die Verordnung für ein solches Begräbnis vorsah, in ein Reihengrab, in dem bis zu fünf Erwachsene bestattet wurden, und nicht etwa, wie gerne behauptet wird, in ein Armen- oder Massengrab. Solche Reihen- bzw. Gemeinschaftsgräber wurden normalerweise spätestens nach acht Jahren geräumt und die Gebeine weggeworfen. Ob Mozart tatsächlich unter dem ihm später zugedachten Grabstein liegt, ist daher fraglich. Sicher ist nur, dass sein Schädel im Salzburger Mozarteum aufbewahrt wird.

Praktische Informationen

WAS KOSTET DAS PICKERL? WIE KOMMT MAN AN KARTEN FÜR DIE SALZBURGER FESTSPIELE? UND WO GIBT ES DIE ECHTEN MOZARTKUGELN? LESEN SIE ES NACH – AM BESTEN VOR DER REISE!

Anreise · Reiseplanung

Mit dem Auto Die stark befahrene Autobahn A 8/A 1 führt von München über Salzburg nach Wien. Am Knotenpunkt Salzburg zweigt die Tauernautobahn A 10 ab, über die man ins südliche Salzburger Land gelangt. In den westlichen Bezirk Pinzgau kann man auch von Rosenheim über die A 93 nach Kufstein und von dort über die Loferer Bundesstraße fahren. Über das kleine deutsche Eck kommt man auch von hier in die Landeshauptstadt Salzburg. Von der Schweiz fährt man über Feldkirch und Innsbruck ins Salzburger Land.

Die Benutzung der österreichischen Autobahnen ist gebührenpflichtig und wird mit dem Erwerb einer **Vignette** bezahlt (►Verkehr).

i Entferungen

- Berlin – Salzburg: 650 km
- Hamburg – Salzburg: 810 km
- Frankfurt/Main – Salzburg: 540 km
- Zürich – Salzburg: 450 km

Mit der Bahn oder dem Bus Österreich ist direkt an das europäische Schienennetz angeschlossen. Die Fahrzeit im Eurocity von München nach Salzburg beträgt ca. 90 Minuten. In der Sommer- und Wintersaison verkehren Autoreisezüge von Berlin nach Salzburg. Zudem besteht die Möglichkeit, mit dem **Autoreisezug** nach Villach, München oder Innsbruck zu gelangen. Innerhalb Österreichs gibt es zwischen Wien und Salzburg täglich Autoreisezugverbindungen. Wer seinen Wagen im Autoreisezug befördern will, muss den Platz im Voraus buchen. Auskunft erteilt die Deutsche Bahn AG. Zahlreiche Reisebüros und private Veranstalter bieten preisgünstige Busfahrten an.

Mit dem Flugzeug Austrian Airlines, Lufthansa und Swiss unterhalten von Düsseldorf, Graz, Innsbruck, Linz, Paris, Wien, Frankfurt und Zürich Direktverbindungen zum Salzburg Airport W. A. Mozart.

Reisedokumente

Personalpapiere Für die Einreise nach Österreich benötigen Reisende aus Deutschland und der Schweiz einen **Personalausweis**. Schweizer, die länger als drei Monate bleiben wollen, müssen ein Visum beantragen.

Fahrzeugpapiere Der nationale Führerschein und der Kraftfahrzeugschein sind mitzuführen; die Mitnahme der Internationalen Grünen Versicherungskarte ist empfehlenswert. Kraftfahrzeuge, die noch über kein EU-Nummernschild verfügen, müssen zusätzlich das ovale Nationalitätskennzeichen tragen.

Haustiere Für Haustiere wie Hund oder Katze benötigt man bei der Einreise nach Österreich den Nachweis über eine Impfung gegen Tollwut.

INFORMATIONEN ANREISE

BAHN

▶ **Auskunft in Deutschland**
Tel. 08 00 / 1 50 70 90 (gebührenfrei)
Tel. 11 8 61 (0,60 € / Min.)
www.bahn.de

▶ **Autoreisezug**
Tel. 0 18 05 / 24 12 24
www.dbautozug.de

BUS

▶ **Deutsche Touring**
Am Römerhof 17
D-60486 Frankfurt am Main
Tel. 0 69 / 79 03 50, Fax 7 90 32 19
www.deutsche-touring.com

FLUGHAFEN

▶ **Salzburg Airport W. A. Mozart**
ca. 4 km südwestlich von Salzburg
Innsbrucker Bundesstr. 95
A-5020 Salzburg
Tel. 06 62 / 8 58 00
www.salzburg-airport.com

▶ **Transfer**
Mit der O-Bus Linie Nr. 2 kommt man in ca. 25 Min. zum Hauptbahnhof Salzburg, Kosten: knapp 2 €. Das Taxi benötigt zum Hauptbahnhof ca. 15 Min., Kosten: ca. 12 €, zum Stadtzentrum ca. 10 Min., Kosten: ca. 8 €.

FLUGGESELLSCHAFTEN

▶ **Austrian Airlines**
Tel. 0 18 05 / 25 85 76
Fax 0 69 / 25 60 22 55
aus ganz Österreich ohne Vorwahl zum Ortstarif: Tel. 05 17 89
www.aua.com

▶ **Lufthansa**
Tel. 0 18 05 / 25 85 75
Fax 0 69 / 6 96 30 02
www.lufthansa.com

▶ **Swiss**
Tel. 0 18 05 / 25 85 75
Fax 0 69 / 2 60 22 10
www.swiss.com

▶ **Austrian Airlines Group**
(Tyrolean Airways, Lauda Air)
Tel. 01 80 5 / 25 85 76
Fax 0 18 05 / 5 22 15 91

Das Impfzeugnis darf nicht jünger als 30 Tage und nicht älter als ein Jahr sein. Ein Maulkorb für Hunde ist nicht generell Pflicht, kann jedoch verlangt werden.

Zollbestimmungen

EU-Binnenmarkt

Im gemeinsamen Wirtschaftsraum der Europäischen Union (EU), der Österreich und Deutschland angehören, können Waren für private Zwecke weit gehend zollfrei ein- und ausgeführt werden. Trotzdem gelten noch gewisse **Höchstmengen**, bei deren Überschreitung die Behörden von gewerblicher Verwendung ausgehen: 800 Zigaretten, 400 Zigarillos, 200 Zigarren, 1 kg Tabak, 10 l Spirituosen, 90 l Wein (davon max. 60 l Schaumwein) und 110 l Bier.

Schweiz Für Schweizer gelten folgende **Freimengen**: 250 g Kaffee, 100 g Tee, 200 Zigaretten oder 50 Zigarren oder 250 g Tabak, 2 l Wein oder andere Getränke mit bis 15 % und 1 l Spirituosen mit mehr als 15 % Alkoholgehalt. Andenken im Wert bis zu 100 sfr sind zollfrei.

Krankenversicherung

Medizinische Versorgung In Österreich sind die medizinische Versorgung in Praxen und in Krankenhäusern sowie die Hilfe in Notfällen grundsätzlich gewährleistet. Lokale ärztliche Bereitschaftsdienste findet man in der Tageszeitung oder erfragt sie bei der örtlichen Polizeidienststelle.

> ! *Baedeker* TIPP
>
> **Kopien**
>
> Es ist ratsam, von den Reisedokumenten Kopien anzufertigen und sie im Hotel aufzubewahren, da sie bei Verlust der Originale die Beschaffung von Ersatzpapieren erheblich erleichtern.

Auch im EU-Ausland müssen die gesetzlichen Krankenkassen die Kosten für ärztliche Leistungen erstatten. Voraussetzung ist, dass dem behandelnden Arzt die **Krankenversicherungskarte** vorgelegt wird. Sie ersetzt seit 2005 den Auslandskrankenschein. Auch mit dieser Karte sind in vielen Fällen ein Teil der Behandlungskosten bzw. Ausgaben für spezielle Medikamente selbst zu zahlen. Gegen Vorlage der Quittungen übernimmt die Krankenkasse im Heimatland dann ggf. die Erstattung der Kosten.

Private Reisekrankenversicherung Da die Kosten für ärztliche Behandlung und Medikamente in der Regel teilweise vom Patienten selbst zu zahlen sind und die Kosten für einen Rücktransport grundsätzlich von den Krankenkassen nicht übernommen werden, empfiehlt sich der Abschluss einer zusätzlichen Reisekrankenversicherung.

Auskunft

WICHTIGE ADRESSEN

IN DEUTSCHLAND

► **Österreich Werbung**
Klosterstr. 64, D-10179 Berlin
Tel. 030 / 219 14 80
Hotline für Prospektbestellung:
018 / 21 01 818
www.austriatourism.com

IN DER SCHWEIZ

► **Österreich Werbung**
Wiedikerhof
Zweierstr. 146
CH-8036 Zürich
Tel. 01 / 4 51 15 51
Fax 4 51 11 80

IN ÖSTERREICH

▶ **Österreich Werbung**
Margaretenstr. 1
A-1040 Wien
Tel. 01 / 5 88 66-0
Fax 5 88 66-20
urlaub@austria.info

▶ **Salzburger Land Tourismus Gesellschaft**
Wiener Bundesstr. 23
A-5300 Hallwang bei Salzburg
Tel. 06 62 / 66 88; Fax 66 88 66
www.salzburgerland.com

Internet

▶ **www.austria.info**
... hilft mit vielen nützlichen Informationen und zweckdienlichen Links weiter.

▶ **www.tiscover.at**
Hier kann man Unterkünfte online buchen, dazu kommen Informationen über Wetter, Infrastruktur und Sehenswürdigkeiten, Adressen und Links.

▶ **www.salzburgerland.com**
Die Salzburger Land Tourismus Gesellschaft informiert über Events, Schneehöhen, Unterkünfte, Sportangebote u. v. m.

▶ **www.salzburginfo.at**
Alles über die Landeshaupt- und Mozartstadt.

▶ **www.salzkammergut.at**
Infos über Ausflüge, Unterkünfte und Veranstaltungen.

Mit Behinderung unterwegs

Im Verlag FMG Fremdenverkehrs-Marketing GmbH erscheint ein Hotel- und Reiseratgeber für Menschen mit Behinderungen (Yvo Escales: »Handicapped-Reisen – Ausland«). Eine Broschüre der Stadt Salzburg informiert über barrierefreien Zugang zu Sehenswürdigkeiten und entsprechende Freizeitmöglichkeiten (bestellen bei behindertenbeauftragte@stadt-salzburg.at oder unter Tel. 06 62 / 80 72 32 32).

ANLAUFSTELLEN

IN DEUTSCHLAND

▶ **BSK-Reise-Service**
Postfach 20
D-74236 Krautheim/Jagst
Tel. 0 62 94 / 6 83 03
www.bsk-ev.de

IN DER SCHWEIZ

▶ **Mobility International Schweiz**
Frohbergstr. 4
CH-4600 Olten
Tel. 0 62 / 2 06 88 35
Fax 2 06 88 30
www.mis-ch.ch

IN ÖSTERREICH

▶ **Verband aller Körperbehinderten Österreichs**
Lützowgasse 24 – 28
A-1014 Wien
Tel. 01 / 9 11 32 25
info@vakoe.at

Bergsteigen und Wandern

Eldorado für Gipfelstürmer Das Salzburger Land ist ein ausgesprochen lohnendes Ziel für Bergsteiger und Wanderer. Im Gebiet der Hohen und Niederen Tauern bietet sich eine fast unerschöpfliche Auswahl an verschiedenen reizvollen Berg- und Klettertouren aller Schwierigkeitsgrade. Der Aufstieg in das eigentliche Tourengebiet wird an vielen Orten durch Bergbahnen erleichtert.

Ausrüstung Wichtig ist eine zweckmäßige Ausrüstung. Dazu gehören gut eingelaufenes Schuhwerk, das dem Knöchel Halt gibt, Regenschutzkleidung, eine Kopfbedeckung und ausreichend Wasser.

Gefahren Die alpinen Gefahren, wie Wetterumschwung, Gewitter, Steinschlag u. a. dürfen nicht unterschätzt werden. Man sollte nicht alleine losziehen und grundsätzlich Dritten (z. B. dem Hotelpersonal oder Hüttenwirt) mitteilen, wohin man geht. Wenn man trotz aller Vorsichtsmaßnahmen in Bergnot geraten ist, ruft man mit dem internationalen **Alpinen Notsignal** Hilfe herbei, indem man pro Minute

Anstrengend, aber schön: Bergsteigen am Hohen Göll.

sechsmal in regelmäßigen Abständen, d. h. alle 10 Sekunden, akustische (Rufen, Pfeifen) oder optische Zeichen (Winken mit gut sichtbarem Gegenstand, Spiegel- oder Taschenlampensignale) gibt. Darauf legt man eine Pause von einer Minute ein. Man sollte also nie vergessen, eine Uhr – möglichst mit Sekundenzeiger – mit in die Berge zu nehmen. Wurde das Notsignal erkannt, dann antworten die Helfer mit akustischen oder optischen Zeichen, die dreimal pro Minute gegeben werden, gefolgt von einer einminütigen Pause.

! *Baedeker* TIPP

Der Wanderschuh fürs Leben

Bekannt wurde Bad Goisern durch die Produktion von besonders hochwertigen, strapazierfähigen Bergschuhen nach Maß. Die zwiegenähten, genagelten »Goiserer« werden inzwischen nur noch in Rudolf Steflitsch-Hackls Betrieb an der Hauptstraße von Bad Goisern hergestellt.

Bergtouren

In allen Gebirgsorten werden Bergführer vermittelt; vielerorts besteht die Möglichkeit, an Bergsteigerkursen teilzunehmen (u. a. in Abtenau, Filzmoos, Kaprun, Lend, Leogang, Maria Alm, Mauterndorf, Neukirchen, Salzburg, Taxenbach und Uttendorf).

Von Hütte zu Hütte

Der 1862 gegründete Österreichische Alpenverein (ÖAV) unterhält in den Alpen zahlreiche Schutzhütten, die auch Nichtmitgliedern offen stehen. Auch der Deutsche Alpenverein verfügt über zahlreiche Hütten. Eine Broschüre der Salzburger Land Tourismus Gesellschaft (►Auskunft) informiert über das Bettenangebot auf den Berghütten.

Tourenwochen

Der ebenfalls von der Salzburger Land Tourismus Gesellschaft herausgegebene Katalog »Wandern und Trekking« stellt 19 mehrtägige Trekking-Touren unterschiedlicher Schwierigkeitsgrade vor. Die vier- bis achttägigen Wanderungen sind bei Veranstaltern vor Ort pauschal buchbar. Die Quartiere sind vorreserviert und das Gepäck wird jeweils zur nächsten Unterkunft transportiert. Touren mit höherem Schwierigkeitsgrad begleitet ein Bergführer.

ALPENVEREINE

IN ÖSTERREICH

► **Österreichischer Alpenverein (ÖAV) Sektion Salzburg**
Nonntaler Hauptstr. 86
A-5020 Salzburg
Tel. 06 62 / 82 26 92
www.alpenverein.at

► **Verband Alpiner Vereine Österreichs**
Wilhelm-Greil-Str. 16
A-1010 Wien
Tel. 01 / 5 12 54 88

IN DEUTSCHLAND

► **Deutscher Alpenverein (DAV)**
Von-Kahr-Str. 2 – 4
D-80997 München
Tel. 0 89 / 14 00 30
Fax 1 40 03 12
www.alpenverein.de

Essen und Trinken

Altösterreichische Küche

Es gibt nur wenige typische Salzburger Speisen, die regionale Küche hat ohne Zweifel einen **altösterreichischen Einschlag**. Das reicht von wienerischer bis hin zu bäuerlicher Kost. Zu letzterer gehören besonders die »Kasnock'n« (Käsespätzle), die es im Pinzgau, Pongau und Lungau in verschiedenen Variationen gibt. Speziell der Pinzgau hat sich dabei einige Eigenheiten bewahrt wie die »Kaspressknödel« (Semmelknödel mit Käse und Zwiebeln) oder die »Bladl« (gefüllte Teigtaschen). Eine regionale Spezialität des Tennengau sind die »Fleischkrapfen«. Im Flachgau herrscht der oberösterreichische Einschlag vor, die kleinen gefüllten Knödel (Klöße) sind eine Spezialität. Ansonsten gibt es alle Arten von Fleischspeisen – z. B. der »Bauernschmaus« mit Geselchtem, Schweinsbraten und Ähnlichem oder das allgegenwärtige Wiener Schnitzel – bis hin zu Wild, vor allem im Herbst zu den »Wildwochen«. Eine saisonale Spezialität ist das aus Pilzen gemachte »Schwammerlgulasch«.

Mozartkugeln

Weltberühmt ist die Mozartkugel, eine verführerische Praline aus Schokolade, Marzipan und Pistazien. Als ihr **Erfinder** gilt der Salzburger Konditor Paul Fürst, der die tischtennisballgroße Leckerei dem berühmtesten Sohn Salzburgs widmete.

Zu Österreichs berühmtesten Kulinaria gehören die **Mehlspeisen**. Der köstliche Kaiserschmarrn ist ein luftiger, mit zwei Gabeln in der Pfanne zerrissener Rosinenpfannkuchen. Der Strudel mit Obst, Topfen (Quark) oder Mohn ist eine der beliebtesten Mehlspeisen; besonders begehrte Variationen sind Millirahmstrudel mit einer Füllung aus Quark, Sahne und Rosinen, der mit Vanillesauce serviert wird, und Apfelstrudel, den man mit Schlag bzw. Schlagobers (Schlagsahne) garnieren kann. Marillenknödel sind in siedendem Wasser gekochte Klöße aus Hefe- oder Kartoffelteig, gefüllt mit einer Aprikose, deren Stein durch ein Stück Zucker ersetzt wurde. Topfenknödel haben eine Füllung aus gedünsteten Pflaumen, Germknödel nennt man mit Pflaumenmus gefüllte Hefeteigklöße, die mit Mohn bestreut werden. Die berühmten **Salzburger Nockerln** sind eine duftige Kreation aus Eiern, Milch und Mehl.

! Baedeker TIPP

Zarte Versuchung

Überall im Salzburger Land kann man die köstlichen Mozartkugeln erstehen. Von Hand hergestellt werden sie in Salzburg von den Konditoreien Fürst in der Brodgasse 13, wo sie einst erfunden wurden, und in der Konditorei Schatz in der Getreidegasse 3.

Bier und Schnaps

Wein wird im Salzburger Land nicht angebaut, dafür schon seit Jahrhunderten die Bierbraukunst gepflegt. Die Brauerei »Stiegl« (► Salzburg) ist neben etlichen kleineren Brauereien der traditionsreichste

Locker, schaumig, süß, mit einem Wort: köstlich – Salzburger Nockerln.

Betrieb des Landes. Gängige Ausschank-Einheiten sind die »Halbe« (ein halber Liter), der »Seidel« (0,33 Liter) und der »Pfiff« (0,2 Liter). Eine bäuerliche Spezialität ist der »Obstler«, ein aus Obst gebrannter Schnaps. Zu den exklusivsten Destillaten zählen dabei der Vogelbeer- und der Hollerschnaps (Holler = Holunder), die nur zu besonderen Anlässen kredenzt werden und natürlich ihren Preis haben. Kein Wunder, wenn man bedenkt, dass aus 200 l Vogelbeermaische nur 4 bis 6 l Schnaps gewonnen werden – aus derselben Menge Zwetschgenmaische werden 20 l Schnaps gebrannt.

Kaffee

Das Kaffeehaus und der Kaffee spielen im Salzburger Land wie in ganz Österreich eine große Rolle. Man trifft sich hier mit Freunden, um zu sehen und gesehen zu werden, um die ausliegenden Zeitungen zu studieren und zu geschäftlichen Besprechungen. Bei der Bestellung ergeben sich zahlreiche Möglichkeiten. Die Basis der Kaffeespezialitäten ist immer **Mokka** und stets wird ein Glas Wasser gereicht.

Restaurants

In vielen Gasthöfen und Restaurants des Salzburger Landes und des Salzkammergutes werden erfreulicherweise bevorzugt einheimische Spezialitäten angeboten. Gourmets müssen mitunter längere Anfahrtswege in Kauf nehmen, denn auch außerhalb der Landeshauptstadt gibt es einige Restaurants mit Spitzengastronomie.
Abends sollte man nicht zu spät zum Essen gehen, denn selbst in der Stadt Salzburg kann es außerhalb der Festspielzeit problematisch werden, ein Restaurant zu finden, in dem nach 22.00 Uhr noch warme Küche geboten wird.

Sprachführer Kulinaria

Speisekarte

Backerbsen	gebackene Teigtropfen als Suppeneinlage
Backhendl	paniertes und gebackenes Huhn
Bauernschmaus	Geselchtes mit Sauerkraut und Knödeln oder Kartoffeln
Beuscherl	Kalbslunge, Herz und Milz, sauer zubereitet
Blunzengröstl	Blutwurst mit Bratkartoffeln
Buchteln	gefüllte Rohrnudeln
Eierschwammerl	Pfifferlinge
Erdäpfel	Kartoffeln
Faschiertes	gehacktes Fleisch
Fischbeuschlsuppe	Gemüsesuppe mit Fischrogen
Fisolen	grüne Bohnen
Fridatten	Eierkuchenstreifen, Suppeneinlage
Gerstl	zerriebener Nudelteig, Suppeneinlage
Geröstete	Bratkartoffeln
Geselchtes	geräuchertes Fleisch
Golatschen	gefüllte Hefe- oder Mürbeteigtaschen
Guglhupf	Napfkuchen
Häuptlsalat	Kopfsalat
Jungfernbraten	gebratene Schweinelende mit Kümmel
Kaiserfleisch	Kasseler Rippenspeer
Kalbsvögerl	geteilte Kalbshaxe
Karfiol	Blumenkohl
Kohlsprossen	Rosenkohl
Kren	Meerrettich
Krenfleisch	Schweinefleisch mit Meerrettich
Kukuruz	Mais
Lungenbraten	Rinderlende in Sahnesauce
Marillen	Aprikosen
Minestra	Gemüsesuppe
Obers, Schlagobers	Sahne
Palatschinken	gefüllte dünne Eierpfannkuchen
Paradeiser	Tomaten
Powidl	Pflaumenmus
Ribisel	Johannisbeeren
Schinkenfleckerl	kleine Nudelstücke mit Schinken
Schlutzkrapfen	gefüllte Teigtaschen
Schmarrn	gebackener zerteilter Eierteig
Schöpsernes	Fleisch vom Schaf oder Lamm
Schwammerl	Pilze
Selchfleisch	geräuchertes Schweinefleisch
Serviettenknödel	Semmelklöße in Scheiben
Stelze	Schweins- oder Kalbshaxe, Eisbein

Tafelspitz	gekochtes Rindfleisch, serviert mit Meerrettich und Röstkartoffeln
Tiroler Knödel	Semmelknödel mit Speck
Topfen	Quark
Vanillerostbraten	mit Knoblauch gewürzter Rostbraten

Kaffeespezialitäten

Brauner	Mokka mit wenig Milch
Einspänner	Mokka im Glas mit Schlagsahne
Espresso	Mokka aus der Espressomaschine
Fiaker	Kaffee mit Kirschwasser und Schlagsahne
Kaffee Creme	ein Kännchen Kaffee, dazu Obers (Sahne) im extra Kännchen
Gestreckter	mit Wasser verlängerter Kaffee
Kaffee verkehrt	wenig Mokka mit viel Milch
Kaisermelange	kleiner gestreckter Kaffee mit Eidotter, zwei Teelöffel Honig, evtl. etwas Weinbrand
Kapuziner	Mokka mit wenig Milch
Konsul	großer Mokka mit einem Spritzer Sahne
Mazagran	kalter, leicht gesüßter Kaffee mit Maraschino oder Rum und Eiswürfeln
Melange	mitteldunkler Milchkaffee
Mokka	starker schwarzer Kaffee
Mokka gespritzt	Mokka mit einem Schuss Rum oder Weinbrand
Nussbraun	Kaffee mit Obers, nussbraun
Obers	Sahne, Kaffeesahne
Schale	Kaffeetasse
Schwarzer	Kaffee ohne Milch
Türkischer Kaffee	fein gemahlener Kaffee, mit Zucker und einer Prise Salz, im Kupferkännchen zweimal aufgekocht
Verlängerter	mit Wasser verdünnter Kaffee

»Nur« Kaffee ist in Österreich zu wenig.

Feiertage · Feste · Events

Die nachfolgende Liste ist eine **Auswahl** aus dem reichhaltigen Angebot der Städte und Gemeinden. Berücksichtigt wurden weltliche und kirchliche Feste, daneben wiederkehrende Veranstaltungen wie Kultur-Festivals, aber auch Weinfeste und Sportevents.

FEIERTAGE UND FESTE

GESETZLICHE FEIERTAGE

- **1. Januar**
  Neujahr
- **6. Januar**
  Hl. Drei Könige
- **1. Mai**
  Tag der Arbeit
- **15. August**
  Mariä Himmelfahrt
- **26. Oktober**
  Nationalfeiertag
- **1. November**
  Allerheiligen
- **8. Dezember**
  Mariä Empfängnis
- **25./26. Dezember**
  Weihnachten

BEWEGLICHE FEIERTAGE

- **März/April**
  Ostermontag
- **Mai/Juni**
  Christi Himmelfahrt
  Pfingstmontag
  Fronleichnam

Ziemlich Furcht erregend sehen sie schon aus, die »Perchten«, die zu Dreikönig umgehen.

JANUAR

- **Dreikönigsumzüge, Sternsingen**
  Vielerorts finden in der ersten Januarwoche bis zum 6. Januar Dreikönigsumzüge statt, u. a. im Gasteiner Tal, in St. Johann und Bischofshofen; in Gmunden gibt es eine Dreikönigsfahrt auf dem Traunsee.
- **Glöckler- oder Perchtenlauf**
  Am 5. Januar gehen in den Abendstunden weiße Gestalten mit Schellengurten und Lichterkappen durch den Ort; u. a. in Strobl, Thalgau, Salzburg und Gmunden.

▶ **Mozartwoche**
Ende Januar bittet Salzburg zur Mozartwoche mit Orchester- und Kammermusikkonzerten.

▶ **Ballonwochen in Filzmoos**
Wettbewerbe für alle, die gerne über den Wolken schweben, farbenprächtig und spektakulär zum Zuschauen.

FEBRUAR

▶ **Aperschnalzen**
In verschiedenen Gemeinden bei Salzburg wird mit knallenden Peitschen der Winter vertrieben.

▶ **Fasching**
Bunte und fröhliche Umzüge.

MÄRZ

▶ **Literaturtage in Rauris**
Schon seit 1972 ist der kleine Gebirgsort alljährlich Treffpunkt namhafter Autoren und Literaturinteressierter.

OSTERN

▶ **Karwoche**
In verschiedenen Orten, z. B. Großgmain, Kleinarl und Lofer, werden eindrucksvolle Passionsspiele veranstaltet. Osterfeuer lodern meist am Karsamstag auf.

▶ **Salzburger Osterfestspiele**
Im Zentrum des von Altmeister Karajan gegründeten Klassik-Festivals steht jeweils eine Opernproduktion im Großen Festspielhaus.

MAI

▶ **Maibaum-Aufstellen**
Zum 1. Mai wird in vielen Dörfern ein frisch geschlagener, bunt geschmückter Maibaum aufgestellt.

▶ **Fronleichnamsprozessionen**
In vielen Gemeinden werden Fronleichnamsprozessionen abgehalten, in Hallstatt und Traunkirchen als prunkvolle Seeprozessionen.

▶ **Ausseerland Narzissenfest**
In Altaussee, Bad Aussee und Grundlsee werden aus Blüten kunstvolle Figuren geformt, die im Auto- oder Bootskorso vorgeführt werden.

PFINGSTEN

▶ **»Festspiele Pfingsten Barock«**
Ableger der Sommerfestspiele mit Konzentration auf Barockmusik.

JUNI

▶ **Prangstangentragen in Zederhaus und Muhr**
In Zederhaus und Muhr werden am 29. Juni bis zu 8 m lange, mit kunstvollsten Blütengirlanden besteckte Stangen in einer Prozession durchs Dorf getragen.

Prangstangen mit Blütengirlanden

▶ **Sonnwendfeiern**
Feuer zur Sonnwende am 21. Juni und zum Fest Johannes' des Täufers am 24. Juni z. B. in Bad Mitterndorf, Tauplitz, Ebensee.

▶ **Glocknerwallfahrt**
Wallfahrt Ende Juni von Ferleiten über das Hochtor nach Heiligenblut.

JULI

► **Samson-Umzüge im Lungau**
Im Juli, u. U. auch im August wird ein riesiger hölzerner Samson durchs Dorf getragen.

► **Samson-Radmarathon**
Am ersten Wochenende im Juli treffen sich in St. Michael im Lungau die Samson-Radmarathon-Fahrer.

► **Hundstoa-Ranggeln**
Am ersten Sonntag nach dem 25. Juli findet auf dem Hundstein bei Zell am See eine ausgesprochen urtümliche Kampfsportveranstaltung statt, das sog. »Hundstoa-Ranggeln«.

JULI/AUGUST

► **Lehár Festival Bad Ischl**
Operette satt für Fans von Fledermaus und Co.

► **Salzburger Festspiele**
Von Ende Juli bis Ende August tummeln sich Könner und Kenner in der Mozartstadt.

► **Fest in Hellbrunn**
Am ersten Wochenende im August gibt es in Schloss Hellbrunn südlich von Salzburg Musik, Schauspiel, Lesung, Tanz und Feuerwerk.

AUGUST

► **Töpfermarkt Gmunden**
Bekannter Markt mit jeder Menge Rahmenprogramm in der Keramikstadt Gmunden.

► **Oberndorfer Schifferstechen**
Traditionsreicher Wettkampf nach dem Vorbild mittelalterlicher Ritterturniere – aber eben »zu Wasser«.

Auch ganz aparte Gebrauchsgegenstände gab und gibt es in Gmundener Keramik ausgeführt.

► **Bartholomäus-Wallfahrt zum Königssee**
Am letzten August-Wochenende wallfahren Gläubige von Maria Alm am Steinernen Meer zum Königssee.

SEPTEMBER

► **Mondseetage**
Musik, bunt gemischt mit Literatur, hochkarätig besetzt, in der ersten Septemberwoche.

► **Schwerttanz der Bergleute in Böckstein**
In Böckstein bei Bad Gastein gibt es alte Bergknappentraditionen zu sehen beim Volks- und Knappenfest.

► **Salzburger Rupertikirtag**
Kirchweihfest auf den Plätzen um den Dom in der Woche vor dem 24. September.

▶ **Almabtrieb**
In Berggegenden gehört der Almabtrieb mit festlich geschmückten Rindern zum Brauchtum.

SEPTEMBER/OKTOBER

▶ **Erntedankfest**
Bäuerliche Herbst- und Erntefeste.

▶ **Salzburger Kulturtage**
Salzburg schöpft vor dem Wintereinbruch noch einmal aus dem Vollen: mit Oper, Ballett, Konzerten.

DEZEMBER

▶ **Christkindlmarkt in Salzburg**
Pittoresk vor der Altstadtkulisse und zudem gut vermarktet: An Busladungen aus dem In- und Ausland fehlt es nicht.

▶ **Adventssingen**
In vielen Gemeinden wird der Advent besungen, in Salzburg ein ganz berühmtes Ereignis im Großen Festspielhaus.

▶ **Turmblasen im Schlosspark Anif**
Festliche Blasmusik von des Turmes Zinnen. Zu diesem Anlass ist der Park zugänglich.

▶ **Silvesterfackellauf**
Beispielsweise in Abtenau und Lofer gibt es Silvesterfackelläufe mit musikalischer Umrahmung.

Geld

Euro

Währungseinheit in Österreich ist der Euro (€), für Urlauber aus Deutschland kein Problem – der Um- und Rücktausch in eine andere Währung entfällt. Für die Schweiz als Nichtmitglied der Eurozone gilt ein variabler Wechselkurs von gegenwärtig 1 Euro = 1,49 sfr bzw. 1 sfr = 0,62 €. Wer den zu seiner Reisezeit aktuellen Kurs wissen will, informiert sich am besten unter www.reisebank.de, dort gibt es eine Rubrik zur Umrechnung.

Die Banken haben im Allgemeinen Mo. – Fr. 8.30 – 12.30 und 14.00 bis 16.00 Uhr geöffnet. An Geldautomaten in Österreich kann man mit Kredit- und Bankkarten – in Kombination mit der Geheimnummer – problemlos rund um die Uhr Geld abheben. Die meisten Banken, Hotels, Autovermieter und fast alle Tankstellen akzeptieren Kreditkarten, ebenso Restaurants und größere Geschäfte. Bei Verlust muss man die Karte umgehend sperren lassen!

i Karte verloren?

- Mit dem einheitlichen Notrufnummersystem in Deutschland, dem viele Banken angeschlossen sind, kann man unter Tel. 116 116 (aus dem Ausland mit Vorwahl 0049) Bank- und Kreditkarten, aber auch Krankenkassenkarten oder Handys sperren lassen. Die an diesem System teilnehmenden Institutionen findet man unter www.sperr-ev.de.

Mit Kindern unterwegs

Kinder sind (fast immer) willkommen

Das Salzburger Land und das Salzkammergut eignen sich hervorragend für Ferien mit Kindern. Es gibt zwar auch einen Hotelier am Wolfgangsee, der keine Kinder unter 12 Jahren aufnimmt, um seinen Gästen die Belästigung durch ungezogene Gören zu ersparen – was diese durchaus goutieren! –, aber das ist eher ein Einzelfall. Viele Eltern entscheiden sich nicht zuletzt ihren Sprösslingen zuliebe für **Ferien auf dem Bauernhof**, damit der Nachwuchs hautnah erleben kann, wo die Milch herkommt und welche Farben Kühe haben.

Natur pur

Leichtere Wanderungen machen auch Kindern Spaß und wer die meisten Gipfel gezählt hat, ist der Wanderkönig. Wetten, dass der Stolz wächst, wenn am Ende des Urlaubs die täglich erwanderten Höhenmeter zusammengezählt werden? Nur gut, dass es für müde oder zu kleine Beine Bergbahnen gibt. Größere Kinder kann man auch schon zu längeren Touren mitnehmen und falls der Nachwuchs sich für richtiges Klettern interessiert, bieten sich Kletterkurse für Kinder und Jugendliche in den diversen Sportzentren an. Auch unterirdisch erweist sich so mancher Berg als recht spannend – ob in den Dachsteinhöhlen, der Eisriesenwelt oder im Salzbergwerk. Was überirdisch kreucht und fleucht, zeigen verschiedene Wildparks, etwa bei Grünau oder Altmünster (► Traunsee) oder an der ►Großglockner-Hochalpenstraße.

! *Baedeker* TIPP

Fantasiana

Ein dankbares Ausflugsziel für Familien ist der Erlebnispark Fantasiana in Straßwalchen mit Schneewittchenhaus, Dracula-Schloss, Märchenwald, Zauberwaldtheater, einer Autorennbahn u. v. m. (Öffnungzeiten wetterabhängig: Ende April – Ende Okt. tgl. 10.00 – 18.00 Uhr, Tel. 062 15 / 81 81, www.erlebnispark.at).

Vergnügliches für Groß und Klein

Zwischendurch hat sicher niemand etwas gegen einen Badetag an einem der herrlichen Salzkammergutseen einzuwenden. Wer nicht hinein möchte, vertraut sich den Planken darauf an: Schifffahrten begeistern Groß und Klein. Der Tauernradweg ist für Kinder gut geeignet, weil er meist vergleichsweise flach verläuft, auch wenn er nicht immer asphaltiert ist. Ein rasantes Vergnügen sind Sommerrodelbahnen, etwa bei Abtenau, St. Gilgen oder am Fuschlsee.

Kinderprogramme

Zahlreiche Gemeinden veranstalten Kinderprogramme wie Almwanderungen mit Schlafen im Heu, Kinderkochkurse, Grillabende mit Lagerfeuer, Spielfeste, Schatzsuche und vieles mehr. Auskünfte erteilen die Tourismusbüros. Auch die verschiedenen Museen haben sich auf die kleinen Besucher eingestellt und bieten kindgerechte Führungen oder Veranstaltungen, in denen das Thema des Museums entsprechend vorgestellt wird.

Knigge

»Der Österreicher unterscheidet sich vom Deutschen durch die gemeinsame Sprache«, behauptete einst Karl Kraus, der scharfzüngige österreichische Schriftsteller und Sprachkritiker. Und er hat nicht ganz Unrecht mit seiner Aussage. Liegen die beiden unmittelbaren Nachbarn auch in vielen Dingen ganz nah beieinander, gibt es doch in der Feinabstimmung manche Schwierigkeiten. Noch mehr, wenn die deutschen Urlauber, die »Piefkes«, aus nördlichen Gefilden kommen. Eher an klare Aussagen gewöhnt, haben sie manchmal Probleme, die österreichisch-barocke Ausdrucksweise richtig einzuschätzen. Man ist gut beraten, die Gastgeber nicht spüren zu lassen, wenn gelegentlich Unverständnis oder Belustigung über manche österreichische Eigenheiten aufkommt. Gerade dem größeren Nachbarn verzeiht man eine solche Arroganz nur schwer.

> ! *Baedeker* TIPP
>
> **Wörterbuch**
>
> Um Missverständnissen aufgrund von Sprachproblemen vorzubeugen, empfiehlt sich das Wörterbüchlein Österreichisch-Deutsch, von Astrid Wintersberger augenzwinkernd zusammengestellt, eine vergnügliche Lektüre (Residenz Verlag Salzburg, ISBN 3-7017-0963-7).

Vergessen Sie nicht, Kellnern, Taxifahrern, Frisören, Tankwarten und Toilettenfrauen ein Trinkgeld zu geben, denn sie kommen nur dank der Trinkgelder finanziell einigermaßen über die Runden.

Bestellen Sie in einem Traditionscafé nicht einfach »Kaffee« und betonen Sie auf keinen Fall die erste Silbe des Wortes – auch wenn der Ober keine Miene verzieht, wird er innerlich den Kopf schütteln. Man bestellt hier einen kleinen oder großen Braunen oder Schwarzen, einen Kapuziner etc., und zwar mit Schlagobers, nicht Sahne.

Wollen Sie Blumen pfücken oder Pilze sammeln, empfiehlt es sich, beim örtlichen Tourismusbüro oder Gemeindeamt nachzufragen. Viele Pflanzen stehen unter strengem Naturschutz und auch für die Schwammerlsuche gelten restriktive Bedingungen.

Kur und Wellness

Kurtradition

Das Salzkammergut und das Salzburger Land blicken auf eine lange Kurtradition zurück. Zahlreiche Kaiser und Könige aus ganz Europa, bekannte Dichter und Komponisten kamen vor allem im 19. und zu Beginn des 20. Jh.s in die Region, um Linderung für ihre Beschwerden zu finden. Vor allem in Bad Ischl und Bad Gastein traf sich, was Rang und Namen hatte. Mittlerweile gibt es zahlreiche weitere Orte, die über modern ausgestattete Kur- und Wellnesszentren verfügen.

Dabei geht es nicht nur um die Linderung oder Heilung von Krankheiten: Immer mehr Menschen gönnen sich eine gesundheitsorientierte Auszeit und suchen nach entsprechenden Pflege- und Entspannungsangeboten.

INFOS KUR UND WELLNESS

AUSKUNFT

Österreichischer Heilbäder- und Kurorteverband
Josefsplatz 6
A-1010 Wien
Tel. 01 / 5 12 19 04,
Fax 5 12 86 93

Wellness Hotels Austria
A-6414 Wildermieming
Tel. 0 52 64 / 59 64,
Fax 6 10 54
www.wellnesshotel.com

Internet
Informationen findet man auch bei www.salzkammergut.at unter »Wohlfühlwelt« sowie bei www.salzburgerland.com unter »himmlisch wohlfühlen« und »Wellness«.

ORTE MIT KURANWENDUNG

Bad Aussee
Hypertonische Natrium-Chlorid-Sulfat-Quelle, Sole

Bad Gastein, Bad Hofgastein
Radon-Thermalwasser, Radon-Heilstollen

Bad Goisern
Akratische Natrium-Chlorid-Hydrogen-Carbonat-Schwefelquelle

Bad Ischl
Sole, kalte Natriumchloridquelle, kalte Natrium-Chlorid-Sulfat-Schwefelquelle

Bad Mitterndorf
Akratotherme, Moorbad

Bad Dürrnberg
Bergbausole und Natrium-Calcium-Chlorid-Sulfat-Quelle, Kneippgüsse

Goldegg
Packungen, Güsse, Moor- und Kräuterbäder, Massagen

Großgmain
Fasten, Heilfasten, Medizinalbäder, Luftsprudelbäder, Massagen, Fußreflexzonenmassagen, Gymnastik, auch autogenes Training

Puch b. Hallein
Wiestalquelle, Ozon, Fasten und Spezialdiäten, Massagen

Salzburg
Heilmoor, Sole, Natrium, Calcium-Chlorid-Sulfat-Wasser, Kneippgüsse

St. Koloman
Packungen, Heublumen-, Moor- und Kräuterbäder, Massagen, Fußreflexzonentherapie

St. Martin b. Lofer
Heilmoor

Vigaun
Natrium-Calcium-Chlorid-Sulfat-Mineralwasser

Literaturempfehlungen

Romane, Erzählungen, Lyrik

Wolf Haas: Silentium. Rowohlt Taschenbuch, Hamburg 2000. – Der Kriminalroman spielt in Salzburg und handelt von fragwürdigen Klerikern, kleinen Buben und bösen Dingen. Wolf Haas hat eine ganz eigene Erzählsprache entwickelt.

Erich Kästner: Der kleine Grenzverkehr. Cecilie Dressler Verlag, Hamburg 1985. – Die entzückende Geschichte über eine Liebe in Salzburg während der Festspielzeit, die auch mehr als 70 Jahre nach ihrem Erscheinen noch lesenswert ist.

Georg Trakl: Das dichterische Werk. dtv, München 2001. – Wer sich mit Trakls Lyrik beschäftigen will, findet hier einen guten Einstieg.

Carl Zuckmayer: Als wär's ein Stück von mir. S. Fischer Verlag, Frankfurt 1969. – Die Lebenserinnerungen dieses Schriftsteller sind eine ebenso kurzweilige wie lehrreiche Lektüre.
ders.: Henndorfer Pastorale. Residenzverlag, Salzburg 2004. – Im Sommer 1970 kommt Zuckmayer als Ehrengast zurück nach Henndorf, das er 1939 verlassen musste.

> **!** *Baedeker* TIPP
>
> **Was darf es sein?**
>
> Wenn Sie dieses Büchlein studiert haben, bevor der Ober mit dieser Frage auf Sie zukommt, kann Sie nichts in Verlegenheit bringen: Das »Kleine Österreichische Kaffeebuch« ist erschienen in der Reihe KOMPASS Küchenschätze.

Reise- und Wanderführer

Franz Hauleitner: Salzkammergut. Die 80 schönsten Tal- und Höhenwanderungen. Bergverlag Rother, München, 7. Aufl. 2004.
Die präzisen Beschreibungen in diesem renommierten Wanderführer umfassen auch Angaben zu Gehzeiten, Anforderungen und Einkehrmöglichkeiten.

HB Bildatlas: Salzburger Land/Salzkammergut/Salzburg. HB Verlag, Ostfildern 2002. – Ein wunderschönes Heft mit vielen Bildern, die die Reiselust wecken, und praktischen Hinweisen.

Kunst

Alfred Komarek: Kunstschätze im Salzkammergut. Ein Reisebegleiter. Kremayr & Scheriau, Wien 2000. – Bekannt auch als Schöpfer der Kriminalromane um den Wachtmeister Polt aus dem Burgenland, stellt Komarek hier sein vielfältiges Wissen über die Kunst im Salzkammergut unter Beweis.

Herbert Rosendorfer: Salzburg für Anfänger. dtv, München 2005. – Mit einem scharfen Auge und einer erklecklichen Portion Humor ausgestattet, führt Rosendorfer, bekannt durch seine »Briefe aus der chinesischen Vergangenheit«, durch Salzburg und die Festspiele.

Notrufe

WICHTIGE NOTRUFNUMMERN

IN ÖSTERREICH

- **Polizei**
  133
- **Feuerwehr**
  122
- **Unfallrettung**
  144 oder 112
- **Pannenhilfe**
  120 (ÖAMTC), 123 (ARBÖ)
- **Bergrettung**
  140

IN DEUTSCHLAND

- **ADAC-Notrufzentrale München**
  Tel. 00 49 / 89 / 22 22 22
  (Beratung nach Unfällen)
  Tel. 00 49 / 89 / 76 76 76
  (Ambulanzdienst und Telefonarzt)
- **ACE-Notrufzentrale Stuttgart**
  Tel. 00 49 / 18 02 / 34 35 36
  (Kranken- und Fahrzeugrückholdienst)
- **DRK-Flugdienst Bonn**
  Tel. 00 49 / 228 / 23 00 23
- **Deutsche Rettungsflugwacht Stuttgart**
  Tel. 00 49 / 711 / 70 10 70

IN DER SCHWEIZ

- **Schweizerische Rettungsflugwacht Zürich**
  Tel. 00 41 / 1 / 3 83 11 11

Post · Telekommunikation

Post Postämter sind im Allgemeinen Mo. – Fr. 8.00 – 12.00 und 14.00 bis 18.00 Uhr geöffnet. Das Postamt im Hauptbahnhof von Salzburg ist täglich 6.00 – 23.00 Uhr offen. Briefmarken kann man in Postämtern und Tabakgeschäften kaufen. Standardbriefe (bis 20 g) und Postkarten nach Deutschland und in die Schweiz kosten 0,55 €.

Telefon Von allen öffentlichen Fernsprechern können auch Gespräche ins Ausland geführt werden. Viele Telefonzellen haben außer dem Münzapparat auch ein Kartentelefon. Telefonkarten erhält man bei Postämtern oder Trafiken (Tabakgeschäften). Nach der Ländervorwahl entfällt die Null der Ortsvorwahl. Wie andernorts auch bieten diverse private Telefongesellschaften günstige Tarife für Ferngespräche innerhalb Österreichs sowie nach Deutschland und in die Schweiz an. Die günstigsten Anbieter findet man im Internet unter www.tarifecheck.at. Österreich hat ein dichtes **Mobilfunknetz** mit

VORWAHLEN

NACH ÖSTERREICH

- **Von Deutschland und der Schweiz**
  00 43

VON ÖSTERREICH

- **nach Deutschland**
  Tel. 00 49
- **in die Schweiz**
  Tel. 00 41

TELEFONAUSKUNFT

- **Österreich und Deutschland**
  Tel. 1 18 11
- **Ausland ohne Deutschland**
  Tel. 1 18 12

momentan fünf Anbietern. Die Netzbetreiber informieren auf ihrer Homepage jeweils über die Netzabdeckung und die österreichischen Kooperationspartner.

Preise · Vergünstigungen

Trinkgeld Üblich ist ein Trinkgeld von 5 bis 10 % für Kellner, Friseur und Taxifahrer. Das Zimmerpersonal freut sich über 1 € pro Tag, Gepäckträger erwarten ca. 1 € pro Gepäckstück.

WAS KOSTET WIE VIEL?

3-Gang-Menü ab 25 €

Einfache Mahlzeit ab 7 €

Eine Tasse Kaffee 2,50 – 3 €

Mietwagen pro Tag ab 50 €

Einfaches Doppelzimmer ab 40 €

Ein großes Bier ab 2,50 €

Die Bergwelt ist besonders im goldenen Herbst ein herrliches Urlaubsziel.

Reisezeit

Salzburger Land, Salzkammergut Die beste Reisezeit für die Voralpen ist von Mitte Mai bis Anfang Juli, für das Hochgebirge neben Juli und August auch der September, der meist beständigeres Wetter und klare Sicht bringt. Für Wanderungen im Mittelgebirge sind Mai, Juni und September geeignet. In den höheren und mittleren Lagen des Salzburger Landes liegt meist monatelang Schnee, sodass Wintersportfans auf ihre Kosten kommen. In einigen Gebieten ist auch Sommerskilauf möglich (►Wintersport).

Stadt Salzburg Die Stadt Salzburg hat das ganze Jahr über Saison. Frühjahr und Herbst bieten sich für Besichtigungen und ausgiebigen Stadtbummel an – die Besucherscharen halten sich dann, abgesehen von den Feiertagen, noch in Grenzen. Kultureller Höhepunkt im Jahreslauf sind natürlich die Salzburger Festspiele (Ende Juli bis Ende August). Dann ist ohne rechtzeitige Reservierung kaum ein Zimmer zu bekommen.

Der Winter lockt mit zahlreichen vorweihnachtlichen Veranstaltungen. Schon allein wegen des Christkindlmarktes auf dem Dom- und Residenzplatz lohnt sich dann die Fahrt in die Mozartstadt.

Die Salzburger Festspiele

Salzburgs Kulturereignis par excellence

Die weltberühmten Salzburger Festspiele (► Baedeker Special, S. 88) locken von Ende Juli bis Ende August alljährlich enorme Besucherströme an. Sie gehören fraglos zu den bedeutendsten Kulturereignissen in Europa. Rund 250 000 Gäste haben die Festspiele 2007 besucht. Die wichtigsten Veranstaltungsorte sind neben dem Großen Festspielhaus (vorwiegend Opern, Konzerte) und dem Haus für Mozart – früher Kleines Festspielhaus – (Oper, Schauspiel) die Felsenreitschule (Schauspiel, Konzerte), das Mozarteum (Konzerte) und das Landestheater (Schauspiel, Lesungen). Seit 1920 wird alljährlich auf dem Domplatz Hofmannsthals »Jedermann« aufgeführt.

Ostern und Pfingsten

Die Osterfestspiele, 1967 von Herbert von Karajan ins Leben gerufen, präsentieren jeweils eine große Opernproduktion im Großen Festspielhaus, dazu kommen Chor- und Orchesterkonzerte und Darbietungen von Kammermusikensembles der Berliner Philharmoniker. Die vormaligen Herbert-von-Karajan-Pfingstfestspiele zur Barockmusik gehören seit 1997 als Bestandteil der Salzburger Festspiele zum festen Kanon im Jahreskreis der Musik.

KARTENVERKAUF

INTERNET

www.salzburgfestival.at
www.osterfestspiele-salzburg.at

VORVERKAUF (AUSWAHL)

► **Kartenbüro des Festspielhauses**
Schüttkasten
Herbert-von-Karajan-Platz 11
Tel. 06 62 / 8 04 53 61
Fax 8 04 57 90

► **Salzburg Ticket Service**
Mozartplatz 5
Tel. 06 62 / 84 03 10
Fax 84 24 76

► **Kartenbüro Arena**
Felix-Ennemoser-Weg 29
Tel. 06 62 / 6 23 23 30

► **Kartenbüro Neubaur**
Getreidegasse 14
Tel. 06 62 / 84 11 57, Fax 84 57 50

► **Polzer Kartenzentrale**
Residenzplatz 3
Tel. 06 62 / 84 65 00, Fax 84 01 50

► **Ticket Shop**
Getreidegasse 5
Tel. 06 62 / 84 77 67
Fax 82 58 59
www.salzburgfestival.at

Wenn er auftritt ...

»JEDERMANN«

»Jeder Platz, jede Straße hier scheint von vornherein zum Schauplatz eines Spiels geschaffen zu sein. Die Atmosphäre von Salzburg ist durchdrungen von Schönheit, Spiel und Kunst ...«, sagte Max Reinhardt, der geniale Theaterregisseur und Hauptinitiator der Festspiele.

Die ersten Salzburger Festspiele fanden schon **1920** statt, kurz nach dem verlorenen Ersten Weltkrieg, obwohl die Voraussetzungen nicht günstig waren. Hunger und Arbeitslosigkeit plagten die Menschen, viele waren verarmt. Doch Max Reinhardt hielt an seinem Traum fest, den er mit Richard Strauss, dem Schriftsteller Hermann Bahr, dem Dirigenten Franz Schalk, dem Bühnenbildner Alfred Roller und Hugo von Hofmannsthal teilte: die **Festspiele als Gesamtkunstwerk** im Zusammenklang von barocker Architektur, Musik und Theater. Er erwirkte die Erlaubnis, den Domplatz als Bühne für das Mysterienspiel »Jedermann« zu verwenden. Seine Schauspieler agierten unentgeltlich, die Kostüme waren Leihgaben des Wiener Burgtheaters und der Reingewinn der Veranstaltung sollte Kindern und Kriegsinvaliden zugute kommen.

Nichtig ist das Diesseits

Die erste Aufführung war bewegend. Nachdem zuerst dunkle Gewitterwolken über die Stadt gezogen waren, brach beim »Vaterunser« die Sonne durch. Von den Kirchtürmen erklangen die Glocken, aus dem Dom Orgeltöne, vom Dach eines Gebäudes tönten die Posaunen des Jüngsten Gerichts wie aus dem Jenseits über den Domplatz, die Rufe von den Türmen, die den sterbenden Jedermann zur Buße mahnten, wirkten schauerlich. Salzburg erwies sich als hervorragende Kulisse für **Hofmannsthals Stück vom Sterben eines reichen Mannes**. Die dichterische Fassung des mittelalterlichen Motivs von der Nichtigkeit irdischen Besitzes und weltlicher Freuden gegenüber den wahren Werten der Welt war in den Augen der Initiatoren der geeignete Auftakt für die geplanten Opern-,

... nimmt das Drama vom Sterben des reichen Mannes seinen unwiderruflichen Lauf.

Konzert- und Schauspielaufführungen der Festspiele. Für sechs Aufführungen wurden 3000 Karten verkauft, die auf dem Schwarzmarkt schnell das Zehnfache ihres Preises erzielten.

Jedes Jahr Jedermann

Die größten Künstler haben in Salzburg mitgewirkt. Am stärksten geprägt wurden die Festspiele aber von den großen Dirigenten, darunter **Richard Strauss, Arturo Toscanini**, der 1934 aus Protest gegen die Nazis Bayreuth verließ und in Salzburg weiterarbeitete, **Wilhelm Furtwängler und Karl Böhm**. Entscheidenden Einfluss hatte auch **Herbert von Karajan**, der die Osterfestspiele ins Leben rief, bei denen die Opern von Richard Wagner im Vordergrund stehen. Heute präsentieren sich die Salzburger Festspiele als umfassendste Schau der Welt: Theater und Oper, Konzerte und Serenaden, Freiluft- und Stegreifspiel auf den Straßen, Solistenkonzerte und Liederabende, Lesungen und Performances, Ausstellungen und Vorträge. Als Spielorte dienen das Landestheater, der Domplatz und die Pernerinsel in Hallein, die musikalischen Aufführungen finden u. a. in der Felsenreitschule, im Residenzhof, im Großen Festspielhaus und im Haus für Mozart (Kleines Festspielhaus) statt.

Geld spielt (k)eine Rolle

Die Festspiele sind mit 190 ganzjährig Beschäftigten und 3300 Saisonkräften, einem Budget von 47,5 Mio. € (2007) und rund 250 000 Besuchern (2007) ein **wichtiger Wirtschaftsfaktor** für die Stadt. Über viele Jahre wurden Rekordergebnisse gemeldet, für die dennoch unvermeidlichen Defizite haften Bund, Land und Stadt Salzburg sowie der Salzburger Fremdenverkehrsfonds. Um die Kostensteigerungen zu dämpfen, arbeitet man seit gut 20 Jahren mit festen Ensembles zusammen. Durchgeführt werden die Salzburger Festspiele immer im Sommer, denn nur in den Theaterferien lassen sich herausragende Künstler wie die Wiener Philharmoniker engagieren. Künstlerischer Leiter und Intendant ist derzeit Prof. Dr. Peter Rudzicka, Präsidentin des Direktoriums Dr. Helga Rabl-Stadler, verantwortlich für das Schauspiel Martin Kusej.

Shopping

Öffnungszeiten

Geschäfte haben in der Regel Mo. – Fr. 9.00 – 18.00 bzw. 18.30 und Sa. 9.00 – 12.00 Uhr geöffnet. In den kleineren Orten haben manche Läden 12.00 – 14.00 bzw. bis 15.00 Uhr geschlossen. Lebensmittelgeschäfte öffnen oft schon um 8.00 Uhr bzw. noch früher. Verlängerte Ladenschlusszeiten gelten bis 21.00 und samstags ist normalerweise um 18.00 Uhr Schluss.

Souvenirs

Im Salzburger Land finden sich viele geeignete Mitbringsel. Schönes **Kunsthandwerk** gibt es fast überall und eine besonders große Auswahl an Porzellan und Antiquitäten hält die Landeshauptstadt bereit. Beim Bummel durch Salzburgs Altstadt und die Linzer Gasse, die Schwarzstraße und über den Makartplatz findet jeder etwas Geeignetes, neben Lebensmitteln, Bekleidung etc. auch typische Mitbringsel. Das Salzburger Heimatwerk, das die handwerklichen Traditionen lebendig erhalten will, bietet in seinen Verkaufsräumen am Residenzplatz Nr. 9 Trachten, Stoffe, Tischwäsche, Holzmöbel, Spielzeug, Uhren, Gläser, Keramik, Zinnartikel und vieles mehr. Aber auch in den kleineren Orten lohnt sich ein Gang durch die Hauptstraßen oder man fragt die Einheimischen nach Tipps.

Salzburger Trachten

Eine Renaissance hat in den letzten Jahren die Trachtenmode erfahren. Ob elegant oder rustikal – das Angebot an Salzburger Trachten ist vor allem in der Landeshauptstadt breit. Es muss nicht unbedingt ein Dirndlkleid mit engem Leib und weitem Rock sein, es könnte auch ein klassischer Lodenmantel sein oder ein beinahe wasserdichter »Walkjanker«. Zur Trachtenmode gehören die richtigen Accessoires, vor allem älterer Trachtenschmuck erweist sich häufig als Blickfang.

! *Baedeker* TIPP

Wer nach Trachten trachtet ...

... und über das nötige Kleingeld verfügt, wird beispielsweise am Residenzplatz 3 in Salzburg fündig, und zwar bei Jahn-Markl – die Firma ist immerhin schon seit 1408 im Geschäft, verfügt also über einige Erfahrung. Schönes aus Loden & Co. führt auch Lanz Moden in der Schwarzstr. 4 in Salzburg.

Gmunden am Traunsee hat einen besonderen Ruf als »Keramikstadt«. Die traditionelle Keramik, **seit 1492 belegt**, zeichnet sich durch das »grün geflammte« Dekor (grüne, quer verlaufende Streifen auf elfenbeinfarbenem Grund) aus. Heute findet man Gmundner Keramik jedoch in diversen Farbtönen, viele Schalen, Teller o. Ä. sind handbemalt. Berühmt ist der regelmäßig in Gmunden abgehaltene Töpfermarkt (► Traunsee).

Obstler

Ein hochprozentiges Mitbringsel ist der Obstler, ein aus Obst gebrannter Schnaps. Sollen es ein paar Prozente weniger sein, empfiehlt sich ein feiner Marillenlikör (Aprikosenlikör).

Das Zwölferhorn bei St. Gilgen ist ein Top-Tipp für Gleitschirmflieger.

Sport & Fun

Informationen über Bergsteigen / Wandern bzw. Wintersport sind unter den jeweiligen Stichwörtern zu finden.

Angeln

In den zahlreichen Seen kann auf Seeforelle, Seesaibling, Hecht, Waller (Wels) und Schill geangelt werden, in Gebirgsgewässern auch auf Flussforellen. Voraussetzung ist die Amtliche Fischereikarte, die von der Bezirkshauptmannschaft ausgestellt wird und für das ganze Bundesland gültig ist. Daneben benötigt man die private Fischereierlaubnis des Besitzers oder Pächters des jeweiligen Fischwassers. Die gesetzlichen Schonzeiten variieren je nach Revier. Da für viele Angelreviere nur eine begrenzte Zahl von Gastkarten ausgegeben wird, sollte man sich diese bereits vor Reiseantritt sichern. Eine preiswerte Möglichkeit ist die Jahreskarte der Vereinigung Fischwasser Österreich.

Baden Schwimmen

In vielen Orten der Region gibt es Frei- und Hallenbäder, noch mehr Spaß freilich macht der Sprung ins kühle Nass bei den Seen des Landes. Manche Strände sind als Naturstrände jederzeit kostenlos zugänglich (mit 12 km Länge hat der Grundlsee den größten frei zugänglichen Badestrand), an anderen Seen wurden schöne Strandbäder angelegt.

Drachen- und Gleitschirmflug

Drachen- und Gleitschirmflieger finden hier gute Bedingungen auch für längere Flüge. Diverse Flugschulen bieten Kurse für Einsteiger und Fortgeschrittene sowie Tandemflüge für diejenigen an, die einfach mal erleben wollen, wie ein Vogel über der grandiosen Landschaft zu schweben.

Golf Golf hat in Österreich zunehmend an Bedeutung gewonnen, allein im Salzburger Land gibt es derzeit 14 Golf-Clubs mit schön gelegenen und gepflegten Plätzen. Gastspieler sind willkommen, wenn sie Mitglied eines Golfklubs sind oder eine Bestätigung für die Platzreife nachweisen können.

Radfahren, Mountainbike Jeder vierte Salzburg-Sommerurlauber fährt in seinen Ferien auch mit dem Rad. Diesem Trend folgend, wurden im Salzburger Land und Salzkammergut viele Radwege angelegt. Einen wahren Aufschwung erlebte der Radsport, seitdem seit 1991 der **Tauernradweg** durchgehend beschildert ist (►Reiseziele von A – Z, Krimml). Daneben gibt es im Salzburger Land viele weitere gut ausgeschilderte Radwanderwege: Mozartradweg (Rundkurs), Salz- und Seentour, Römerradweg, Salzkammergutradweg, Ennsradweg oder Murradweg. Alle sind aufgelistet in der Broschüre »Radtouren in Österreich«, die man bei der Österreich-Information (►Auskunft) erhält.
Entlang den Radwanderwegen haben sich sog. **Radhotels** speziell auf die Bedürfnisse von Radfahrern eingestellt. Man kann auch Komplettouren mit allen notwendigen Übernachtungen buchen.
An vielen **Bahnhöfen** kann man Fahrräder mieten, Anlaufadressen finden sich ebenfalls in der Broschüre »Radtouren in Österreich«. In Österreich können in allen Regional- und Nahverkehrszügen, die im Kursbuch mit einem Fahrradsymbol gekennzeichnet sind, Fahrräder gegen einen geringen Aufpreis mitgenommen werden. Für längere Bahnfahrten und Fahrten ins Ausland muss das Rad als Reisegepäck aufgegeben werden.
Das **Mountainbike-Wegenetz** im Land Salzburg ist eines der dichtesten und anspruchsvollsten in Österreich. Wer den »Hahnenkamm der Mountainbiker« am Maiskogel bei Kaprun schafft, kann mitreden. Ähnliches gilt für die Bikeworld in Leogang (► Reiseziele von A – Z, Saalfelden).

Rafting Zunehmend mehr Anhänger findet in den letzten Jahren das Rafting, das Wildwasserfahren in großen Booten (bis zu 30 Personen) mit Führer. Auf der Salzach und der Mur bieten verschiedene Sportschulen Einführungen in das spritzige Schlauchbootvergnügen an.

Segeln Dank der vielen großen und kleinen Seen sind Salzburger Land und Salzkammergut naturgemäß ein echtes Paradies für Wassersportler. Zum Segeln ist auf österreichischen Gewässern keine besondere Bewilligung erforderlich. Durch die alpinen Einflüsse muss man jedoch jederzeit mit plötzlichen Wetterveränderungen rechnen. An den meisten Seen gibt es Segelklubs und Bootsvermietungen. Bevorzugte Reviere für den Wassersport sind: Zeller See (Fläche 4,7 km²), Obertrumer See (Fläche 3,6 km²; ►Reiseziele von A–Z, Mattsee), Mattsee (Fläche 3,6 km²), Wallersee (Fläche 6,4 km²), Zeller See in Oberösterreich (Fläche 3,5 km²), Fuschlsee (Fläche 2,7 km²), Mondsee (Fläche 14 km²), Wolfgangsee (Fläche 12,5 km²), Attersee (Fläche 46,7 km²), Traunsee (Fläche 25 km²), Hallstätter See (Fläche 8,5 km²), Altausseer See (Fläche 2,1 km²; ►Reiseziele von A–Z, Bad Aussee) und Grundlsee (Fläche 4,2 km²; ►Reiseziele von A–Z, Bad Aussee).

INFORMATIONEN SPORT

ANGELN

► **Fischwasser Österreich**
Kongresszentrum Seeburg
A-9210 Pörtschach
Tel. 0 42 72 / 36 20 30

DRACHEN/GLEITSCHIRM

► **Flugschule Salzburg**
Gräbl 2, A-5163 Mattsee
Tel. 0 62 17 / 63 00
www.flugschule-salzburg.at

► **Flugschule Pinzgau**
Weichseldorf 211
A-5733 Bramberg
Tel. 0 65 66 / 82 07
www.flugschule-pinzgau.at

► **Flugschule Alpinsports**
Markt 191, A-5441 Abtenau
Tel. 0 62 43 / 30 88
www.alpinsports-paragliding.at

GOLF

► **Österreichischer Golf-Verband**
Prinz-Eugen-Str. 12
A-1040 Wien
Tel. 01 / 5 05 32 45 16,
Fax 5 05 49 62
www.golf.at

► **Golf in Austria**
Fürbergstr. 44
A-5020 Salzburg
Tel. 06 62 / 64 51 53, Fax 64 82 06
www.golfinfo.at

RADFAHREN / MOUNTAINBIKE

► **www.radtouren.at**
Sehr empfehlenswert: Routenüberblick, Prospektbestellung, Unterkünfte am Weg etc.

► **www.bike-holidays.com**
Die Top-Adresse für Mountainbiker.

► **www.bikeworld.at**
Ein ganzer Berg für Mountainbiker und all diejenigen, die es werden wollen.

► **Argus – Die Radlobby**
Frankenberggasse 11
A-1040 Wien
Tel. 01 / 5 05 84 35
Fax 5 05 09 07 19
www.argus.or.at

RAFTING / CANYONING

► **www.montee.com**
Wer tosendes Wasser liebt, ist hier richtig, aber auch Floßfahrten gehören zum Angebot.

SEGELN

► **Österreichischer Segelverband**
Zetschegasse 21
A-1230 Wien
Tel. 01 / 3 17 92 03
Fax 6 62 15 58
www.segelverband.at

Übernachten

Quartiere für jeden Geldbeutel

Die Hotels in den Haupttourismusorten offerieren internationalen Komfort. Doch auch die Gasthöfe in den mittleren und kleineren Orten bieten meist gute Unterkunft und Verpflegung. Eine preiswertere und bequeme Alternative sind die zahlreichen Pensionen und Privatzimmer. Rechtzeitige Reservierung ist v. a. während der Hauptreisezeit und an Feiertagen zu empfehlen. Hotels in ausgesprochenen Wintersportgebieten sind im Sommer häufig geschlossen.
Die österreichischen Beherbergungsbetriebe sind in fünf offizielle Kategorien eingeteilt: Die Skala reicht vom Luxushotel (5 Sterne) bis zum Hotel bzw. Gasthof für bescheidene Ansprüche (1 Stern).

Jugendherbergen

Besonders für jüngere Touristen bieten die Jugendherbergen preisgünstige Übernachtungsmöglichkeiten. Sie liegen oft in landschaftlich reizvoller Umgebung und stehen allen offen, die über einen Jugendherbergsausweis verfügen. Die maximale Verweildauer richtet sich in der Regel nach der Belegung. In der Hochsaison ist Voranmeldung zu empfehlen.

UNTERKUNFT

HOTELS

▶ **Preise**
Die im Kapitel »Reiseziele von A bis Z« angegebenen Hotels sind in folgende Preiskategorien eingeteilt (Übernachtung im DZ mit Frühstück): Luxus: über 130 €, komfortabel: 75 – 130 €, günstig: unter 75 €

JUGENDHERBERGEN

▶ **Österreichischer Jugendherbergsverband**
Schottenring 28, A-1010 Wien
Tel. 01 / 5 33 53 53
www.oejhv.or.at

CAMPING

▶ **www.campingfuehrer.at**
Vom Platzangebot bis zur Wetterprognose, von Reiseinfos bis zur Campingbörse findet man hier alles Notwendige für einen schönen Campingurlaub.

AUF DEM BAUERNHOF

▶ **Urlaub am Bauernhof im Salzburger Land**
Schwarzstr. 19
A-5024 Salzburg
Tel. 06 62 / 87 05 71-2 48
www.salzburg.farmholidays.com

← *Zu Festspielzeiten eher selten …*

Camping

Camping ist in Österreich sehr verbreitet. Viele Campingplätze sind wunderschön gelegen und mit allen modernen Einrichtungen versehen. Campen außerhalb der offiziellen Plätze ist nur mit Einwilligung des betreffenden Grundstückseigentümers gestattet. Auf Autobahnrastplätzen ist einmaliges Übernachten erlaubt. In allen Landschaftsschutzgebieten ist wildes Campen verboten.

Ferien auf dem Bauernhof

Diese Urlaubsform hat auch im Salzburger Land und Salzkammergut in den letzten Jahren immer mehr Anhänger gewonnen und entsprechend wurde das Angebot ausgeweitet.

Verkehr

Verkehrsregeln

Im Allgemeinen entsprechen Verkehrsregeln und Verkehrszeichen in Österreich denen der übrigen europäischen Länder mit Rechtsverkehr: Auch im Kreisverkehr gilt – falls nicht anders beschildert – die Regel »rechts vor links«. Die **Höchstgeschwindigkeit** auf Autobahnen beträgt für Pkw und Motorräder 130 km/h, für Pkw mit Anhänger 100 km/h. Auf Landstraßen gelten für Pkw und Motorräder 100 km/h, für Pkw mit Anhänger bis 750 kg Gewicht 100 km/h, mit mehr Gewicht 80 km/h. Im Stadtgebiet gelten allgemein 50 km/h. Auf allen Sitzen besteht Anschnallpflicht. Bei einem Unfall wird die Versicherungsleistung gekürzt, falls der Geschädigte nicht angeschnallt war. Höchstgrenze für den **Blutalkoholgehalt** ist 0,5 Promille. Das Telefonieren während der Fahrt ist nur mit einer **Freisprecheinrichtung** erlaubt. Bei Schnee sind in den gebirgigen Landesteilen Winterreifen unbedingt erforderlich, auf verschiedenen Bergstraßen eventuell auch **Schneeketten**. Der ÖAMTC und der ARBÖ haben Verleihstellen für Schneeketten eingerichtet.

Vignette

In Österreich muss bei Benutzung der Autobahnen eine Gebühr entrichtet werden. Man erwirbt (z. B. an der Grenze, beim ADAC oder an den Autobahnraststätten an der Grenze) eine für ein Jahr gültige Vignette (Preis 73,80 €, Motorrad: 29,50 €). Speziell für Touristen wird eine Sondervignette herausgegeben, die zwei Monate gilt und schon für 22,20 € (Motorrad: 11,10 €) zu haben ist. Eine 10-Tage-Vignette kostet 7,70 € (Motorrad: 4,40 €) . **Wohnmobile** mit mehr als 3,5 t höchstzulässigem Gesamtgewicht fallen unter das Lkw-Mautsystem (Informationen beim ÖAMTC oder unter www.vignette.at).

Bahnliniennetz

Das Netz der **Intercity- und Eurocity-Züge** in Österreich ist gut ausgebaut. Um die Fahrzeit zu verkürzen, wurde der »Neue Austro-Takt (NAT)« eingeführt, ein Fahrplansystem, bei dem in bestimmten Knotenbahnhöfen Züge aus allen Richtungen annähernd gleichzeitig eintreffen und so die Anschlüsse zum Umsteigen sicherstellen.

Sonderbuslinien Verschiedene Gemeinden im Salzburger Land und im Salzkammergut haben sich zu Verbundräumen zusammengeschlossen bzw. setzen auf speziellen Strecken Sonderbusse für Wanderer und Skifahrer ein. So werden im Bereich des Nationalparks Hohe Tauern auf einer Streckenlänge von 600 km in der Hauptsaison täglich fast 200 Busstrecken bedient. Zudem verkehren in den Seitentälern des Nationalparks Zubringertaxis.

Die Regionen Lungau, Murau, Nockberge, Schladming-Rohrmoos und Sölk lassen sich mit dem **Tälerbus** erkunden (Auskunft und Fahrplan unter www.taelerbus.at oder bei den Tourismusbüros der Gemeinden), der auch auf für den Privatverkehr gesperrten Straßen verkehrt. Das Zusteigen auf freier Strecke ist möglich.

Die Region um den Hochkönig erschließt in den Sommermonaten ein **Wanderbus**, der mehrmals täglich zwischen Saalfelden, Maria Alm, Hinterthal, Dienten, Mühlbach, Arthurhaus und Bischofshofen verkehrt. Auch im Gebiet von Saalbach Hinterglemm (► Reiseziele von A – Z, Zeller See) wird in der Saison ein Wanderbus eingesetzt. Auskünfte erteilen die entsprechenden Tourismusbüros.

AUTO, BAHN UND BUS

AUTOMOBILCLUBS

► **Österreichischer Automobil-, Motorrad- und Touring-Club (ÖAMTC)**
Alpenstr. 102, A-5020 Salzburg
Tel. 06 62 / 63 99 90
www.oeamtc.at

► **Auto-, Motor- und Radfahrerbund Österreichs (ARBÖ)**
Landeszentrum Salzburg
Münchner Bundesstr. 9
A-5020 Salzburg
Tel. 06 62 / 43 36 01
www.arboe.or.at

MIETWAGEN

► **Avis**
F.-Porsche-Str. 7, A-5020 Salzburg
Tel. 06 62 / 87 72 78
Aus Deutschland:
Tel. 0 18 05 / 55 77 55
www.avis.at

► **Hertz**
F.-Porsche-Str. 7, A-5020 Salzburg
Tel. 06 62 / 87 66 74-0
Flughafen: Tel. 06 62 / 85 20 86
Aus Deutschland:
Tel. 0 18 05 / 33 35 35
www.hertz.at

► **Europcar**
Gniglerstr. 12, A-5020 Salzburg
Tel. 06 62 / 87 16 16
Aus Deutschland:
Tel. 0 18 05 / 22 11 22
www.europcar.at

► **Sixt**
Salzburg Airport
Tel. 06 62 / 85 60 51
Aus Deutschland:
Tel. 0 18 05 /5 24 43 88
www.e-sixt.at

BAHN UND BUS

► **CallCenter der ÖBB**
Tel. 05 / 17 17, www.oebb.at

► **Postbus**
Tel. 01 / 7 11 01, www.postbus.at

Früh übt sich, was ein Ski-Ass werden will.

Wintersport

Neben Tirol zählt Salzburg zu den bedeutendsten Regionen im Wintertourismus in Österreich. Zahlreiche große und kleinere Skigebiete mit Abfahrten jeden Schwierigkeitsgrades locken Jahr für Jahr Millionen Besucher. Die Salzburger Land Tourismus Gesellschaft (► Auskunft) gibt jährlich aktualisierte Broschüren heraus, die über das Wintersportangebot im Detail informieren.

Eldorado für Schneefans

SKI UND RODEL GUT

SCHNEEBERICHT

► **ADAC (für alle Alpenskigebiete)**
Tel. 01 80 / 5 23 22 21

► **Salzburg, Oberösterreich, Kärnten**
Tel. 01 / 15 84

► **www.schneelage.at**
Nicht nur zu Schneehöhen, sondern auch zu den sonstigen Ausstattungen und Bedingungen der Skigebiete gibt es hier detaillierte Informationen.

► **www.bergfex.at**
Alle Informationen rund um die Skiparadiese im Salzburger Land.

SKIGEBIETE

► **Bad Dürrnberg**
Höhe: 800 – 1322 m
Orte: Hallein / Bad Dürrnberg,

Kuchl, Oberalm, St. Koloman, Vigaun
Abfahrtspisten: 20 km
Loipen: rund 11 km

Dachstein-West/Tennengau
Höhe: 712 – 1600 m
Orte: Abtenau, Annaberg, Golling, Lungötz, Rußbach, St. Martin am Tennengebirge, Scheffau
Abfahrtspisten: 100 km
Loipen: 190 km

Europa-Sportregion Kaprun – Zell am See
Höhe: 758 – 3029 m
Orte: Kaprun, Zell am See, Bruck an der Großglocknerstraße, Fusch, Maishofen, Niedernsill, Piesendorf
Abfahrtspisten: 130 km
Loipen: 250 km

Forstau – Fageralm
Höhe: 930 – 1880 m
Ort: Forstau
Abfahrspisten: 14 km
Loipen: 12 km

Gasteinertal – Großarltal
Höhe: 835 – 2686 m
Orte: Bad Gastein, Bad Hofgastein, Dorfgastein, Großarl und Hüttschlag
Abfahrtspisten: 200 km
Loipen: 137 km

Hochkönig – Skischaukel
Höhe: 850 – 1826 m
Orte: Bischofshofen, Dienten, Mühlbach
Abfahrtspisten: 70 km
Loipen: über 30 km

Hochkrimml – Gerlosplatte
Höhe: 1640 – 2040 m
Ort: Krimml
Abfahrtspisten: 33 km
Loipen: 200 km

Krispl-Gaissau/Hintersee
Höhe: 750 – 1568 m
Orte: Adnet, Ebenau, Faistenau, Hintersee, Hof, Koppl, Krispl-Gaissau, Puch, Thalgau.
Abfahrtspisten: 40 km
Loipen: 111 km

Lofer/Unken – Heutal
Höhe: 640 – 1747 m
Orte: Lofer, St. Martin bei Lofer, Unken, Weißbach
Abfahrtspisten: 54 km
Loipen: 80 km

Lungau
Höhe: 1050 – 2360 m
Orte: Göriach, Lessach, Mariapfarr, Mauterndorf, Muhr, Ramingstein-Karneralm, St. Andrä, St. Margarethen, St. Michael im Lungau, Tamsweg, Thomatal-Schönfeld, Tweng, Unternberg, Weißpriach, Zederhaus
Abfahrtspisten: 200 km
Loipen: 220 km

Maria Alm – Saalfelden
Höhe: 800 – 2000 m
Orte: Maria Alm und Saalfelden
Abfahrtspisten: 90 km
Loipen: 110 km

Mittersill – Pass Thurn/ Resterhöhe
Höhe: 1270 – 2000 m
Orte: Mittersill, Stuhlfelden
Abfahrtspisten: 25 km
Loipen: 200 km

Neukirchen/Wildkogel
Höhe: 1050 – 2360 m
Orte: Bramberg, Hollersbach, Neukirchen am Großvenediger
Abfahrtspisten: 35 km
Loipen: 200 km

▸ **Obertauern**
Höhe: 1740 – 2335 m
Ausgangsort: Obertauern
Abfahrtspisten: 120 km
Loipen: 18 km

▸ **Pongauer Sonnenterrasse**
Höhe: 825 – 1300 m
Orte: Goldegg, St. Veit und Schwarzach
Abfahrtspisten: 12 km
Loipen: rund 70 km

▸ **Rauris**
Höhe: 950 – 2200 m
Orte: Embach-Lend, Rauris, Taxenbach
Abfahrtspisten: 30 km
Loipen: 65 km

▸ **Salzburger Sportwelt Amadé**
Höhe: 750 – 2150 m
Orte: Altenmarkt/Zauchensee, Eben im Pongau, Filzmoos, Flachau, Kleinarl, Radstadt, St. Johann im Pongau, Wagrain
Abfahrtspisten: 350 km
Loipen: rund 220 km

▸ **Salzburg, Umgebung**
Höhe: 450 – 1800 m
Orte: Anif, Bergheim, Elsbethen, Eugendorf, Grödig, Großgmain, Salzburg, Wals-Siezenheim
Abfahrtspisten: 8 km
Loipen: in Elsbethen, Eugendorf, Großgmain und Salzburg

▸ **Salzkammergut**
Höhe: 500 – 1540 m
Orte: St. Gilgen, Strobl, Fuschl am See
Abfahrtspisten: 22 km
Loipen: 130 km

▸ **Skicircus Saalbach-Hinterglemm-Leogang**
Höhe: 850 – 2096 m
Orte: Maishofen, Saalbach Hinterglemm, Viehhofen, Leogang
Abfahrtspisten: 200 km
Loipen: rund 80 km

▸ **Tennengebirge**
Höhe: 1000 – 1836 m
Orte: Pfarrwerfen, Werfen, Werfenweng
Abfahrtspisten: 40 km
Loipen: rund 55 km

▸ **Uttendorf – Weißsee**
Höhe: 1483 – 2600 m
Orte: Niedernsill, Stuhlfelden, Uttendorf/Weißsee
Abfahrtspisten: 18 km
Loipen: 200 km

▸ **Wald – Königsleiten**
Höhe: 1250 – 2300 m
Orte: Wald, Königsleiten
Abfahrtspisten: 70 km
Loipen: 200 km

Zeit

In Österreich gilt die Mitteleuropäische Zeit (MEZ). Für die Zeit von Ende März bis Ende Oktober wurde auch hier die Sommerzeit (MEZ + 1 Std.) eingeführt.

Touren

ALLE FACETTEN DES SALZBURGER LANDES UND DES SALZKAMMERGUTES KÖNNEN SIE AUF UNSEREN TOUREN ERLEBEN – NEHMEN SIE SICH DIE ZEIT, ES LOHNT SICH!

TOUREN DURCH DAS SALZBURGER LAND UND DAS SALZKAMMERGUT

Für alle drei Touren gilt: Sie lassen sich an einem Tag absolvieren, denn die reinen Fahrstrecken betragen etwa zwischen 210 und 220 km. Andererseits liegen so viele interessante Sehenswürdigkeiten am Weg, dass man sich lieber genügend Zeit lassen sollte. Alles andere wäre einfach schade!

TOUR 1 **»Weißes Gold« und majestätische Berge**
Die Fahrt durchs Salzachtal bringt Sie weit zurück in der Geschichte des Landes: Salz prägte das Leben längst vergangener Jahrhunderte. Die Gegenwart wartet mit spektakulärer Natur auf, von der Eisriesenwelt über die Liechtensteinklamm bis zu den höchsten Gipfeln Österreichs. Genießer brauchen dafür schon zwei bis drei Tage. ▸ **Seite 105**

TOUR 2 **Pongau und Lungau – Kultur und Idylle**
Manchmal muss man genauer hinschauen, um touristische Perlen zu entdecken. Und sich die Zeit dafür nehmen, am besten zwei Tage. Denn dann entdeckt man hier kulturelle Kleinodien und idyllische Gegenden, an denen man ansonsten achtlos vorbeirauscht. ▸ **Seite 107**

TOUR 3 **Seentour durchs Salzkammergut**
Diese landschaftlich so reizvolle Tour kann man durchaus an einem Tag bewältigen. Dann würde man aber vieles nur flüchtig streifen, was eine nähere Betrachtung lohnt. Wenn Sie also zwei oder drei Tage veranschlagen, wird eine richtig schöne Urlaubsfahrt daraus. ▸ **Seite 110**

Fast hat man den Eindruck, auf der Schafbergspitze sei die Welt zu Ende.

Idylle am Traunseeufer – so recht zum Entspannen!

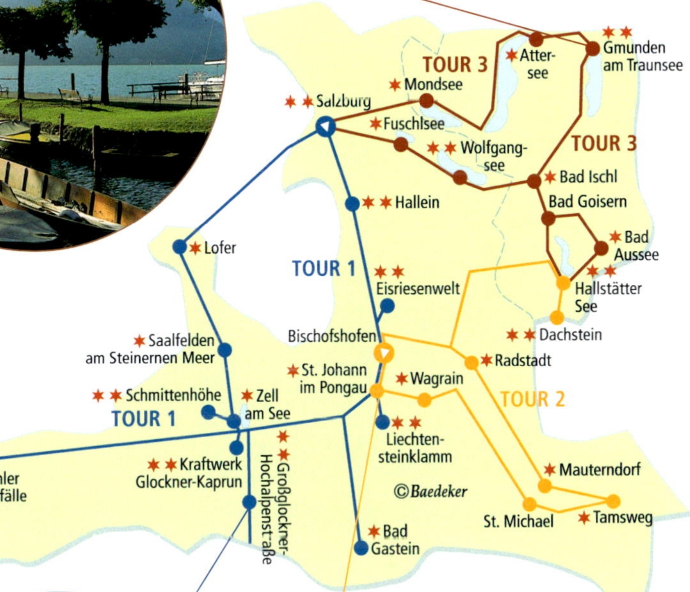

Pongauer Dom wird sie auch genannt, die Pfarrkirche von St. Johann.

Der Großglockner bei Sonnenaufgang ist schon ein besonderes Erlebnis.

Unterwegs im Salzburger Land und im Salzkammergut

Urlaub für alle

Bei Österreichkennern hat das Land schon lange sein Image als etwas verstaubte Alpengegend verloren. Nicht nur die üblichen Kultur-, Wander- und Skireisenden finden sich hier, auch für junge Leute ist das Salzburger Land mit seinen vielen Sport- und Freizeitmöglichkeiten zu einem interessanten Urlaubsland geworden. Hier gibt es alles, was einen schönen Urlaub ausmacht: Erholung, Wellness, Natur, Sport und Kultur. Auch Badenixen kommen in den herrlichen Seen des Salzkammerguts und im Alpenvorland auf ihre Kosten.

Zu Wasser und zu Land

Für Bewegungshungrige bieten sich schöne Radwege an, vom familientauglichen Tauernradweg bis zu halsbrecherischen Mountainbike-Abfahrten für tollkühne Zeitgenossen. Auf Schusters Rappen die Welt zu erobern lohnt sich im Salzburger Land besonders – von Hütte zu Hütte führen gut ausgebaute Wanderwege. Für Bergsteiger gibt es Touren aller Schwierigkeitsgrade. Im Winter lockt ein riesiges Pistenangebot, erschlossen durch diverse Skischaukeln. Für geruhsamere Gemüter empfehlen sich die vielen gut gespurten Loipen. Historische Schmalspurbahnen schnaufen die Salzach entlang oder durch den Lungau. Über die Seen schippern uralte Schaufelraddampfer und moderne Fährschiffe und bieten ganz eigene Ausblicke auf Land und Berge. Sie haben die Wahl!

✓ NICHT VERSÄUMEN

- Kraftwerk Glockner-Kaprun: Der Mythos »Technik« lebt.
- Majestätische Schönheit aus Fels und Eis: Das Dachstein-Massiv
- Gotische Kunst in Vollendung: Der Pacher-Altar in St. Wolfgang

Kultur allerorten

Das vielseitige Kulturleben beschränkt sich keineswegs auf die Landeshauptstadt. Museumsliebhaber finden hier ein reiches Besichtigungsangebot von Geschichte über Natur, Naturwissenschaft und Technik bis zur Kunst und zum Kunsthandwerk. Kleinere Museen dokumentieren anschaulich das Alltagsleben vergangener Zeiten und alte Handwerkstraditionen. Kultursommer und diverse Festivals in den Bereichen Literatur und Musik ziehen zahlreiche Besucher an. Auch die Esskultur trägt das Ihre zum Wohlbefinden der Gäste bei: Sie reicht von stern- und haubengekrönten Restaurants bis zur ebenso bodenständigen wie leckeren Hausmannskost.

Nicht rund, dafür vielseitig

Das Salzburger Land eignet sich nur bedingt für Rundreisen mit dem Auto – die hohen Gebirgszüge setzen dem Straßenbau Grenzen. Doch alle drei vorgeschlagenen Routen berühren die wichtigsten Sehenswürdigkeiten der jeweiligen Region und vermitteln prächtige Eindrücke von der Alpenlandschaft.

Tour 1 »Weißes Gold« und majestätische Berge

Start und Ziel: Salzburg
Länge: 209 km (ohne Abstecher)

Dauer: An einem Tag möglich, besser sind zwei, am besten sind drei Tage!

Diese Rundreise führt von Salzburg und dem Alpenvorland – die meiste Zeit an der Salzach entlang – bis zu den höchsten Gipfeln der österreichischen Alpen. Unterwegs trifft man auf viele sensationelle Zeugen der jahrtausendealten Geschichte des Salzburger Landes und auf spektakuläre Naturschauspiele. Zurück geht es ein Stück über deutsches Gebiet.

Man verlässt die Landeshauptstadt ❶ ** **Salzburg** Richtung Süden auf der B 150 bzw. 159. Einen ersten Stopp erfordert 7 km weiter südlich ❷ ** **Hallein**. Neben dem bedeutenden Keltenmuseum lädt das reizvolle, noch mittelalterlich wirkende Stadtbild zum Verweilen ein. Im benachbarten Bad Dürrnberg sind der Besuch des Salzbergwerks und eine Kelten-Freilichtschau die Attraktionen.
Für die Weiterfahrt wählt man die parallel zur Autobahn verlaufende Bundesstraße 159. Kurz hinter Golling passiert man den Pass Lueg, der den Übergang vom Tennengau in den Pongau und damit gleichzeitig den Eintritt in die Gebirgswelt markiert. Die Straße schlängelt sich immer der Salzach folgend zwischen Hagen- und Tennengebirge hindurch und erreicht Werfen. Weithin sichtbar ist die mächtige Burg Hohenwerfen. Die hier angesiedelte Greifvogelwarte veranstaltet Freiflugvorführungen mit ihren gefiederten Schützlingen. Zudem ist Werfen der Ausgangspunkt für eine Besichtigung der fantastischen ❸ ** **Eisriesenwelt**, für deren Besuch man mindestens einen halben Tag benötigt.
Weiter geht es über Bischofshofen, Liebhabern des Skisprungs wohl bekannt, nach St. Johann im Pongau. Schon von weitem sieht man hier den Pongauer Dom. Hauptsehenswürdigkeit hier ist aber die 6 km südlich von St. Johann gelegene ❹ ** **Liechtensteinklamm**, die man zu Fuß in einer knappen Stunde erkunden kann.
Wer die Rundfahrt nicht an einem Tag bewältigen will, wird die Zeit finden, durch das Gasteiner Tal in den berühmten Kurort ❺ * **Bad Gastein** zu fahren: Hier gaben sich einst gekrönte Häupter die Klinke in die Hand – lang ist's her.
Zu den absoluten Höhepunkten eines Urlaubs im Salzburger Land zählt die Fahrt auf der kurvenreichen ❻ ** **Großglockner-Hochalpenstraße**, die den Reisenden in die hochalpine Gebirgswelt am Fuße des Großglockners bringt. Auf neun Kilometern präsentiert sich der Alpenhauptkamm mit einer Vielzahl von Dreitausendern.
Umgeben von herrlicher Bergwelt liegt ❼ * **Zell am See**. Einen der wunderbarsten Aussichten verspricht die ❽ ** **Schmittenhöhe**:

Die Eisriesenwelt ist die größte bekannte Eishöhle der Welt.

Insgesamt rund 380 m stürzen die Krimmler Wasserfälle über mehrere Stufen herab.

Etwa eine Stunde dauert es, die schmale Liechtensteinklamm zu erkunden.

Den staunenden Augen des Betrachters bieten sich – bei gutem Wetter – Blicke auf das Großglockner- und das Venedigermassiv ebenso wie auf den Hochkönig und das Dachsteinmassiv.
Wie sich die herrliche Bergwelt technisch nutzen lässt, wird im 9 ✶✶ **Kraftwerk Glockner-Kaprun** vermittelt. Mag man heute auch ein Fragezeichen hinter das einst geradezu mythische Verständnis von Technik und ihrer Nutzbarkeit für die Menschen setzen, so ist doch die Anlage eine eindrucksvolle Ingenieursleistung.
Wer genügend Ausdauer und Zeit mitbringt, sollte sich gut 50 km weiter westlich die berühmten 10 ✶✶ **Krimmler Wasserfälle** anschauen und in der WasserWunderWelt begutachten, was man mit dem kostbaren Nass alles anstellen kann.
Nächstes Etappenziel der Rundfahrt ist 11 ✶ **Saalfelden am Steinernen Meer**, überragt, wie der Name schon sagt, von einer endlos wirkenden Felskulisse. Bald hinter Saalfelden wird das Tal wieder enger. Rechts zweigt die Zufahrt zur Seisenbergklamm ab, dann passiert man links der B 311 die Schauhöhle Lamprechtsofen. In St. Martin gelangt man über ein mautpflichtiges Bergsträßchen zur nahen Wallfahrtskirche Maria Kirchenthal. Ca. 8 km nördlich von 12 ✶ **Lofer** mit seinen ansehnlichen Bürgerhäusern passiert man den Kniepass, der vor allem in den napoleonischen Kriegen heftig umkämpft war. Kurz hinter der als Feriengebiet geschätzten Ortschaft Unken wird die Grenze nach Deutschland überschritten. Über Bad Reichenhall gelangt man zurück nach 1 ✶✶ **Salzburg**.

Tour 2 Pongau und Lungau – Kultur und Idylle

Start und Ziel: Bischofshofen
Länge: 218 km (mit Abstecher)

Dauer: An einem Tag durchaus möglich, mit Besichtigungen und kleinen Wanderungen sind zwei Tage besser.

Diese Route führt vom Pongau in den weniger besuchten südöstlichen Teil des Salzburger Landes, den Lungau. Er ist sicher weniger spektakulär als andere Landesteile, doch wer genauer hinsieht, dem erschließt sich eine besuchenswerte Urlaubsregion. Wer das gewaltige Dachsteinmassiv auch von der nördlichen Seite sehen möchte, kommt noch zum schönen Hallstätter See.

Vom Ausgangspunkt 1 **Bischofshofen** gelangt man auf der B 311 rasch nach 2 ✶ **St. Johann im Pongau**, dessen mächtige Pfarrkirche St. Johann auch als Pongauer Dom bekannt ist.
Über die Straße 163 kommt man nun in das Örtchen 3 ✶ **Wagrain**, auf dessen Friedhof man dem Grab des Dichters des berühmten Weihnachtsliedes »Stille Nacht, heilige Nacht«, Joseph Mohr, einen Besuch abstatten kann.

Die Bischofsmütze gehört zu den markantesten Gebirgsformationen der Dachsteingruppe.

Wintervergnügen in Filzmoos bei Radstadt: das Ballontreffen

Der Samson soll im Frühjahr die Natur zu neuem Leben erwecken.

Die Goldfenster von St. Leonhard schmücken eine der bedeutendsten Wallfahrtskirchen Österreichs.

Für die Fahrt in den Lungau wählt man am besten die Tauernautobahn (A 10) und biegt bei der Ortschaft 4 **St. Michael**, deren Pfarrkirche interessante spätromanische Fresken aufweist, auf die in nordöstlicher Richtung verlaufende B 96. Nach ca. 6 km erhebt sich links der Straße Schloss Moosham. Die mächtige Burg birgt eine kostbare Kunstsammlung.
Für einen längeren Stopp bietet sich 5 * **Tamsweg** an. Zu Recht berühmt sind hier die blauen und goldfarbenen Glasfenster von St. Leonhard, einer der bedeutendsten Wallfahrtskirchen Österreichs. Das Heimatmuseum besitzt eine riesige Samsonfigur, eine mythische Figur, die während der Samsonumzüge im Sommer feierlich durch die Straßen getragen wird.
Von Tamsweg folgt man der B 95 in nordwestlicher Richtung. Kunstinteressierte werden die gotischeKirche in Mariapfarr mit ihren sehenswerten Wandmalereien besichtigen wollen, andere zieht es gleich weiter nach 6 * **Mauterndorf**. Am nördlichen Ortsrand erhebt sich weithin sichtbar die gleichnamige eindrucksvolle Burg. Nach einer Führung durch die Burganlage sollte man es nicht versäumen, durch den Ortskern zu schlendern, denn ansehnliche Bürgerhäuser säumen die Hauptstraße und den Marktplatz.
Eine bizarre Bergwelt beeindruckt bei der Fahrt über die Tauernpasshöhe, an deren Scheitelpunkt man eine Höhe von 1738 m erreicht. Durch eine weit gehend unberührte Gebirgsszenerie geht es weiter nach Untertauern, bald darauf ist das im Tal der Enns gelegene 7 * **Radstadt** erreicht. Dank der weit gehend erhaltenen Stadtmauer wirkt das Städtchen noch immer recht mittelalterlich. Entlang dem Milleniumspfad wird die Geschichte Radstadts erzählt. In westlicher Richtung geht es nun über die Tauernautobahn zurück nach 1 **Bischofshofen**.
Hat man genügend Zeit zur Verfügung, so bringt ein Abstecher zum Hallstätter See am nördlichen Rand des Dachsteinmassivs neue reizvolle Eindrücke.
Gut 10 km hinter Radstadt biegt man auf die B 166 nach Norden Richtung Abtenau ab und fährt auf der kurvenreichen sog. Salzburger Dolomitenstraße durch ein eindrucksvolles Landschaftsbild. Kurz vor Abtenau wendet sich die B 166 Richtung Osten und steigt an zum Pass Gschütt, nach starken Gefällstrecken erreicht man Gosau. Von hier sind noch rund zehn Kilometer bis zum malerischen 8 ** **Hallstätter See** zurückzulegen, den schon Alexander von Humboldt ob seiner Schönheit lobte. Vom östlich gelegenen Obertraun führen Bergbahnen hinauf auf den 9 ** **Dachstein**, ein Dorado für Wanderer und Bergsteiger, und zu den Dachsteinhöhlen.

✓ NICHT VERSÄUMEN

- Ein Besuch des »Pongauer Doms« in St. Johann
- Die blauen und goldenen Glasfenster von St. Leonhard in Tamsweg
- Ein Samsonumzug im Mauterndorf
- Ein Spaziergang am Hallstätter See mit Blick auf den Dachstein.

Tour 3 Seentour durchs Salzkammergut

Start und Ziel: Salzburg **Dauer:** min. 4 Stunden
Länge: 222 km

Auch diese landschaftlich reizvolle Route könnte man an einem Tag bewältigen, doch liegen so viele Sehenswürdigkeiten an der Strecke, dass ein ganzer Urlaub nicht ausreicht, alles anzuschauen.

Die Bundesstraße 158 führt in östlicher Richtung aus ❶ ✶✶ **Salzburg** heraus. Vorbei am Gaisberg, von dessen Gipfel sich ein eindrucksvoller Ausblick ergibt, gelangt man nach ca. 22 km zum ❷ ✶ **Fuschlsee**.
Von hier geht es weiter nach St. Gilgen am ❸ ✶✶ **Wolfgangsee**. Weiter führt die Bundesstraße 158 am Südufer am Wolfgangsee entlang. In Strobl ist ein Abstecher nach St. Wolfgang obligatorisch. Offen bleibt, wer mehr Besucher anzieht: der bedeutende Pacher-Altar in der Pfarrkirche oder das berühmte »Weiße Rössl«.
Eine Nebenstraße verläuft von St. Wolfgang direkt nach ❹ ✶ **Bad Ischl**. Mit Kaiservilla, Marmorschlössl und Lehár-Villa gibt es hier berühmte Sehenswürdigkeiten.
Weiter geht's in südlicher Richtung über ❺**Bad Goisern** nach Hallstatt am ❻ ✶✶ **Hallstätter See**. Keine Frage, auch hier, in dem, wie Alexander von Humboldt meinte, »schönsten Seeort der Welt« muss man Station machen. In Obertraun, dem Ausgangspunkt für die Seilbahnen zu den Dachsteinhöhlen und auf den Dachstein, wendet sie sich nach Nordosten.
Man fährt entlang der Traun nach ❼ ✶ **Bad Aussee**, das als Zentrum des steirischen Salzkammergutes gilt. Von hier aus führt eine Straße am Ufer des Grundlsees entlang mit imposanten Ausblicken auf das Tote Gebirge; ebenfalls reizvoll ist der Ausflug nach Altaussee. Bald hinter Bad Aussee liegt links oberhalb der Straße der Alpengarten mit eindrucksvoller Gebirgsflora.
Zurück in Bad Ischl, folgt man der B 145 und kommt entlang dem Westufer des malerischen Traunsees über Traunkirchen, dessen Häuser und Kirche sich weit auf einer Halbinsel in den See vorschieben, nach ❽ ✶✶ **Gmunden am Traunsee** an der Nordspitze des Sees. Neben einem reizvollen Stadtbild gibt es hier mehrere Schlösschen zu besichtigen – außerdem ist Gmunden bekannt für seine Keramik!
Nahe dem südlichen Ortsausgang von Gmunden führt eine Nebenstrecke von der Bundesstraße ab zum ❾ ✶ **Attersee**. Über die Straße am Südufer gelangt man zum ❿ ✶ **Mondsee** mit der gleichnamigen Ortschaft am Nordende des Sees. Beherrscht wird der Ort von der ehemaligen Stiftskirche und den Klostergebäuden. Am schnellsten geht die Rückfahrt nach ❶ ✶✶ **Salzburg** über die Autobahn (A 1).

Romantisch wirkt der Mondsee nicht nur im Herbst, wenn das goldfarbene Laub vor strahlend blauem Himmel leuchtet.

Nachgerade nostalgisch ist die Fahrt mit dem Schaufelraddampfer auf dem Traunsee.

Der Pacher-Altar in St. Wolfgang ist ein Meisterwerk der Hochgotik.

Ein Teil der Kaiservilla wird heute von einem Urenkel der berühmten Sisi bewohnt.

Reiseziele von A bis Z

MÄCHTIGE GEBIRGE, SAFTIGE ALMEN, HERRLICH GELEGENE SEEN UND EINE CHARMANTE LANDESHAUPTSTADT: DAS SALZBURGER LAND IST EIN VIELSEITIGES URLAUBSZIEL – IM SOMMER WIE IM WINTER!

Abtenau

J 4

Höhe: 712 m ü. d. M.
Einwohnerzahl: 5700
Landschaft: Tennengau

Abtenau, das Sportzentrum des Lammertals, ist mit seinen hübschen blumengeschmückten Häusern ein beliebter Ferienort. Outdoor-Sport wird hier ganz groß geschrieben: Rafting, Canyoning oder Paragliding gehören zu den vielen hier angebotenen Freizeitvergnügungen, im Winter ist die Gegend ein beliebtes Skigebiet.

Sehenswertes in Abtenau

Pfarrkirche St. Blasius

Die Schmalseite des Marktplatzes wird beherrscht von der spätgotischen Pfarrkiche St. Blasius. Ihr barocker Hochaltar stammt aus dem Jahr 1675. Die Schreinwächter, der hl. Georg und der hl. Florian des Vorgängeraltars, stehen als Konsolfiguren im Langhaus; sie gehören zu den **Hauptwerken der Schnitzkunst der Donauschule** in Salzburg.

Heimatmuseum »Arlerhof«

Im 2 km südlich gelegenen Ortsteil Au steht der denkmalgeschützte »Arlerhof«. Das schon 1325 erwähnte Anwesen beherbergt das Abtenauer Heimatmuseum – Exponate zur bäuerlichen Wohnkultur, eine vogelkundliche Sammlung, ein Bienenhaus und eine Mühle (Öffnungszeiten: Mitte Mai – Mitte Okt. Di., Do., So. 14.00 – 17.00 Uhr).

In der Nähe des Arlerhofes erreicht man auf einem Spaziergang gleich zwei Wasserfälle, den **Dachser- und Tricklfall**, sowie die **Tricklfallhöhle**, allesamt eindrucksvolle Naturdenkmäler. Auf dem Weg passiert man zunächst den »Kalten Keller«: Hier wurden in früheren Zeiten die Bierfässer gelagert, die man auf schweren Pferdegespannen von Hallein herangeschafft hatte.

> ! *Baedeker* TIPP
>
> **HeuART**
>
> Jährlich Ende August findet im Rahmen des Bauernherbstes Europas größtes Heufestival statt – mit Heufigurenkorso, Musik, Bewirtung und Handwerker- und Bauernmarkt.

Egelsee

Ein für die ganze Familie interessanter **Naturlehrpfad** führt von Abtenau in nördlicher Richtung zum Egelsee. Zahlreiche Schautafeln informieren über die Tier- und Pflanzenwelt rings um den kleinen Moorsee. Die Gehzeit beträgt ca. 2 Stunden.

Umgebung von Abtenau

Rodeln im Sommer

Ein prickelnd schnelles und fast 2 km langes Vergnügen für die ganze Familie ist die Karkogel-Sommerrodelbahn. Hoch geht's von Abtenau per Sesselbahn (Auskunft: Tel. 0 62 43 / 24 32).

ABTENAU ERLEBEN

AUSKUNFT

Region Lammertal – Dachstein West
Markt 165, A-5441 Abtenau
Tel. 0 62 43 / 4 04 00, Fax 40 40 40
www.abtenau.at, www.lammertal.info

BERGBAHNEN

Karkogel-Doppelsesselbahn
Abtenau, 736 – 1136 m ü. d. M.
Tel. 0 62 43 / 40 40 54

Riedlkar-Doppelsesselbahn
Annaberg-Lungötz
830 – 1410 m ü. d. M.
Tel. 0 64 63 / 82 27 10

Hornbahn
Rußbach, 817 – 1450 m ü. d. M.
Tel. 0 62 42 / 4 40

ESSEN

► Erschwinglich

Hotel Post
Markt 39, Abtenau
Tel. 0 62 43 / 22 09-0
www.hotel-post-abtenau.at
Große Auswahl regionaler und internationaler Schmankerln.

ÜBERNACHTEN

► Komfortabel

Hotel Gutjahr
Markt 187, A-5441 Abtenau
Tel. 0 62 43 / 24 34, Fax 24 34 33
www.gutjahr.at; 65 B.
Die rustikal eingerichteten Zimmer des nahe vieler Sporteinrichtungen liegenden Hotels haben alle Balkon. Sauna und Dampfbad gehören zu den Annehmlichkeiten des Hauses.

Goldener Stern
Markt 29, A-5441 Abtenau
Tel. 0 62 43 / 2 24 00, Fax 22 40 40
www.goldenerstern.at; 41 B.
Das zentral gelegene Hotel bietet neben Diät- und Vollwertküche eine berühmte, preisgekrönte Konditorei.

Postalm

Eine mautpflichtige Straße verbindet Abtenau mit der **größten Hochalm Österreichs**, der sich rund 20 km nördlich erhebenden, 1200 – 1900 m hoch gelegenen Postalm. Zahlreiche Wanderwege erschließen das Landschaftsschutzgebiet. Über die gleiche Straße gelangt man weiter nach Strobl am Wolfgangsee (►St. Gilgen).

Annaberg-Lungötz

Von Abtenau der Salzburger Dolomitenstraße in südöstlicher Richtung folgend, gelangt man nach Annaberg-Lungötz. Die Friedhofskapelle von 1783 birgt Skulpturen aus dem Stift St. Peter in Salzburg. Der »Gererhof« aus dem 16. Jh. ist heute ein Heimatmuseum (Öffnungszeiten: Mai – Sept. Mi. 15.00 – 16.00 Uhr).

St. Martin am Tennengebirge

Nächster Ort an der Salzburger Dolomitenstraße ist St. Martin am Tennengebirge, bekannt unter anderem für seine vielen privaten Schnapsbrenner. Wer sich angesichts des Turms der 1432 errichteten Dorfkirche fragt, ob er zuviel einer hiesigen Rarität, nämlich dem **Vogelbeerschnaps**, erwischt hat, muss sich keine Sorgen machen – der Turm neigt sich tatsächlich leicht zur Seite.

Eine Spezialität, deren Herstellung viel Erfahrung erfordert – Vogelbeerschnaps

★ Attersee

J/K 2/3

Höhe: 465 m ü. d. M. **Landschaft:** Salzkammergut

Der Atter- oder Kammersee, wie er auch genannt wird, ist mit knapp 20 km Länge und bis zu 179 m Tiefe der größte See des Salzkammergutes und der österreichischen Alpen. Die flirrenden Reflexe des Wassers und die Schönheit der Uferorte fing der Wiener Maler Gustav Klimt (1862 – 1918) in so manchen Bildern ein.

Rund um den Attersee

★ Attersee am Attersee

Der Ort Attersee war im 9. Jh. **Standort einer Kaiserpfalz**. Im 13. Jh. ließ der Salzburger Erzbischof dort eine Burg errichten, aus deren ehemaliger Burgkapelle die den Ort überragende Pfarr- und Wallfahrtskirche Maria Attersee hervorging. Ursprünglich gotisch, wurde sie von 1722 bis 1728 durch Jakob Pawanger barockisiert. Aus der gotischen Zeit stammen noch die Figuren der Muttergottes, des hl. Petrus und des hl. Stephanus am Hochaltar sowie das Hochrelief der Heiligen Drei Könige. Die evangelische Pfarrkirche aus dem 15. Jh. besitzt eine neugotische Einrichtung aus dem 19. Jahrhundert. Sehenswert ist auch die spätgotische Laurentiuskirche im Ortsteil Abtsdorf – Hochaltar, Seitenaltäre und Kanzel schuf um 1700 Meinrad Guggenbichler aus ►Mondsee.

ATTERSEE ERLEBEN

AUSKUNFT

Ferienregion Attersee
Nußdorferstr. 15
A-4864 Attersee
Tel. 0 76 66 / 77 190
www.attersee.at

SCHMALSPURBAHN

Attergaubahn
Vöcklamarkt – St. Georgen – Attersee
Streckenlänge 13,3 km
(ganzjähriger Betrieb)

ESSEN

► Erschwinglich
Seegasthof Oberndorfer
Hauptstr. 18, Attersee
Tel. 0 76 66 / 7 86 40
Herrlich frischen Fisch aus dem Attersee genießt man in dem über 100-jährigen Familienbetrieb und außerdem einen wunderschönen Blick über den See. Dazu gehört auch ein Hotel.

ÜBERNACHTEN

► Komfortabel
Schneeweiß
Abtsdorf 30, A-4864 Attersee
Tel. 0 76 66 / 77 21, Fax 77 21 22; 72 B.
Zum Hotel am Waldrand gehören Bauernhof, Karpfenteich und Wildgehege, die nicht nur die Küche bereichern, sondern mit Schwimmbad und Abenteuerspielplatz viel Abwechslung für Kinder bieten.

Seewalchen

Ab 1900 verbrachte **Gustav Klimt** etliche Sommerfrischen in Seewalchen am Nordufer des Sees und war zu Gast in der Villa Paulinck (heute ein kleines Hotel), in die er durch die befreundete Familie Flöge eingeführt wurde. Die Wiener Modeschöpferin **Emilie Flöge**, Klimts Lebenspartnerin, war eines seiner bevorzugten Modelle – die beiden stellen vermutlich das Paar auf dem berühmten Bild »Der Kuss« dar.

Auf Seewalchens hübscher Seepromenade ebenso wie im Strandbad kommt gelassene Urlaubsstimmung auf. Südlich des Ortes liegt das Wasserschloss Litzlberg, 1896 auf den Resten einer alten Burg erbaut.

◄ Gampern

Kunstinteressierte zieht es ins 5 km nördlich gelegene Gampern, dessen Pfarrkirche einen spätgotischen Schrein-Flügelaltar (1490 – 1500) besitzt. Aus derselben Kunstepoche stammen auch die »Piesdorfer Madonna« auf dem linken und ein ehemaliges Triumphkreuz auf dem rechten Seitenaltar.

◄ Kinderwelt-Museum Schloss Walchen

Thema dieses einzigartigen Museums in Vöcklamarkt, 10 km nordwestlich von Seewalchen, ist das **Leben der Kinder** verschiedener sozialer Gruppen – Bauern-, Bürger- und Arbeiterfamilie – von der Biedermeierzeit bis heute. Außerdem locken die Villa Kunterbunt mit 25 Spielstationen, der Haustierpark des Arche-Noah-Hofes und der Schlosspark mit Kräuterpfad und Irrgarten, ein ebenso spielerisches wie informatives Angebot für die ganze Familie (Öffnungszeiten: Mai – 1. Okt. täglich 10.00 – 17.00 Uhr, Tel. 0 76 82 / 62 46-12, www.kinderweltmuseum.at).

Schörfling Östlich von Seewalchen liegt Schörfling mit seiner im 15. Jh. erbauten spätgotischen Kirche. Ein Park mit alten Bäumen umgibt das von Gustav Klimt auf vier Bildern verewigte **Schloss Kammer** aus dem 14. Jahrhundert. Es ist in Privatbesitz, öffnet seine Pforten aber für Sommerkonzerte im schönen Rittersaal.

Von **Weißenbach** am südlichen Seeufer verläuft nach Südosten eine reizvolle Waldstraße in Richtung Bad Ischl hinauf zur Passhöhe Weißenbacher Sattel (585 m). Vom Plateau daneben eröffnet sich ein schöner Blick nach unten in die Weißenbachklamm.

Ein ca. zehnminütiger reizvoller Spaziergang führt in die nahe dem südlichen Seeufer gelegene **Burggrabenklamm**. Los geht's am Parkplatz beim Gasthof Jagerwirt, 2 km westlich von Burgbachau.

! *Baedeker* TIPP

Komponistenklause

Künstler sollen ja ruhebedürftig sein, vor allem, wenn Touristenlärm ihre musikalischen Einfälle rüde überlagert. Gustav Mahler löste das Problem, indem er sich 1893 beim Gasthof Föttinger in Steinbach am Südostufer des Attersees für stille Stunden ein Komponierhäuschen baute. Heute ist es eine kleine Gedenkstätte mit Bildern und Dokumenten (ganzjährig zugänglich, Anmeldung im Gasthof; Tel. 0 76 63 / 3 42)

Ein Anblick zum Träumen: der Attersee von Seewalchen aus

★ Bad Aussee

L 4

Höhe : 657 m ü. d. M.
Landschaft: Salzkammergut
Einwohnerzahl: 5100

Bad Aussee ist der wirtschaftliche und kulturelle Mittelpunkt des steirischen Salzkammergutes und gleichzeitig die geografische Mitte Österreichs. Eingebettet zwischen dem Toten Gebirge und dem Dachstein, bildet es das Zentrum einer gut ausgebauten Skiregion. Einen bezaubernden Anblick bietet die Gegend im späten Frühling zur Narzissenblüte.

»Verbotene Liebe«

Berühmt wurde der Ort im 19. Jh. vor allem durch die vom Wiener Hof zunächst missfällig beäugte Liebe des **Erzherzogs Johann** zur Postmeisterstochter **Anna Plochl** (1804 – 1885), die er 1829 – mit Billigung seines kaiserlichen Bruders – heiratete. Ihr Geburts- und Sterbehaus ist das Meranhaus gegenüber der Spitalskirche.

Dichterwinkel

Ab Mitte des 19. Jh.s entwickelte sich das Ausseer Land zur bevorzugten Sommerfrische der geistigen und künstlerischen Elite Österreichs: In den so genannten Dichterwinkel kamen Hugo von Hofmannsthal, Arthur Schnitzler, Jakob Wassermann, Friedrich Torberg und Sigmund Freud ebenso wie Richard Strauss, Gustav Mahler, Johannes Brahms oder Theodor Herzl.

Sehenswertes in Bad Aussee

Traditionsreicher Luftkurort

Bad Aussee ist ein beschaulicher Ort mit hübschem kleinem Kurpark. Die zum Grundlsee führende Hauptstraße säumen ansehnliche Wohnhäuser, von denen einige noch prächtige spätgotische Baudetails besitzen. Besonders ansehnlich präsentiert sich daneben der Chlumecky-Platz (oder Obere Markt) mit dem Hofer-Haus und dem Kammerhof. Ganz in der Nähe befindet sich das Kurzentrum.

Pfarrkirche St. Paul, Spitalskirche

Auf einer leichten Anhöhe erhebt sich die ursprünglich romanische (13. Jh.), später im gotischen Stil erweiterte Pfarrkirche St. Paul. Beachtung verdient das Sakramentshäuschen aus rotem Marmor (1523) im Chor. Zu den schönsten Kunstwerken des Ausseerlandes gehört die Marienstatue (um 1420) in der Marienkapelle, eine Arbeit vom Typ der »schönen Madonnen«. In der frühgotischen Spitalskirche sind zwei Flügelaltäre aus dem 15. Jh. bemerkenswert. Der der Heiligen Dreifaltigkeit gewidmete Hauptaltar ist eine Stiftung Kaiser Friedrichs III. von 1449. Der Seitenaltar stammt von 1480.

★ Kammerhof

Jahrhundertelang profitierte diese Gegend von den reichen Salzvorkommen. Die Salinen bedurften einer ordentlichen Verwaltung – also baute man um 1400 das sehenswerte **Salzamt**. Das heute Kam-

BAD AUSSEE ERLEBEN

AUSKUNFT

Tourismusverband Ausseer Land – Salzkammergut
Bahnhofstr. 132, A-8990 Bad Aussee
Tel. 0 36 22 / 5 40 40-0, Fax 5 40 40-7
www.ausseerland.at

ESSEN

► Fein & teuer

Erzherzog Johann
Kurhausplatz 62, Bad Aussee
Tel. 0 36 22 / 52 50 70
www.erzherzogjohann.at
Gute Weinkarte und eine beachtenswerte Küche, Themenbuffets. Spezialität: Ausseer Rind und Grundlseer Milchlamm.

► Erschwinglich

Gasthof zum Loser
Fischerndorf 80, Altaussee
Tel. 0 36 22 / 7 13 73
Spezialität sind die Saiblinge aus dem Altausseer See und Grundlsee (am besten vorbestellen!).

ÜBERNACHTEN

► Komfortabel

Hubertushof (garni)
Puchen 86, A-8992 Bad Aussee
Tel. 0 36 22 / 7 12 80, Fax 7 12 80 80
www.herrenhaus-hubertushof.at
18 B.; geöffnet: Febr., Juli – Okt., Dez. Das elegante Hotel garni, einst Jagdhaus der Fürsten Hohenlohe-Schillingsfürst, liegt schön im Grünen.

Villa Kristina
Altausseerstr. 54, A-8990 Bad Aussee
Tel. / Fax 0 36 22 / 5 20 17
www.villakristina.at; 17 B.
Eine Jagdvilla mit gutem Restaurant, antik möblierten Zimmern und Gasträumen, umgeben von einem Park mit Schwimmteich – und das alles zu annehmbaren Preisen.

merhof genannte Gebäude gilt als ältester Profanbau der Steiermark und beherbergt das Heimatmuseum (Öffnungszeiten: April/Mai und Okt. Di. 15.00 – 18.00, Fr. 9.30 – 12.00, So. 10.00 – 12.00; Juni bis Sept. tgl. 10.00 – 12.00 und 14.00 – 17.00 Uhr).

Via Artis Bad Aussee Der etwa 12 km lange Rundweg führt an früheren und heutigen Domizilen verschiedener Künstler vorbei. Er beginnt und endet am Kurzentrum, wo alle Musenjünger, die hier lebten und arbeiteten, in einer Ausstellung dokumentiert sind.

Umgebung von Bad Aussee

★ Seenland Nordöstlich von Bad Aussee finden sich drei sehr hübsche Bergseen: In einem waldumrahmten Wiesental liegt der Grundlsee. Er bietet den mit 12 km längsten frei zugänglichen Badestrand des Salzkammergutes. Die **Via Artis Grundlsee** beginnt bei der Seeklause und führt über gut 10 km und vier Stationen mit Informationen über berühmte Dichter, Maler oder Schauspieler entlang des Grundlsees zur Schiffs- und Busstation Gößl-Strand, von wo aus man mit den entsprechenden Verkehrsmittel gemütlich wieder zum Ausgangspunkt zurückkehren kann.

Toplitzsee

Zum sagenumwobenen Toplitzsee (►Baedeker Special, S. 122) führt der knapp 2 km lange Wasserlehr- und Kunstpfad »Toplitzparcours« vom Gasthof »Rostiger Anker« am Grundlsee entlang des renaturierten Toplitzbachs. Nur einen kleinen Fußweg weiter liegt der malerische Kammersee.

Altaussee

Wenig nördlich von Bad Aussee liegt zu Füßen des Toten Gebirges der reizvolle **Altausseer See**, der sich in einem Spaziergang von zwei Stunden umrunden oder mit dem Ruderboot gemütlich erkunden lässt. Bester Ausgangspunkt ist der Ort Altaussee, dessen hübsche Holzhäuser aus dem 19. Jh. mit verzierten Vorbauten und Balkonen ein wenig vom Flair der damaligen Sommerfrische erahnen lassen. Der hiesige »Kunstweg«, die Via Artis Altaussee, beginnt und endet am Kurhaus und führt über fünf Stationen mit Informationen zu Friedrich Torberg, Johannes Brahms, Jakob Wassermann und Christl Kerry.

? WUSSTEN SIE SCHON ...?

- Dass ausgerechnet der Schauspieler Klaus Maria Brandauer das Festival »Poesie im Ausseer Land«, die Inszenierung des »Sommernachtstraums« auf der Seewiese, ins Leben rief, ist kein Zufall – der vielfach ausgezeichnete Mime stammt von hier.

Salzwelten Altaussee

Eine Reise in die unterirdischen Schatzkammern – im wahrsten Sinne des Wortes – der Salzwelten Altaussee, wo im Zweiten Weltkrieg Kunstschätze gelagert wurden, dauert ca. 2 Stunden (Führungen zu jeder vollen Stunde: Ende April – Ende Sept. tgl. 10.00 – 16.00, Ende Sept. – Ende Okt. 10.00, 12.00 und 14.00 Uhr). Die Eintrittskarte berechtigt zum Eintritt ins Salz-, Literatur- und Heimatmuseum auf dem Gelände.

Loser

Einen herrlichen Blick von oben auf den Altausseer See bietet der Gipfel des Loser (1838 m) nördlich von Altaussee. Man fährt über die bewirtschaftete Loserhütte zum Loser Bergrestaurant – von dort sind es noch 10 Minuten Fußmarsch zum Augstsee bzw. eine knappe Stunde zum Losergipfel.

★ Alpengarten

Zwischen Altaussee und Bad Aussee zweigt an der Bundesstraße 145 der Zugang zum Alpengarten ab. Das 12 000 m² große Gelände wurde 1913 in einem stillgelegten Steinbruch am Fuß des Ischlbergkogels angelegt. Hier ist eine Welt für sich entstanden: Etwa 2500 verschiedene Arten von in den Alpen wachsenden Pflanzen, Stauden und Gehölzen gedeihen und bieten so auf engem Raum einen guten Überblick über die abwechslungsreiche Flora des Gebirges. Besucher, die sich über den heimischen Wald informieren wollen, machen sich auf den Waldlehrpfad im hinteren Teil des Alpengartens.

Ein Ausflugsboot bringt Besucher auf den sagenumwobenen Toplitzsee.

DER SCHATZ IM TOPLITZSEE

Der kleine Toplitzsee im Salzkammergut ist seit Kriegsende Gegenstand wilder Gerüchte: Hier sollen die Nazis 1945 einen sagenhaften Goldschatz und Geheimdokumente versenkt haben. Mehrfach fanden Tauchexpeditionen statt und das wahre Geheimnis des Sees wurde inzwischen gelüftet.

In der Nacht vom 28. auf den 29. April 1945 fuhren zwei Lkw aus dem nahen KZ Ebensee an den Toplitzsee. SS-Männer sprangen ab, luden Kisten in Fischerboote, ruderten auf den stillen See hinaus und kehrten mit leeren Booten zurück.

»Leider nicht!«

Um die nächtliche Mission entstanden allerlei Gerüchte. Was enthielten die im See versenkten Kisten? Gold und Geheimdokumente der Nazis? Im Sommer 1959 beauftragte der »Stern« ein Taucherteam, das sieben Kisten an die Oberfläche holte. Drin war **Falschgeld**, dicke Bündel falscher britischer Pfundnoten, mit denen der englische Geldmarkt überschwemmt werden sollte. Auch die Behälter, die Taucher 1963 im Auftrag des österreichischen Innenministeriums zu Tage förderten, enthielten nur Blüten. Bei weiteren Expeditionen wurden Ausrüstungsgegenstände der deutschen Kriegsmarine und Bomben gefunden. Die Tauchexpedition im Juni 2000 barg eine Blechkiste, in der **Bierkapseln** mit der Aufschrift »Leider nicht!« lagen. Eine fröhliche Stammtischrunde aus Bad Aussee soll sie 1984 versenkt haben, um den **Meeresbiologen Dr. Fricke** zu necken. Doch Fricke war nicht hinter dem Nazischatz her, er suchte und fand das biologische Geheimnis des Sees in dessen Tiefen.

Das biologische Geheimnis

Die Wassertemperatur beträgt über dem Grund knapp 6 °C, normal wären lediglich 4 °C. Vermutlich geht die Bezeichnung Toplitzsee auf das tschechische »teplice« zurück, was soviel wie warme Quelle bedeutet. Außerdem fehlt im bis zu 103 m tiefen See ab ca. 20 m Tiefe der Sauerstoff. In der mehr als 80 m mächtigen, zunehmend salzigen Tiefenschicht fand Fricke auch bis dahin ungekannte Würmer und Bakterien, die **ohne Sauerstoff** auskommen. Mit anderen Worten: Die Fische schwimmen hier immer oben, und die auf dem Grund liegenden Bäume verwittern wegen des Sauerstoffmangels nicht. Das erklärt auch, warum die verschiedenen Funde aus den Tiefen noch relativ gut erhalten sind.

★ Bad Gastein

G 7

Höhe: 800 – 1200 m ü. d. M. **Einwohnerzahl:** 5600
Landschaft: Pongau

Der Traditionskurort für die Hautevolee des 19. Jahrhunderts ist bekannt für seine schöne Lage im Gasteiner Tal vor spektakulärer Hochgebirgskulisse. Die Reichen und Schönen schätzten neben dem Reizklima die radonhaltigen warmen Quellen. 1905 erreichte die Tauernbahn das Tal – bei Böckstein befindet sich das Nordende des Tauernbahntunnels.

Traditionskurort der Hautevolee

Als im 19. Jh. Adel und vermögendes Bürgertum die Alpen zur bevorzugten Sommerfrische erkoren, entwickelte sich auch das Gasteiner Tal zum **mondänen Urlaubsziel**. Eine stattliche Reihe illustrer Gäste wie Schubert, Schopenhauer, Bismarck, Sir Arthur Conan Doyle und gekrönte Häupter wie indische Maharadschas oder der deutsche Kaiser Wilhelm I. fanden sich im Sommer vor allem in Bad Gastein ein. Heute bröckelt der Putz an mancher Belle-Epoque-Fassade und illustre Gäste sind eher selten geworden, doch mit ein bisschen Fantasie kann man unschwer das Bild der einstigen feinen Gesellschaft, die die Annehmlichkeiten eleganter Hotels genießt und das schöne Panorama bewundert, heraufbeschwören. Im Ortskern bestimmen nach wie vor ansehnliche Hotelbauten und Privatvillen aus dem 19. Jh. das Bild. Doch die Situation hat sich grundlegend gewandelt. Heute stehen Befürworter eines Ausbaus des Massentourismus denjenigen gegenüber, die auf die Erhaltung des Belle-Epoque-Flairs, die Renovierung der leer stehenden alten Hotels und den gehobenen Tourismus setzen. Das Ortszentrum wirkt vernachlässigt – Neues, Kreatives entsteht nur am Ortsrand und außerhalb.
Das Thermalwasser von Bad Gastein, bereits zu römischen Zeiten genutzt und von Paracelsus (► Berühmte Persönlichkeiten) gepriesen, entspringt mit Temperaturen zwischen 44 und 47 °C aus insgesamt 18 Quellstollen. Weniger der Mineral- als vielmehr der Radongehalt macht das Wasser wertvoll. Ob durch Bäder oder Inhalationen: Chronische Leiden wie Rheuma und Asthma, Kreislauferkrankungen oder Störungen des vegetativen Nervensystems werden gelindert. Die ins Gestein hineingebaute Felsentherme lädt zum gesunden Badevergnügen ein (Öffnungszeiten: tgl. 9.00 – 21.00, Dez. – März bis 22.00 Uhr, wwww.felsentherme.com).

Sehenswertes in Bad Gastein

Wasserfall, Gletschermühle

Durch Bad Gastein braust die **Gasteiner Ache** und bildet inmitten des Ortes einen eindrucksvollen Wasserfall. Er gilt neben der hinter dem Parkhaus an der Hauptstraße gelegenen Gletschermühle als Wahrzeichen des Ortes.

BAD GASTEIN ERLEBEN

AUSKUNFT

Gasteinertal Tourismus GmbH
Tauernplatz 1, A-5630 Bad Hofgastein
Tel. 0 64 32 / 3 39 30, Fax 3 39 31 20
www.gastein.com

BERGBAHNEN

Stubnerkogelbahnen
Bad Gastein, Gondelbahn
1096 – 2230 m ü. d. M.
(Mittelstation: 1796 m ü. d. M.)
Tel. 0 64 34 / 23 22 12

Graukogelbahnen
Bad Gastein, Sessellift
1078 – 1961 m ü. d. M.
(Mittelstation: 1478 m ü. d. M.)
Tel. 0 64 32 / 6 45 50

Schlossalmbahnen
Bad Hofgastein, Standseil- und Luftseilbahn, 843 – 2050 m ü. d. M.
(Mittelstation: 1302 m)
Tel. 0 64 32 / 6 45 50

Gipfelbahn Fulseck
Dorfgastein, Gondelbahn, Anschluss an Brandsteinbahn
Dorfgastein, 1469 – 2033 m ü. d. M.
Tel. 0 64 33 / 72 23

ESSEN

► Fein & teuer

Villa Solitude
Kaiser-Franz-Joseph-Str. 16
Bad Gastein, Tel. 0 64 34 / 51 01 50
Beachtliche österreichische Küche in stilvoller Umgebung.

Zum Stern
Weitmooserstr. 33
Bad Hofgastein
Tel. 0 64 32 / 8 45 00
www.zumstern.com
Traditionsreiches Gasthaus, regionale Spezialitäten, Aussichtsterrasse.

► Erschwinglich

Fischerwirt
Karl-Heinrich-Waggerl-Str. 32
Bad Gastein, Tel. 0 64 34 / 22 13
Fischspezialitäten und preiswerte Schmankerln aus der heimischen Küche serviert man hier in gemütlicher Atmosphäre.

Alte Post
Kirchenplatz 4, Bad Hofgastein
Tel. 0 64 32 / 62 60
Das zentral in der Fußgängerzone gelegene Traditionshotel bietet in gemütlichen Wirtsstuben kreative regionale und internationale Küche.

Baedeker-Empfehlung

► Preiswert

Alpengasthof Lackenbauer
Anger 36, Bad Hofgastein
Tel. 0 64 32 / 25 46
Hier gibt es Schlichtes und Deftiges wie eine Brettljause, der hübsche Panoramablick ist umsonst.

ÜBERNACHTEN

► Luxus

Römerhof
Haus Nr. 22
A-5632 Dorfgastein
Tel. 0 64 33 / 77 77, Fax 77 77 12
www.roemerhof.com; 64 B.
Ältester Teil der stattlichen Hotelanlage ist ein Turm aus römischer Zeit. Gemütliche Gästezimmer, großzügige Appartements, Erlebnisbad mit Whirlpool, Dampfbad und Sauna. Sehr gute österreichische Küche und eine beachtliche Weinauswahl bietet der traditionsreiche Hotelgasthof.

Hoteldorf Grüner Baum
Kötschachtal 25, A-5640 Bad Gastein
Tel. 0 64 34 / 2 51 60, Fax 25 16 25
www.hoteldorf.com; 140 B.
Etwas außerhalb liegen im Bereich des Nationalparks Hohe Tauern fünf Landhäuser mit 80 Zimmern, Appartements, einem Haubenrestaurant, Thermalhallen- und Freischwimmbad sowie Gelegenheit zum Reiten.

► Komfortabel

Golfhotel Montana
Miesbichlstr. 24, A-5640 Bad Gastein
Tel. 0 64 34 / 3 31 60, Fax 33 16 10
www.golfhotel-montana.com; 28 B.
Ein kleines, ländliches Hotel für Sportbegeisterte mit beheiztem Pool, direkt am Golfplatz, unweit von Tennis- und Reitanlagen.

Hotel Bismarck
Alpenstr. 6, A-5630 Bad Hofgastein
Tel. 0 64 32 / 6 68 10, Fax 6 68 16
www.hotel-bismarck.com; 84 B.
Alle Zimmer haben einen Balkon mit guter Aussicht. Badefreude verschaffen das Thermalhallen- und Freibad mit schönem Liegegarten.

► Günstig

Kur- u. Sporthotel Alpenhof (garni)
Knoblacher Gasse 4
A-5630 Bad Hofgastein
Tel. 0 64 32 / 64 30, Fax 64 30 13; 36 B.
www.alpenhof.gasteinertal.com
Zentral und ruhig gelegenes Haus, neu eingerichtet; Einzelzimmer ohne Aufpreis, Haustiere ohne zusätzliche Kosten.

Winterliches Bad Gastein

Gasteiner Museum

Das Gasteiner Museum in der Kaiser-Franz-Josef-Str. 1 (Haus Austria) dokumentiert Bergbau und Jagd. Außerdem informiert es über das hiesige Badewesen und verrät, welche erlesenen Gäste einst in Bad Gastein gekurt haben (Öffnungszeiten: Juni – Okt. tgl. 10.30 bis 12.00 und 15.30 – 18.00 Uhr).

Nikolauskirche

Sehenswerter als die Pfarrkirche von 1876 ist die nördlich vom Zentrum aufragende spätgotische Nikolauskirche (um 1400), deren Chor und Langhaus mit schönen Fresken ausgestattet sind.

Stubner- und Graukogel

Eine weite Aussicht bietet sich vom Stubnerkogel (2246 m), den man vom Bahnhof Bad Gastein per Kabinenbahn erreicht. Der etwas höhere Graukogel (2492 m) kann von der Bergstation der Reichebenalm (1983 m) über den Hüttenkogel (2331 m) in knapp 2-stündiger leichter Wanderung erreicht werden. Im Gebiet des Graukogels entspringen die bis zu 48,3 °C heißen Thermalquellen von Bad Gastein.

Montanmuseum Böckstein

Über den Kaiserin-Elisabeth-Promenadenweg erreicht man in einer knapp einstündigen angenehmen Wanderung **Böckstein** am Ende des Tales. Ein äußerst malerisches Bauensemble aus der Mitte des 18. Jh.s bildet die **historische Bergbausiedlung Altböckstein** mit der Alten Schule, dem Pfarrhof und Arbeiterwohnhäusern. Der Salzstadel beherbergt das Böcksteiner Montanmuseum (Öffnungszeiten: Mai bis Okt. Mo. – Sa. 10.00 – 12.00 und 15.00 – 17.30 Uhr).

Wenige hundert Meter weiter der Straße folgend, erreicht man den viel besuchten **Gasteiner Heilstollen**. Bis 1944 wurde hier Gold geschürft. Auffälligerweise verspürten etliche der im Stollen arbeitenden Bergleute eine deutliche Besserung ihrer rheumatischen Beschwerden, was die Mediziner aufmerksam werden ließ. Seit 1952 nutzt man den Heilstollen zur Therapie. Seine besondere Wirkung beruht auf drei Bedingungen: auf dem hohen Radongehalt der Luft, der Lufttemperatur von bis zu 42 °C und der Luftfeuchtigkeit von 70 bis 95 %. Die Kurgäste werden mit einem Stollenzug zu verschiedenen Stationen im Berginnern transportiert.

Sehenswertes im Gasteiner Tal

Entrische Kirche, Burg Klammstein

Die Gasteiner Klamm am nördlichen Beginn des Gasteiner Tals wird von der Durchgangsstraße in einem Tunnel umgangen. Vom Parkplatz Klammstein führt ein Naturlehrpfad in etwa 45 Minuten zur **größten Naturhöhle der Salzburger Zentralalpen** mit Hallen und imposanten Tropfsteinbildungen. Sie war zur Zeit der Gegenreformation heimlicher Versammlungsort der verfolgten Protestanten, daher der Name Entrische Kirche (Führungen: April – Juni und Sept./Okt. Di. – So. 11.00 – 15.00, Juli – Aug. tgl. 15.00 – 17.00 Uhr. Ganzjährig nach Voranmeldung unter Tel. 0 64 33 / 76 95 kann man sich zur sechsstündigen »Großen Höhlentour« aufmachen).

Burg Klammstein gilt als das älteste Bauwerk im gesamten Gasteiner Tal. Der Burgturm wurde restauriert und beherbergt heute ein kleines Privatmuseum mit Mineralien (Öffnungszeiten Di. – So. 13.00 bis 19.00 Uhr).

Dorfgastein eröffnet den Reigen der Ferienorte im Gasteiner Tal. Das auf 836 m gelegene Dorf wird seinem Namen gerecht und präsentiert sich bis heute recht ländlich. Auf die umliegenden Berge führen herrliche Wanderwege, das Fulseck (2033 m) ist ein beliebtes Skigebiet (Skischaukel Dorfgastein-Großarl). Dorfgastein verbindet Bergromantik mit einem umfangreichen Sportangebot – vom Mountainbiken und Paragliden bis zum Snowboarden und Eisklettern. **Dorfgastein**

Alter Hauptort des Gasteiner Tals ist das an der breitesten Stelle des Tals auf 870 m Höhe gelegene Bad Hofgastein, dessen Kureinrichtungen wie etwa das moderne Alpen thermalbad sich aus den Bad Gasteiner Radonquellen speisen. Das Zentrum des weitläufig über das Tal verstreuten Ortes – im 16. Jh. durch den **Goldbergbau** nach Salzburg reichster Ort des Landes – ist für den privaten Autoverkehr weit gehend gesperrt. Schön ist die Liebfrauen-Pfarrkirche mit einem Stern- und Netzrippengewölbe. Ein gut dreistündiger Spaziergang führt nach Bad Gastein. Im Winter locken Loipen vor herrlicher Bergkulisse und die Schlossalm (2050 m) hält auch für weniger erfahrene Skiläufer gut gepflegte Pisten bereit. *** Bad Hofgastein**

! *Baedeker* TIPP

Weitmoserschlössl

Unübersehbar mit Türmchen und weiß-roten Fensterläden steht das Schlösschen aus dem 16. Jh. an der Straße zwischen Bad Hofgastein und Bad Gastein. Es beherbergt ein schönes Café-Restaurant, wo man unbedingt den »Indianer mit Schlag« probieren sollte.

Die mautpflichtige Gasteiner Alpenstraße führt von Böckstein – vorbei am Kesselfall, dem 100 m hohen Schleierfall und dem Bärenfall – hinauf zum Nassfeld mit dem beliebten Wintersportplatz Sportgastein (1588 m). **Sportgastein**

Bad Goisern

K 4

Höhe : 504 m ü. d. M. **Einwohnerzahl:** 7800
Landschaft: Salzkammergut

Wer sich mit Schuhwerk auskennt, schätzt den rund 10 km südlich von Bad Ischl gelegenen Kur- und Wintersportort Bad Goisern auch als Schuhmacherstadt: Hier werden die berühmten »Goiserer«, Bergschuhe von erlesener Qualität, gefertigt.

Sehenswertes in Bad Goisern

Die dem hl. Martin geweihte Pfarrkirche geht auf einen gotischen Bau von 1487 zurück, der 1835 – 1837 zu einer Saalkirche mit kreuzförmigem Grundriss erweitert wurde. **Pfarrkirche**

BAD GOISERN ERLEBEN

AUSKUNFT

Tourismusbüro Bad Goisern
Kirchengasse 4, A-4822 Bad Goisern
Tel. 0 61 35 / 8 32 90, Fax 83 29 74
www.bad-goisern.net

ESSEN

► **Erschwinglich**
Goiserer Mühle
Am Kurpark, Bad Goisern
Tel. 0 61 35 / 82 06
Im kleinen, aber feinen Familienbetrieb mit einer Gault-Millau-Haube gibt es verfeinerte österreichische Küche und eine große Auswahl österreichischer Winzerweine. Ein Hotel gehört auch dazu.

ÜBERNACHTEN

► **Komfortabel**
Landhotel Agathawirth
St. Agatha 10, A-4822 Bad Goisern
Tel. 0 61 35 / 83 41, Fax 75 57; 58 B.
1517 von einer reichen Familie des sog. Salzadels erbaut, seit über 200 Jahren in Familienbesitz – Tradition mit moderner Gastlichkeit.

Hand- und Maßarbeit bestimmen die hohe Qualität der »Goiserer«.

Heimatmuseum Das hübsche Heimatmuseum liegt im Ortszentrum neben dem Hotel Goiserermühle. Einer der Schauräume ist als Werkstatt eines Schuhmachers gestaltet und eine Abteilung widmet sich dem Andenken des »Bauern-Philosophen« **Konrad Deubler** (Öffnungszeiten: Juni bis Sept. tgl. 9.30 – 11.30 Uhr).

Holzknechtmuseum Im Salzkammergut spielte das Forstwesen eine große Rolle – Bergwerke und Salinen hatten einen enormen Holzbedarf. Im Müllnerwäldchen (westlich des Heimatmuseums, jenseits des Mühlbachs) kann man eine Holzknechtstube mit altem Gerät und Werkzeug besichtigen (Öffnungszeiten: Juni – Sept. tgl. 9.30 – 11.30 Uhr).

Freilichtmuseum Anzenaumühle Interessant ist auch das ca. 3 km nördlich von Bad Goisern bei Lauffen gelegene Freilichtmuseum Anzenaumühle. Zum Bauernhof, dessen Rauchküche als letzte offene Feuerstelle des Landes bis 1964 in Betrieb war, kam schon früh eine Mühle mit drei Mahlgängen. Sie wurde später durch eine Schwarzbrotbäckerei ergänzt, deren würziges »Anzenaubrot« weithin geschätzt wurde (Öffnungszeiten: Mai bis Sept. Di., Do., Sa. 9.00 – 12.00 Uhr).

Technisches Museum Den Reigen der ungewöhnlichen Museen beschließt das Museum Fahrzeug – Technik – Luftfahrt, eine sehenswerte und reichhaltige

Ausstellung von historischen Fahrzeugen, Lokomotiven und Flugzeugen ca. 5 km nördlich von Bad Goisern an der Bundestraße 145 (Öffnungszeiten: April – Oktober tgl. 9.00 – 18.00 Uhr).

Wanderung zum Predigtstuhl

Eine der schönsten Bergtouren im Salzkammergut führt von Bad Goisern auf den Predigtstuhl (1278 m). Die Wanderung beginnt beim Berghotel Predigtstuhl (973 m), das man mit dem Auto oder einem Sessellift erreichen kann. Für den Auf- und Abstieg, der nicht auf demselben Weg erfolgen muss, benötigt man ca. 2 Stunden.

★ Bad Ischl

K 3

Höhe: 469 m ü. d. M.
Landschaft: Salzkammergut
Einwohnerzahl: 14 000

Bad Ischl war neben Bad Gastein der Inbegriff einer Sommerfrische und mondäner Treffpunkt der eleganten und gebildeten Welt des 19. Jahrhunderts: Hier verbrachte Kaiser Franz Joseph I. viele Sommerferien, hier feierte er auch seine Verlobung mit der Wittelsbacher Prinzessin Elisabeth, genannt Sisi.

Österreichs ältestes Solebad

Das von waldreichen Höhen umgebene, auf einer von der Traun und ihrem Nebenfluss Ischl umströmten Halbinsel gelegene Bad Ischl ist Österreichs ältestes Solebad und wird nach wie vor von vielen Kur- und Feriengästen besucht. Sole mit 27 % Salzgehalt, eine Schwefelquelle und Salzbergschlamm werden zur Kurbehandlung eingesetzt. Zwar geht es heute in Ischl etwas schlichter zu als zu Kaisers Zeiten, doch ein Hauch der K. u. k.-Monarchie ist noch immer spürbar.

? WUSSTEN SIE SCHON ...?

- Bad Ischls Bedeutung als Sommerfrische begann, als der Wiener Arzt Dr. Wirer 1827 der nach sechs Jahren Ehe immer noch kinderlosen Erzherzogin Sophie – aus den Sissi-Filmen als böse Schwiegermutter bekannt – den Tipp gab, in Bad Ischl kuren zu gehen. Das erfreuliche Ergebnis: vier Buben, scherzhaft auch »die Salzprinzen« genannt, allen voran Franz Joseph, der spätere Kaiser.

Sehenswertes in Bad Ischl

Quasi obligatorisch ist die Besichtigung der **Kaiservilla**. In den original erhaltenen Biedermeier-Räumen residierte Kaiser Franz Joseph I. mehr als 50 Sommer, viele davon mit seiner Gattin Elisabeth. Hier wurde auch – nach dem Attentat von Sarajewo – jenes Ultimatum an Serbien unterzeichnet, das den Ersten Weltkrieg auslöste (Öffnungszeiten: Mai – Okt. tgl. 9.00 – 16.45, im Winter Mi. 12.00 – 15.00 Uhr). Oberhalb der Villa steht das um 1865 erbaute Marmorschlössl, von Kaiserin Elisabeth als Teehaus genutzt. Heute ist ein Fotomuseum eingerichtet (Öffnungszeiten: April – Okt. tgl. 9.30 – 17.00 Uhr).

Bad Ischl Orientierung

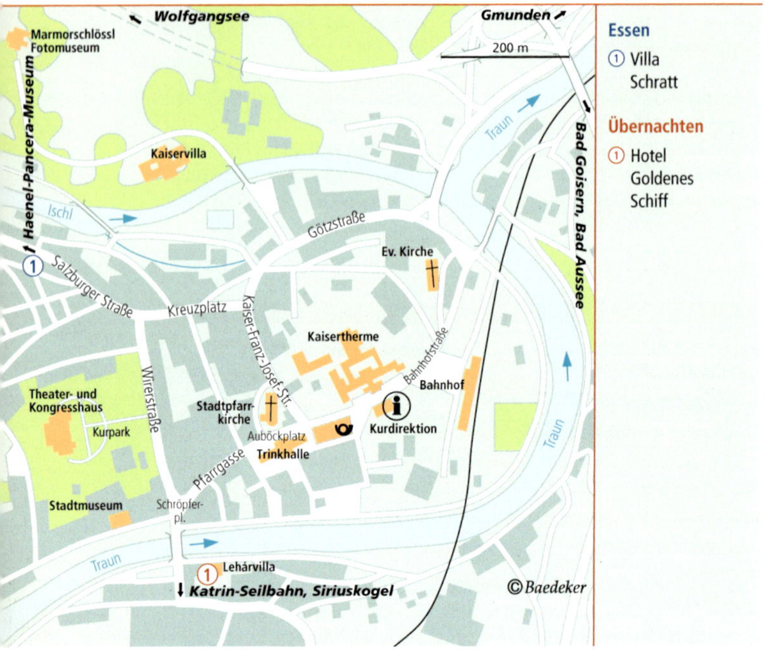

Kurpark, Kongress & Theaterhaus

Im gepflegten Kurpark steht das einstige Kurhaus, heute Kongress & Theaterhaus und eleganter Rahmen für Vorträge, Konzerte und natürlich für das bekannte Lehár Festival: Zu Kaisers Zeiten waren es nicht zuletzt die mondänen kulturellen Vergnügungen im Sommer, die Ischl so berühmt machten. Anknüpfend an die »Belle Epoque« des Kurbads werden alljährlich im Juli und August die Ischler Operettenfestspiele abgehalten, inzwischen unter dem Namen **Lehár Festival**.

Haenel-Pancera-Museum

Westlich vom Kurpark in der Concordiastraße 3 liegt das Haenel-Pancera-Museum, ein Kleinod unter den Privatmuseen. Es zeigt Kunstgegenstände und Mobiliar aus Renaissance und Empire, die das Ehepaar Pancera und Haenel – sie eine gefeierte Konzertpianistin, er Ingenieur – von seinen ausgedehnten Reisen mitbrachte, außerdem eine schöne Sammlung **Autografen**, u. a. von Schumann, Brahms und Bruckner (Öffnungszeiten: Mai – Sept. tgl. 9.00 – 12.00 und 14.00 – 17.00 Uhr).

Stadtmuseum

Südlich des Kurparks hat man im ehemaligen Hotel Austria (Esplanade 10) ein Stadtmuseum zur Geschichte und Volkskunde des Salzkammerguts eingerichtet. Hier in diesem Gebäude fand im Jahr 1853

BAD ISCHL ERLEBEN

AUSKUNFT

Tourismusverband Bad Ischl
Bahnhofstr. 6, A-4820 Bad Ischl
Tel. 0 61 32 / 2 77 570, Fax 2 77 57 77
www.badischl.com

BRGBAHN

Katrin-Seilbahn
Bad Ischl, Gondelbahn
475 – 1415 m ü. d. M.
Tel. 0 61 32 / 2 37 88

ESSEN

► **Fein & teuer**

① ***Villa Schratt***
Steinbruch 43, Bad Ischl
Tel. 0 61 32 / 2 76 47
www.villaschratt.at
Hier servierte Katharina Schratt ihrem kaiserlichen Liebhaber jeden Morgen gegen 6.45 Uhr einen frischen Guglhupf. Heute gibt es gehobene österreichische Zwei-Hauben-Küche in stilvoller Umgebung.

ÜBERNACHTEN

► **Komfortabel**

① ***Goldenes Schiff***
Stifterkai 3, A-4820 Bad Ischl
Tel. 0 61 32 / 2 42 419, Fax 2 42 41-58
www.goldenes-schiff.at; 55 Z.
Das gut geführte Haus liegt ruhig an der Traun – gegenüber der Lehárvilla.

Baedeker-Empfehlung

Süße Verführung
In die traditionsreiche Konditorei Zauner (Pfarrgasse 7), gegründet 1832, lockt außer süßen Verführungen wie dem Zaunerstollen auch ein entzückender Jugendstilsalon (geöffnet tgl. 8.30 – 18.00 Uhr, www.zauner.at).

die **Verlobung** von Kaiser Franz Joseph I. mit Prinzessin Elisabeth in Bayern, der berühmten Sisi, statt (Öffnungszeiten: Di., Do. – So. 10.00 – 17.00, Mi. 14.00 – 19.00 Uhr).

Lehár-Villa

Jenseits der Traun steht die einstige Villa von Franz Lehár, sein Domizil von 1912 bis zu seinem Tod 1948. Der beliebte Meister der Wiener Operette vermachte es der Stadt unter der Bedingung, darin ein Museum einzurichten. Die Räume präsentieren sich noch heute so wie zu Lebzeiten des Komponisten (Öffnungszeiten: Mai – Sept. tgl. 10.00 – 17.00 Uhr).

Villa Rothstein

Im Ischeler Ortsteil Kaltenbach bewahrt die Villa Rothstein das umfangreiche Archiv des Natur- und Wasserforschers **Viktor Schauberger** (Öffnungszeiten: Mai – Sept. Mi. 16.00 – 19.00 Uhr).

Umgebung von Bad Ischl

Siriuskogel

Unmittelbar südlich über der Stadt erhebt sich der 599 m hohe Siriuskogel mit Aussichtsturm und Restaurant. Vom Ort aus erreicht man ihn auf einem schattigen Waldweg in ca. 30 Minuten.

DIE TRAURIGE KAISERIN

Mit den schnulzigen Sissi-Filmen der 1950er-Jahre hat Kaiserin Elisabeth von Österreich so gut wie nichts gemein. Sisi fühlte sich am Wiener Hof nie heimisch, ihre Rolle als Monarchin lehnte die blitzgescheite, nach heutigen Erkenntissen wohl manisch-depressive Kaiserin ab.

Es begann wie im Märchen: Kaiser Franz Joseph I. sollte eigentlich Helene, Tochter des bayerischen Herzogs Maximilian aus dem Haus Wittelsbach heiraten. Doch er verliebte sich Hals über Kopf in deren schöne Schwester, die fünfzehnjährige Elisabeth. Die **Traumhochzeit des Jahrhunderts** am 24. April 1854 war an Pomp praktisch nicht zu übertreffen.

Selbstinszenierung und Verweigerung

Doch nach den Flitterwochen in Laxenburg war das Märchen auch schon zu Ende. Der kaiserliche Alltag war überaus reglementiert – mit aller Härte versuchte der Hof, aus dem bayerischen Landkind eine würdige Kaiserin zu machen. Vor allem die Mutter des Kaisers, Sisis Tante Sophie, achtete mit Argusaugen darauf, dass Sisi (die **Schreibweise Sissi** wurde erst in den Kinofilmen mit Romy Schneider verwendet) sich an das steife Hofzeremoniell hielt. Sisi verabscheute das Leben am Hof, hasste Wien und ihre Schwiegermutter. Franz Joseph liebte sie, doch er fand wegen der Regierungsgeschäfte kaum Zeit für seine junge Frau, hatte diverse Liebschaften und stand sehr unter dem Einfluss seiner Mutter, die auch die Erziehung der Kinder (drei Töchter und ein Sohn) übernahm. Von ihrer Mutter hatte Sisi sich einmal sagen

Ein angemessenes Hochzeitsgeschenk – die Kaiservilla in Bad Ischl

Bilder einer Kaiserin

lassen müssen, eine Prinzessin habe zu lernen, sich mit Anmut zu langweilen. Stattdessen versuchte sie, aus ihrer Rolle herauszutreten.

Eitel, klug und ruhelos

Über Jahre hinweg war Sisis Schönheit Gesprächsthema in Europa; sie galt als die »schönste Monarchin der Welt«. Das Thema **Schönheit** wurde für Sisi ein zentraler Punkt ihres Lebens: Für ihr bodenlanges Haar kreierte sie eine Flechtfrisur, die ihren Kopf wie eine natürliche Krone schmückte. Sie fastete exzessiv, hatte bei einer Größe von immerhin 1,72 m eine Taillenweite von maximal 50 cm und trat nur an die Öffentlichkeit, wenn sie sicher war, makellos auszusehen. Sie konnte stundenlang reiten und legte lange Fußwanderungen in irrwitzigem Tempo zurück. Hinter dem schönen Gesicht verbarg sich ein kluger Kopf: Sisi beherrschte **elf Sprachen**, las Homers »Ilias« und »Odyssee« im Original, ebenso Byron und Shakespeare. Sie dachte liberal, befürwortete Reformen der maroden Monarchie und deponierte ihr Geld in der Schweiz. Sie reiste viel umher, besuchte u. a. England, Madeira, Spanien, Griechenland und den vorderen Orient. Zum Zeichen ihres Freiheitsdrangs trug sie eine **Tätowierung** in Form eines Ankers auf der Schulter, was die ihren Leichnam obduzierenden Ärzte schockierte, da man so etwas damals nur bei Schwerverbrechern vermutete. Der Kaiser ließ sie gewähren. Für Liebe hatte Sisi keinen Platz mehr in ihrem Leben – ihrem Gemahl besorgte sie als Geliebte die Schauspielerin Katharina Schratt, mit der der Monarch bis zu seinem Tod 1916 eine Beziehung unterhielt.

Am 10. September 1898 wurde Sisi vom italienischen Anarchisten Luigi Lucheni mit einer Feile erstochen, mehr Zufallsopfer denn tatsächliches Anschlagsziel.

Katrinalm ✶ Auf die Katrinalm, den Hausberg von Bad Ischl, führt eine moderne Gondelbahn, die ein herrliches Aussichts-, Wander- und Skigebiet erschließt. Die Talstation befindet sich im Ortsteil Kaltenbach. Von der in gut 1400 m Höhe gelegenen Bergstation kann man beispielsweise in einer Stunde zum Hainzen (1638 m) weiterwandern. Belohnt wird man mit einem wundervollen **Rundblick über das Ischler Tal** und die zentralen Berge des Salzkammerguts.

Bad Mitterndorf

M 4

Höhe : 809 m ü. d. M.
Landschaft: Salzkammergut
Einwohnerzahl: 3000

Die Gegend um den heilklimatischen Kurort Bad Mitterndorf südöstlich von Bad Aussee gilt als »Schneeloch« der Steiermark und des Salzkammerguts und ist insbesondere Wintersportlern ein Begriff. Zusammen mit Tauplitz bildet Bad Mitterndorf eine touristische Einheit unterhalb der Tauplitzalm-Seenplatte (1600–1700 m) in den südlichen Vorbergen des Toten Gebirges.

Tourismus pur In Bad Mitterndorf beherrscht der Tourismus die Szenerie. Ausgedehnte Feriensiedlungen sind rund um den Ort entstanden und auch im Ortskern sind nur noch wenige Häuser aus früheren Zeiten erhalten. Rund 2 km südlich von Mitterndorf, an der Straße zum Pass Stein, in dessen Schlucht die Salza auf 5 km Länge aufgestaut ist, liegt an einer warmen Thermalquelle Bad Heilbrunn.

BAD MITTERNDORF ERLEBEN

AUSKUNFT

Tourismusinformationsbüro Bad Mitterndorf
A-8983 Bad Mitterndorf
Tel. 0 36 23 / 24 44, Fax 2 44 44
www.bad-mitterndorf.at

ESSEN

► **Erschwinglich**
Hotel-Restaurant Grimmingblick
Nr. 279, Bad Mitterndorf
Tel. 0 36 23 / 24 91-75
Leckere Schmankerln aus heimischer Küche; im Wintergarten oder auf der Terrasse lässt sich's gut aushalten.

ÜBERNACHTEN

► **Günstig**
Gasthof Pension Zauchenwirt
Zauchen 1, A-8983 Bad Mitterndorf
Tel. 0 36 23 / 29 11, Fax 39 28
www.zauchenwirt.at; 28 B.
Direkt an der Skiabfahrt Tauplitzalm gelegener Traditionsbetrieb mit Bio-Küche.

BERGBAHN

Tauplitzalm
Tauplitz, Sessellift
900–1965 m ü. d. M.
Tel. 0 36 88 / 22 52

Im Mitterndorfer Ortsteil Thörl-Zauchen zweigt die Mautstraße nach Norden zum Hochplateau Tauplitzalm (1650 m) ab, das sich zu einer von zahlreichen Liften erschlossenen Skiregion mit Hotels und touristischen Einrichtungen entwickelt hat. Von Tauplitz aus führt ein Sessellift direkt hinauf. Ca. 30 Gehminuten östlich der Bergstation liegt der malerische Steirer See (1457 m); westlich führt ein Sessellift auf den Lawinenstein (1961 m). Südlich von Tauplitz erreicht man die Skiflugschanze Kulm, auf der bereits drei Skiflug-Weltmeisterschaften ausgetragen wurden.

Skiregion Tauplitzalm

Umgebung von Bad Mitterndorf

Zum romantisch gelegenen Ödensee, 8 km westlich von Bad Mitterndorf, führt ein markierter Radwanderweg. Ganz in der Nähe ist das Naturschauspiel der Strumern-Karstquellen zu beobachten, sie entspringen mitten im Wald in Bachstärke aus dem Boden – besonders effektvoll treten sie zur Zeit der Schneeschmelze hervor.

Ödensee

Das Dorf Pürgg, rund 7 km östlich von Bad Mitterndorf, besitzt zwei sehenswerte Kirchen: die 1130 in romanischem Stil gebaute, später gotisch umgestaltete Pfarrkirche St. Georg mit Fresken aus dem 12. Jh. und die kleine romanische Johanneskapelle auf einer Anhöhe im Süden, auch sie mit Fresken aus dem 12. Jahrhundert.

Pürgg

Noch 3 km weiter liegt – bereits im Ennstal – Trautenfels, geprägt von einem sehenswerten Schloss, das im 13. Jh. als Sperrfestung gebaut wurde. In den mit Fresken und Stuckarbeiten verzierten Räumen wurde ein Landschaftsmuseum zur Geschichte und Kultur der Gegend eingerichtet (Öffnungszeiten: Palmsonntag – 31. Okt. tgl. 9.00 – 17.00 Uhr, www.museumtrautenfels.at).

★ Trautenfels

Bischofshofen

H 5

Höhe : 547 m ü. d. M.
Einwohnerzahl: 10 000
Landschaft: Pongau

Anhängern des Skispringens ist Bischofshofen ein Begriff, denn hier findet alljährlich am 6. Januar das Finale der deutsch-österreichischen »Vierschanzentournee« statt.

Im Salzachtal zu Füßen des Hochkönigs liegt Bischofshofen, wirtschaftlicher Mittelpunkt und größter Ort des Pongaus. Bischofshofen gilt als älteste Siedlungsstätte des Pongaus, hieß zunächst Pongo nach dem residierenden Herrschergeschlecht und erhielt seinen heutigen Namen, als es 1215 in den Besitz der Bischöfe von Chiemsee gekommen war.

Alte Stadt am Hochkönig

BISCHOFSHOFEN ERLEBEN

AUSKUNFT

Tourismusverband
Salzburger Str. 1
A-5500 Bischofshofen
Tel. 0 64 62 / 24 71, Fax 36 05
www.bischofshofen.com

ESSEN

► **Erschwinglich**
Gasthaus Bürglhöh
Tel. 0 64 62 / 27 85
www.buerglhoeh.at
Neben saisonalen Angeboten wie Lamm oder Wild bekommt man (nach Vorbestellung) besondere Spezialitäten des Landes wie Fleischkrapfen oder Schweinsstelze.

ÜBERNACHTEN

► **Komfortabel**
Alte Post
Alte Bundesstr. 5
A-5500 Bischofshofen
Tel. 0 64 62 / 2 30 70, Fax 23 07 07
www.hotel-altepost.com; 70 B.
Hotel mit über 500-jähriger Tradition, aber modernem Komfort, gemütliche Gaststube mit österreichischer Küche.

Sehenswertes in Bischofshofen

Pfarrkirche St. Maximilian Die ursprüngliche Kloster- und heutige Pfarrkirche St. Maximilian besitzt ein prächtiges Kreuz- und Sternrippengewölbe aus dem 15. Jh., im Querhaus noch romanische Bauteile und im Langhaus Reste gotischer Fresken. Das einzige erhaltene Beispiel eines **mittelalterlichen Hochgrabes** im Land Salzburg ist im nördlichen Querschiff zu sehen. Der Bischof von Chiemsee, Silvester Phlieger, wurde hier 1453 bestattet. Eine Kopie des berühmten vermutlich im 8. Jh. in Irland aus Holz und Kupfer gefertigten Rupertikreuzes hängt darüber.

Kastenturm Unmittelbar neben der Kirche steht der Kastenturm, der alte Getreidespeicher der Chiemseer Bischöfe. Hier dokumentiert ein Museum die rund 5000-jährige Siedlungsgeschichte von Bischofshofen, eine weitere Kopie des Rupertikreuzes kann man auch sehen.

? WUSSTEN SIE SCHON ...?

- Der aktuelle Schanzenrekord in Bischofshofen mit 145 m wurde am 5. Januar 2008 durch den Tiroler Gregor Schlierenzauer aufgestellt.

In einem zehnminütigen Spaziergang erreicht man den westlich vom Zentrum brausenden ca. 50 m hohen **Gainfeld-Wasserfall**. Oberhalb des Gainfeld-Wasserfalls stößt man auf die spärlichen Reste der Burg Bachsfall aus dem 12. Jh.; sie gehörte den Herren von Pongo.

Paul-Außerleitner-Schanze In der Nähe befindet sich die Paul-Außerleitner-Schanze am Laideregg, wo alljährlich das letzte Springen der berühmten **Vierschanzentournee** stattfindet.

Bramberg am Wildkogel

C 6

Höhe: 819 m ü. d. M. **Einwohnerzahl:** 3700
Landschaft: Pinzgau

Bramberg liegt im westlichen Salzachtal, direkt unter den Südabfällen des 2225 m hohen, als Skigebiet bekannten Wildkogels und hat eine Besonderheit zu bieten: Es verfügt über die einzigen Smaragdvorkommen Europas.

Sehenswertes in Bramberg und Umgebung

Pfarrkirche

Die Pfarrkirche birgt zwei besondere Schätze: Auf dem rechten Seitenaltar steht eine anmutige Steinguss-Pietà (um 1420), ebenso berühmt ist die Bramberger Madonna mit Kind (Holz, um 1500).

Heimatmuseum Wilhelmgut

Das Heimatmuseum Wilhelmgut besitzt – passend zu den Smaragden – eine reich bestückte Mineraliensammlung, zum Freilichtbezirk des Museums gehören eine Mühle, ein Getreidekasten, ein Backhaus, eine Sägemühle und eine Wollstube (Öffnungszeiten: Mai – Mitte Juni und Okt. Mo. – Sa. 15.00 – 17.00, So. 10.00 – 12.00, Mitte Juni bis Sept. tgl. 10.00 – 18.00 Uhr).

Grünes Juwel

Auf dem Weg zum Habachtal salzachaufwärts passiert man die Ruine Weyer aus dem 12. Jh.; danach mündet von Süden her das durch seinen Mineralienreichtum und das **einzige Smaragdvorkommen in Europa** berühmte Habachtal ein, das bis zu den Gletschern der Venedigergruppe heranreicht. Mineraliensammler geraten hier ins Schwärmen. Näheres erfährt man beim Rundgang auf dem **Geolehrweg** oder von Mitte Juni bis Ende Sept. freitagmorgens bei der **Mineralienexkursion**, Anmeldung bis Do. 17.00 Uhr, Tel. 0 65 65 / 82 43.

BRAMBERG ERLEBEN

AUSKUNFT

Tourismusbüro Bramberg
A-5733 Bramberg am Wildkogel
Tel. 0 65 66 / 72 51, Fax 76 81
www.bramberg.at

ESSEN

▸ Günstig

Gasthof Senningerbräu
Senningerstr. 2, Bramberg
Tel. 0 65 66 / 73 12
Gutbürgerliche Küche in freundlicher Atmosphäre.

ÜBERNACHTEN

▸ Komfortabel

Landhotel Kaserer
Dorfstr. 20, A-5733 Bramberg
Tel. 0 65 66 / 72 48, Fax 72 48 49
www.kaserer.at
Gemütliches Hotel im Dorfzentrum mit Kinderspielplatz und Sauna.

Das Licht- und Schattenspiel erschließt die ganze Schönheit des Dachsteinmassivs.

** Dachstein

K/L 4/5

Höchste Erhebung : Hoher Dachstein (2995 m ü. d. M.)

Landschaft: Salzkammergut

Seit 1997 gehört die historische Kulturlandschaft der Region Hallstatt-Dachstein mit ihren seltenen Pflanzen und Tieren sowie ihren bedeutenden archäologischen Fundstätten zum Weltkultur- und Weltnaturerbe der UNESCO.

Weltnaturerbe

Am Dachstein grenzen Oberösterreich, Salzburg und die Steiermark aneinander. Das karstige, nach Norden geneigte Bergmassiv der Nördlichen Kalkalpen trägt eine Reihe scharf profilierter 2000 bis 3000 m hoher Gipfel. Dazwischen sind imposante Gletscher eingebettet, darunter der Große Gosau-Gletscher und der Hallstätter Gletscher. Nach Süden bricht der Gebirgsstock unvermittelt in einer breiten, rund 1000 m hohen Wand zum grünen Gelände der Ramsau ab, einer Hochfläche, die sich zwischen dem Dachstein und dem tief ein-

DACHSTEIN ERLEBEN

AUSKUNFT

Dachstein Tourismus AG
Salzbergstr. 21, A-4830 Hallstatt
Tel. 0 61 34 / 84 00
www.dachstein.at

Touristinfo Schladming-Dachstein
Raumsauerstr. 756
A-8970 Schladming
Tel. 0 36 87 / 2 33 10, Fax 2 32 32
www.schladming-dachstein.at

BERGBAHNEN

Dachsteinbahnen
Schönbergalm, Krippenstein und Gjaidalm: Gondelbahn
Obertraun, 514 – 2079 m ü. d. M.
(Mittelstationen: 1350 und 1695 m)
Tel. 0 61 34 / 84 00-28 04

Gosaukammbahn
Gosau, Zwieselalm:
Gondelbahn
Gosau, 935 – 1480 m ü. d. M.
Tel. 0 61 36 / 88 56-0

Gletscherbahn Ramsau
Ramsau, Hunerkogel
1700 – 2698 m ü. d. M.
Tel. 0 36 87 / 8 12 41

geschnittenen Ennstal erstreckt. Der Nordabfall der Dachsteingruppe umschließt den fjordartigen Hallstätter See und die Gosauseen. Östlich schließt sich die wasserlose, von Dolinen durchsetzte Hochfläche »auf dem Stein« an, in deren Nordabfall Richtung Hallstätter See und das Trauntal die beiden gewaltigen Dachsteinhöhlen (Rieseneishöhle und Mammuthöhle, ►Hallstätter See) liegen.
Österreichische Archäologen haben 1996 auf 1640 m Höhe die Reste einer knapp **2000 Jahre alten Almhütte** entdeckt, offenbar der erste derartige Fund aus der Römerzeit im Alpenland.

Dachstein-Bergbahnen

Über die Dachsteinbahnen erreicht man relativ schnell auch höhere Regionen des Gebiets. Die Kabinen der Dachsteinbahn Obertraun bringen Besucher in fünf Minuten von Obertraun zur Schönbergalm (1350 m; Ausgangspunkt für den Besuch der Eis- und Mammuthöhle). Eine zweite Teilstrecke führt auf den Krippenstein (2079 m), eine dritte zur Gjaidalm (1695 m). Vom Vorderen Gosausee gelangt man mit der Gosaukammbahn auf die Zwieselalm (1480 m). Von Süden her führt die Dachsteinstraße in 1700 m Höhe, von dort die Gletscherbahn Ramsau zur Bergstation auf dem Hunerkogel (2698 m) und damit bereits in die **Region des ewigen Eises** (Panoramarestaurant, Aussichtsplattform »Sky-Walk«).

Anspruchsvolles Klettergebiet

Die Dachsteinregion ist ein ideales Gebiet für **anspruchsvolle Kletterpartien** – Anfänger sollten sich hier in Bescheidenheit üben. Wer die noch relativ leichte Tour zur Gletscherhochfläche nicht für eine Herausforderung hält, kann sich an den steil ansteigenden Graten (z. B. Torstein, 2948 m; Großer Koppenkarstein, 2865 m) versuchen.

✶✶ Hoher Dachstein Gut ausgebaute Wege leiten zu den Berghütten im **Gletschergebiet**: Von der Simony-Hütte (2206 m) beim Hallstätter Gletscher und von der Adamek-Hütte (2196 m) beim Gosaugletscher aus erklettert man den Hohen Dachstein in rund drei Stunden. Beliebt ist auch der nordwestlich anschließende grandiose Gosaukamm hoch über dem Gosautal. Die Hofpürglhütte (1703 m) südöstlich der markanten Bischofsmütze (2459 m) erreicht man von der Adamek-Hütte über den Linzer Steig. Unterhalb des Gosaukamms führt der Weg zum Gablonzer Haus (1550 m) auf der Zwieselalm, einer der schönsten Hochalmen des Salzkammergutes; von hier gelangt man zu Fuß in etwa zwei Stunden auf den Großen Donnerkogel (2054 m).

✶ Ski- und Wandergebiet Am Dachstein stehen drei große Skigebiete zur Verfügung: das Gebiet Dachstein West am Gosaukamm, das Gebiet Ramsau am Dachstein mit den Gletscherskigebieten und das Gebiet Dachstein-Krippenstein südlich von Obertraun.

Gosauseen ► Der Dachstein ist ein fantastisches Wandergebiet. Zwischen Gosautal und Gosaukamm verlaufen herrliche Wanderwege. Der von steilen Felshängen umschlossene Vordere Gosausee (933 m), um den herum ein einfacher Spazierweg angelegt ist, bietet herrliche Blicke zum Dachstein mit dem Gosaugletscher. Von hier führt ein Wanderweg in knapp zwei Stunden vorbei an der Holzmeisteralm (973 m) und der Gosaulacke zum großartig gelegenen Hinteren Gosausee (1154 m).

Stoderzinken, Grimming ► Lohnende Touren für ausdauernde Wanderer sind auch sommerliche wie winterliche Überquerungen der großen Hochfläche östlich vom Hohen Dachstein zum Guttenberg-Haus (2145 m) am Südrand oder weiter ostwärts zum Kemetgebirge und zur Brunner Hütte (1747 m) am aussichtsreichen Stoderzinken nahe Gröbming im Ennstal. Östlichster Ausläufer ist der vom Kemetgebirge durch das Salzatal getrennte Grimming (2351m), das Wahrzeichen des mittleren Ennstals, der zu den imposantesten Bergformationen der Steiermark zählt.

✶ Fuschlsee

H 3

Höhe: 663 m ü. d. M. **Landschaft:** Salzkammergut

Eingebettet in eine liebliche grüne Uferlandschaft liegt 20 km östlich von Salzburg der kleine Fuschlsee. Er gilt als einer der saubersten Seen des Salzkammerguts und hat mehrere Freibadeplätze. In rund drei Stunden kann man ihn bequem zu Fuß umrunden.

Sehenswertes am Fuschlsee und Umgebung

Fuschl Am Ostende des Sees liegt der Ort Fuschl. Hier lassen sich – nicht weit entfernt von den bekannten Zielen im Salzkammergut – noch relativ beschauliche Ferien verbringen. Wer es zwischendurch einmal

Badehungrige finden wunderbare Plätzchen am Fuschlsee.

rasanter mag, saust über die 600 m lange Sommerrodelbahn (Betriebszeiten: Mai – Okt. tgl. 10.00 – 18.00 Uhr, Tel. 0 62 26 / 84 52).

Schober

Nur trittsicheren und schwindelfreien Wanderern ist von der Burgruine Wartenfels (924 m) aus der Aufstieg zum Gipfel des nahen Schober (1328 m) zu empfehlen. Die Mühe wird belohnt – mit dem prächtigen »**Sieben-Seen-Blick**«.

Thalgau

Eine der ältesten Siedlungen des Landes ist das nördlich vom Fuschlsee gelegene Thalgau. Alle sehenswerten Bauten des Ortes berührt die Via Talagova, ein ortsgeschichtlicher Rundwanderweg (ca. 1,5 Std.; Broschüre beim Tourismusbüro erhältlich, Tel. 0 62 35 / 73 50).

Jagdhof, Schloss Fuschl

Westlich von Fuschl liegt unmittelbar an der Bundesstraße 158 das im Kern barocke Hotel-Restaurant Jagdhof. Ein Besuch lohnt sich wegen der prächtigen Aussicht von der Hotelterrasse.
Vom Jagdhof führt ein Sträßchen hinab nach Schloss Fuschl, das 1555 unmittelbar am See als Jagdschloss der Fürsterzbischöfe gebaut wurde. Im Dritten Reich gehörte es Hitlers Reichsaußenminister Joa-

FUSCHLSEE ERLEBEN

AUSKUNFT

Fuschlsee Tourismus GmbH
Dorfplatz 1, A-5330 Fuschl am See
Tel. 0 62 26 / 8 38 40, Fax 83 84 33
www.fuschlseeregion.com

ESSEN

► Fein & teuer

Brunnwirt
Wolfgangseestr. 11, Fuschl am See
Tel. 0 62 26 / 82 36, www.brunnwirt.at
»Haubengekrönte« Küche in einer 600-jährigen Taverne direkt am See.

Jagdhof am Fuschlsee
Vorderelsenwang 29, Hof bei Salzburg
Tel. 0 62 29 / 2 37 20
Man speist in gemütlichen Räumen oder auf der Terrasse mit Blick auf den Fuschlsee.

ÜBERNACHTEN

► Luxus

Ebner's Waldhof Wellnesshotel
Seestr. 30, A-5330 Fuschl am See
Tel. 0 62 26 / 8 26 40, Fax 86 44
www.ebners-waldhof.at; 68 B.
Großzügige Hotelanlage. Hier kann man etwas für seine Fitness tun: im Erlebnisbad, im Saunadorf und in der Golfschule. Spezialitäten des Restaurants sind Fische und Wild.

Hotel Schloss Fuschl
Schlossstr. 19
A-5322 Hof bei Salzburg
Tel. 0 62 29 / 22 53-0
Fax 22 53 15 31; 28 B.
Der frühere Jagdsitz der Salzburger Erzbischöfe ist heute ein Luxushotel mit eigenem Strand, Schönheitsfarm und eleganten, geschmackvoll mit Antiquitäten ausgestatteten Zimmern. Die Fischerei mit angeschlossener Fischzucht versorgt die Gäste des Schlosses mit Forellen, Lachsforellen und Saiblingen aus dem Fuschlsee.

► Komfortabel

Hotel Seewinkel
Seestr. 30, A-5330 Fuschl am See
Tel. 0 62 26 / 8 34 40
Fax 83 44 18; 55 B.
Das Hotel mit Privatstrand liegt direkt am See. Die Zimmer sind komfortabel eingerichtet. Man kann Fahrräder und alle Arten von Booten leihen, die Benutzung des Sportclubs inklusive der Tennisplätze ist gratis, günstige Golfpauschalen.

chim Ribbentrop. Heute beherbergt das schmucke Gebäude ein Luxushotel mit 9-Loch-Golfplatz.

Rauchhaus Mühlgrub Kurz vor Hof bei Salzburg westlich des Fuschlsees zweigt die Straße nach Süden ab. In Vorderelsenwang lohnt das Rauchhaus »Mühlgrub« einen Abstecher: Neben dem Einhof aus dem 13. Jh. liegt das letzte in ursprünglicher Art an Ort und Stelle gebliebene und betriebene Rauchhaus Salzburgs (Führungen: Juli – Okt. freitags um 15.00, Anmeldung bis 12.00 Uhr unter Tel. 0 62 29 / 22 49).

Faistenau, Hintersee Weiter südlich liegt der Erholungs- und Wintersportort Faistenau. Den malerischen Dorfplatz mit der spätgotischen Pfarrkirche (Fresken von 1517) überragt eine **1000-jährige Linde**, in deren Schatten alle drei Jahre (das nächste Mal 2008) eine Mundartfassung des berühmten »Jedermann« gegeben wird. Zur Erholung lockt ein Bad im 3 km südlich gelegenen idyllischen Hintersee.

Ebenau, Strubklamm

Zwischen Faistenau und Ebenau liegt die wildromantische Strubklamm, die man auf dem »Metzgersteig« erkundet. Wenige Kilometer weiter folgt Ebenau am Fuße des Gaisbergs. Schon früh bestanden hier ein Hammerwerk und eine Messinghütte – neben dem Salz bis ins 19. Jh. die Haupteinnahmequelle Salzburgs. Neben der ehemaligen Schmelzhütte, jetzt Gemeindehaus, liegt das um 1635 erbaute Fürstenstöckl. Hier logierte ursprünglich der Landesfürst, heute beherbergt es das Heimatmuseum (Öffnungszeiten: im Sommer Di. und Do. 10.00 – 12.00, Sa. 14.00 – 17.00 Uhr).
Nahe dem Ort, an der Umfahrungsstraße, ist die Waschlmühle aus dem 18. Jh. Ausgangspunkt des Mühlenwanderwegs, der vorbei an fünf alten Mühlen zum Wasserfall und Naturbad »Plötz« führt.

> **? WUSSTEN SIE SCHON ...?**
>
> - Schloss Fuschl diente in den 1950er-Jahren als Kulisse für die Sissi-Filme, und zwar für die in Sissis Heimat Possenhofen gedrehten Szenen.

Golling an der Salzach

G / H 4

Höhe : 476 m ü. d. M.
Einwohnerzahl: 3900
Landschaft: Tennengau

Golling in der weiten Ebene des Tennengauer Salzachtales ist eine der ältesten Tourismusgemeinden im Salzburger Land. Der Ortskern des freundlichen Straßendorfs mit den behäbigen Häusern gruppiert sich um Kirche und Burg.

Sehenswertes in Golling

Burg Golling

Auf einer Anhöhe inmitten des Ortes steht die trutzige Burg Golling, deren älteste Bauteile noch aus dem 13. Jh. stammen. Hier logiert das Heimatmuseum, dessen besonderer Stolz das vollständige Skelett eines am Dürrnberg bei Hallein geborgenen **Omphalos-Sauriers** ist (Öffnungszeiten: Juni – Sept. Di. – So. 10.00 – 12.00 Uhr).

Pfarrkirche

Die im Kern gotische Pfarrkirche ist Johannes dem Täufer und Johannes dem Evangelisten geweiht. Sein heutiges Aussehen erhielt das Gotteshaus 1689. Von der gotischen Inneneinrichtung hat sich im rechten Seitenschiff ein Kruzifix (um 1500) erhalten. Bemerkenswert ist die moderne »Tulpenkanzel« (1959) aus Adneter Marmor mit den Symbolen der vier Evangelisten, Engel (Matthäus), Stier (Lukas), Löwe (Markus) und Adler (Johannes).

GOLLING ERLEBEN

AUSKUNFT

Tourismusverband Golling
Markt 51, A-5440 Golling
Tel. 0 62 44 / 43 56, Fax 77 66
www.golling.info

ESSEN

► Erschwinglich

Döllerer
Am Marktplatz 56, Golling
Tel. 0 64 22 / 4 22 00, www.doellerer.at
Solide österreichische Küche in der »Bürgerstube«; berühmt sind die Weißwürste und das Saftgulasch. Preisgekrönte, teure Spitzenküche bietet das »Genießer Restaurant«.

ÜBERNACHTEN

► Günstig

Hauslwirt
Marktplatz 13, A-5440 Golling
Tel. 0 62 44 / 42 29, Fax 77 88
www.hauslwirt.at; 75 B.
Das Haupthaus im Ortszentrum geht auf das Jahr 1350 zurück. Geboten wird gepflegter Komfort.

Gasthof Jadorferwirt
Jadorferstr. 9, A-5431 Kuchl
Tel./Fax 0 62 44 / 52 44
Gemütlicher Salzburger Gasthof, im Restaurant gibt's österreichische Hausmannskost.

Umgebung von Golling

Gollinger Wasserfall, St. Nikolaus

Jenseits der Autobahn tost der 75 m hohe Gollinger Wasserfall tief ins Tal. Man kann ihn auch in einem 45-minütigen Spaziergang vom Ortszentrum aus erreichen (zugänglich: Mai – Okt.). Nahe der Wasserfälle im Ortsteil Torren steht malerisch auf einem Fels die Wallfahrtskirche St. Nikolaus mit einer barocken Innenausstattung.

! Baedeker TIPP

Mittelalterfest

Alljährlich Ende August ist die Burg Golling Schauplatz eines rauschenden Mittelalterfestes mit Marktständen, Handwerkern, Musik, Bogen- und Reitturnier und Glücksspiel.

In früheren Zeiten, noch vor dem Bau der Tauernautobahn, war der **Pass Lueg** 2 km südlich von Golling ein wichtiges Verbindungsstück zwischen der Stadt Salzburg und den Gebirgsgebieten. Am Pass steht die beliebte Wallfahrtskirche Maria Brunneck. Der Parkplatz am Pass Lueg ist der geeignete Ausgangspunkt für eine Wanderung zu den **Salzachöfen**. Hinter dieser Bezeichnung verbirgt sich eine wildromantische Salzach-Klamm.

Scheffau

Östlich von Golling erreicht man nach 3 km das Örtchen Scheffau. Die wuchtige, mit Schindeln gedeckte Pfarrkirche St. Ulrich war ehedem Ziel einer »Pferdewallfahrt«. Der frühbarocke Hochaltar der Kirche stammt aus dem Stift Nonnberg in Salzburg. Sehenswert ist auch die Alte Mühle in Oberscheffau – im Sommer ist sie sonntags in Betrieb.

★ **Lammeröfen**

Weiter der Bundesstraße 162 in östlicher Richtung folgend, gelangt man schon bald zu den Lammeröfen. Eine gut ausgebaute Steganlage führt hinab in die ca. 1 km lange, verwinkelte **Klamm** (begehbar zwischen Mai und Oktober). Schaut man hinauf zum Himmel, so scheinen sich oben die Felsvorsprünge nahezu zu berühren. 20 m unterhalb tost das Wasser vorbei, in dem wagemutige Wildwasserfahrer mitunter ihr Können erproben.

Der Kuchler Kirchturm vor dem Hohen Göll

Der Marktort **Kuchl**, 4 km nördlich von Golling, besitzt mit der Pfarrkirche St. Maria und St. Pankraz eine dreischiffige spätgotische Staffelkirche. In der Turmhalle findet man das romanische Portal (um 1200) eines Vorgängerbaus. Das Kreuzigungsrelief mit einem knieenden Ritter stammt aus der Zeit um 1500.
Den Schwerpunkt des liebevoll bestückten Heimatmuseums bilden Ausgrabungsfunde vom Georgenberg sowie Zunftgeräte, Mobiliar und Hausrat vergangener Jahrhunderte (Öffnungszeiten: Mitte Mai bis Mitte Sept. Di., Do., Sa. 14.00 bis 16.00 Uhr).

Nördlich wird Kuchl vom **Georgenberg** mit der spätgotischen Wallfahrtskirche St. Georg überragt. Ausgrabungsfunde wie diverse Werkzeuge, Keramikbruchstücke und Schmuck aus der Jungsteinzeit und Bronzezeit weisen das Gebiet als **eine der frühesten prähistorischen Siedlungsstätten** des Salzburger Landes aus.

St. Koloman

Wenige Kilometer nordöstlich von Kuchl liegt auf einem Bergrücken St. Koloman. Die Pfarrkirche birgt eine spätgotische Figur des Namensgebers. Der irische Missionar **Kolumban** soll die Gegend bei seiner Reise in das Heilige Land passiert haben.

Gletscherschliff

Ca. 2 km unterhalb von St. Koloman (bei der Bushaltestelle Hellweng) ist neben der von Kuchl kommenden Straße ein Gletscherschliff zu sehen. Dieses seltene Naturdenkmal erhielt seine eigentümliche Form von den Gletschern während der letzten Eiszeit, also vor 50 000 bis 100 000 Jahren.

Durch die vielen Wanderer auf dem Untersberg lässt sich Karl der Große nicht stören.

✶ Grödig

G 3

Höhe : 446 m ü. d. M. **Einwohnerzahl:** 6000
Landschaft: Flachgau

Grödig liegt am Fuß des Untersbergs, wenige Kilometer südlich der Landeshauptstadt Salzburg. Der Ort selbst ist wenig spektakulär, jedoch idealer Ausgangspunkt für Wanderungen und Skitouren am Untersberg.

Sehenswertes in Grödig und Umgebung

Untersbergmuseum Das Untersbergmuseum im Ortsteil Fürstenbrunn zeigt die **Geschichte des Marmorabbaus** in der Region (Öffnungszeiten: Sa., So., Fei. 13.00 – 18.00 Uhr).

✶ **Untersberg** Der Untersberg mit den drei Gipfeln Geiereck (1806 m), Salzburger Hochthron (1853 m) und Berchtesgadener Hochthron (1973 m) ist der eindrucksvollste Berg in der Umgebung Salzburgs, nicht zuletzt, weil er aus der Ebene unmittelbar aufsteigt. Im Winter ist er Ski-, im Sommer beliebtes Wandergebiet. Landschaftlich ist er durch seine Karsthochfläche, Felsabstürze und bewaldeten Hänge geprägt, mit vielen naturkundlichen Besonderheiten, darunter 112 Höhlen. Im

GRÖDIG ERLEBEN

AUSKUNFT

Tourismusverband Grödig
Gartenauerstr. 8, A-5083 Grödig
Tel. 0 62 46 / 7 35 70, Fax 7 47 95
www.groedig.net

BERGBAHN

Untersberg-Seilbahn
Grödig, 462 – 1776 m ü. d. M.
Tel. 0 62 46 / 7 24 77

ESSEN

▸ Erschwinglich
Allegro
Göllstr. 7, Grödig
Tel. 0 62 46 / 7 68 70
Mediterrane Küche und eine gute Weinkarte werden hier geboten.

ÜBERNACHTEN

▸ Günstig
Gasthof Schorn
A-5083 St. Leonhard bei Salzburg
Tel. 0 62 46 / 7 23 34
Fax 7 23 34 40
www.gasthofschorn.at
22 B.
Gemütlicher Gasthof mit Tradition und Atmosphäre und einem guten Restaurant.

Volksglauben gilt er als **Sagen- und Zauberberg**, in dessen Innerem **Karl der Große** einer Schlacht der Geister entgegenschläft.
Vom Grödiger Ortsteil St. Leonhard führt eine Seilschwebebahn in 7 Minuten auf das Geiereck. Vom Gipfelkreuz des Geierecks bei der Bergstation bietet sich eine fantastische Rundsicht. Über den Kamm des Untersbergs führt ein gut markierter Weg in 30 Min. auf den Salzburger Hochthron, wo sich ebenfalls eine herrliche Aussicht bietet. Von hier über die deutsche Grenze zum Berchtesgadener Hochthron, dem höchsten Gipfel des Untersbergs, sind noch rund 3,5 Std. beschwerlicher Fußweg zurückzulegen.

Großarltal

H 6

Höhe: 920 m ü. d. M.
Landschaft: Pongau
Einwohnerzahl: 3600

Das Großarltal im südlichen Pongau kann auf eine uralte Siedlungsgeschichte zurückblicken, denn die Arlscharte war früher eine der wichtigsten Nord-Süd-Routen über die Berge.

Tal der Almen

Der südliche Teil des Tals ab Hüttschlag gehört zum **Nationalpark Hohe Tauern**; das verkehrsfreie Talende wird vom Gletscher des Keeskogels (2884 m) dominiert. Das Großarltal ist berühmt für seine vergleichsweise vielen bewirtschafteten Almhütten – auf manchen kann man sogar noch im Heu übernachten, was insbesondere Kindern großen Spaß macht.

Sehenswertes im Großarltal

Großarl (Ort), Pfarrkirche Die spätbarocke Saalkirche St. Martin und St. Ulrich liegt auf einer Hangstufe im östlichen Ortsbereich. Das Gotteshaus mit dem Zwiebelhelm wurde 1768 und 1769 nach Plänen des Salzburger Dombaumeisters Wolfgang Hagenauer errichtet. Einen Blick wert ist auch der daneben gelegene barocke Pfarrhof mit seinem schönen Marmorportal.

Alte Wacht in Au Als älteste Mautstelle im Salzburger Land gilt die Alte Wacht im Großarler Ortsteil Au. An diesem Nadelöhr wurden die Waren kontrolliert und verzollt.

Denkmalhof Kösslerhäusl Das Kösslerhäusl im Weiler Eben ist das einstige Wohnhaus (um 1600) einer Bergknappenfamilie mit offener Feuerstelle in der »Rauchkuchl« – hier war meist Schmalhans Küchenmeister (Öffnungszeiten: Juni – Okt. Do., So. 13.00 – 17.00 Uhr).

Hüttschlag Der ehemalige Bergbauort Hüttschlag am Talende ist vor allem wegen seiner Naturschönheiten in der Umgebung besuchenswert. Exponate aus Natur- und Volkskunde bietet das Talmuseum Hüttschlag (Öffnungszeiten: Mai – Okt. tgl. 10.00 – 17.00 Uhr).
Im ersten Stockwerk des »Talwirts« wurde ein **Nationalpark-Informationszentrum** eingerichtet, dem ein Museum über den Nationalpark und über das Großarltal angeschlossen ist. Weitere Informationen vermitteln eine Freilichtschau und zwei interessante Naturlehrpfade: der Elementarlehrweg verläuft im Schödertal, der Feuchtbiotoplehrweg führt an der Großarler Ache entlang.

GROSSARLTAL ERLEBEN

AUSKUNFT

Tourismusverband Großarltal
A-5611 Großarl
Tel. 0 64 14 / 2 81, Fax 81 93
www.grossarltal.info

BERGBAHN

Panoramabahn Großarltal
Großarl, 930 – 1800 m ü. d. M.
Tel. 0 64 14 / 2 80

ESSEN

▶ Erschwinglich
Restaurant Tauernhof
Großarl, Tel. 0 64 14 / 26 40
www.tauernhof.com
Eines der empfehlenswertesten Häuser des Orts mit fein gedeckten Tischen. Die Küche ist auch auf die Bedürfnisse der im Hotel logierenden Sportler ausgerichtet.

ÜBERNACHTEN

▶ Luxus
Hotel Alte Post
A-5611 Großarl 24
Tel. 0 64 14 / 2 07
Fax 20 71 15
www.altepost.cc; 18 B.
Gemütliches Haus mit Familieneinrichtungen, Schwimmbad und Wellnessbereich.

Diese grüne Idylle findet man im Großarltal.

★★ Großglockner-Hochalpenstraße

E/F 6–8

Bundesländer: Salzburg und Kärnten

Die Großglockner-Hochalpenstraße beginnt in Bruck im Pinzgau und endet in Heiligenblut am Fuß des Großglockners. Sie gehört zu den großartigsten und landschaftlich eindrucksvollsten Hochgebirgsstraßen Europas.

Kurven- und aussichtsreich

Die Bedeutung der großartigen Großglockner-Hochalpenstraße als Nord-Süd-Verkehrsverbindung über die Alpen ist seit Fertigstellung der Felbertauernstraße und der Tauernautobahn (beide winterfest wegen der Tunnel) zurückgegangen. Aber sie erschließt Autofahrern, Bikern und sehr sportlichen Radfahrern die ►Hohen Tauern, Österreichs höchstes Gebirgsmassiv. Sie führt nicht nur auf die Passhöhe hinauf und wieder hinab in das Bundesland Kärnten, sondern sie bietet auf mehr als 2000 m Höhe eine beispiellose **Panoramafahrt** von rund 9 km Länge. Man sollte genügend Zeit mitbringen, denn zahlreiche Informationsstellen und Lehrwege informieren ausgiebig über Flora, Fauna, Geologie und vieles mehr: Auf dieser Straße durchfährt man nämlich **alle Klima- und Vegetationszonen** vom mitteleuropäischen Österreich bis zur Arktis!

Auch für Biker ist die Großglockner-Hochalpenstraße eine echte Herausforderung.

Mautgebühr, Fahrbeschränkung

Die Benutzung der ungefähr 48 km langen Straße mit maximal 12 % Steigung kostet eine Mautgebühr. Befahrbar ist sie je nach Witterung in der Regel von Mai bis Oktober; aus Naturschutzgründen gilt zwischen 22.00 und 5.00 Uhr ein allgemeines Fahrverbot.

Informationen

Informationen über die Großglockner-Hochalpenstraße gibt es beim Regionalverband Großglockner, Heiligenblut, Tel. 0 48 24 / 20 01 21, Fax 20 01 43, www.heiligenblut.at

Baugeschichte

Schon die Römer benutzten den Alpenübergang über das Hochtor. Ein befestigter Weg wurde aber erst im Hochmittelalter angelegt: Saumpferde transportierten Wein, Südfrüchte, Glas, Seide und Gewürze nach Norden, Salz, Pelze und Edelmetalle nach Süden. Im 20. Jahrhundert – begeistert von den Möglichkeiten, die das Auto als neues Reisemittel bot – beschloss man, eine Panoramastraße anzulegen. Von Norden her existierte bereits eine Mautstraße bis Ferleiten, von Süden her eine dem Alpenverein gehörende Privatstraße von Heiligenblut bis zum Glocknerhaus. Am 30. August 1930 erfolgte die erste Sprengung, am **3. August 1935** die Freigabe der Straße für den öffentlichen Verkehr. Mehr als 3000 Arbeiter hatten daran mitgewirkt, eine bemerkenswerte Leistung insofern, als wegen der Schneesituation in jedem Jahr nur rund vier Monate gebaut werden konnte.

★ Panoramastraße im Hochgebirge

Wildpark Ferleiten

Von Bruck an der Großglocknerstraße geht es geradewegs Richtung Süden. Nach 14 km folgt der Wildpark Ferleiten, in dessen Gehegen Rot-, Dam-, Sika-, Muffel-, Gams- und Steinwild, Wölfe und Luchse die großen Tiere dieser Bergwelt repräsentieren (Öffnungszeiten: Mai–Nov. tgl. 8.00 bis Einbruch der Dunkelheit).

Aussichtspunkte

Unmittelbar nach dem Wildpark passiert man das Mauthaus und gelangt nach 5 km zum Parkplatz Piffkar (Naturlehrpfad, 1620 m). Beim Parkplatz Hochmais, 2,5 km (1850 m), hat man die Baumgrenze bereits überschritten und genießt einen spektakulären Blick auf die Ostseite des Wiesbachhorns (3564 m). Nahe der Hexenküche (2058 m), 1,5 km weiter südlich, fand man Häftlingsketten aus dem 17. Jh.; sie gehörten verurteilten Strafgefangenen, die in Ketten über das Hochtor nach Venedig zum Galeeren-Strafdienst getrieben wurden. Nach 3 km folgt das **Museum Alpine Naturschau** mit botanischem Lehrpfad (Öffnungszeiten: tgl. 9.00–17.00 Uhr).

Abstecher zur Edelweißspitze

Gleich südlich vom Museum zweigt die 2 km lange Seitenstrecke (Steigung bis zu 14 %) zur Edelweißspitze ab. Der Parkplatz mit Aussichtsplattform befindet sich auf 2571 m Höhe, dem höchsten Punkt der Großglocknerstraße. Bei gutem Wetter bietet der traumhafte Panoramablick die **Aussicht auf 37 Dreitausender**!

Hochtortunnel

Der 311 m lange Hochtortunnel, der 7 km weiter südlich auf gut 2500 m Höhe den Hochtorpass unterquert, markiert die Grenze zwischen Salzburg und Kärnten. Beim Bau der Straße wurde hier eine kleine **Herkulesstatue** gefunden – Herkules war nämlich der »Passheilige« der Römer. Am Tauerneck (2099 m) lassen sich Großglockner und Zamitzkehren bestens aufs Foto bannen.

Abstecher Gletscherstraße

Rund 3 km später folgt die Abzweigung der 9 km langen Gletscherstraße. Am Ende der Straße wird man bei der Kaiser-Franz-Josefs-Hütte mit einem prächtigen Blick auf Österreichs höchsten Berg, den **Großglockner** (3798 m), sowie auf Schwerteck, Leiterköpfe, Glocknerwand, Teufelskamp, Romariswandkopf, die drei Felsköpfe des Burgstalls und dahinter die Firnpyramide des Johannisbergs belohnt. Unterhalb der Aussichtsplattform, über einen Steig oder die Standseilbahn erreichbar, erstreckt sich die noch rund 7 km lange und knapp 1,5 km breite **Pasterze**, der größte Gletscher der Ostalpen. Diese herrliche Aussicht genoss auch der kaiserliche Namensgeber der Hütte 1856, als er von Heiligenblut aus in vier Stunden zum Sattel oberhalb der Pasterze aufstieg. Zum Angebot auf der Kaiser-Franz-Josefs-Höhe gehören die Wilhelm-Swarovski-Beobachtungswarte und ein Besucherzentrum. Beim Parkplatz Freiwandeck beginnt der 2,5 km lange Gamsgrubenlehrweg zu Entstehung und Bewegung der Gletscher und zur hochalpinen Tierwelt.

Oft fotografiert: Heiligenblut

Zurück auf der Großglocknerstraße folgt 2 km nach der Abzweigung Guttal der Rast- und Parkplatz Kasereck (1930 m). Zur Bergseite hin sind wieder Reste des einstigen Römerwegs erkennbar. Nach weiteren 2 km passiert man das Mauthaus Heiligenblut.

Heiligenblut, auf rund 1300 m Höhe gelegen, ist ein viel besuchter Sommererholungs- und Wintersportort in schöner Lage am steilen Wiesenhang des Mölltals. Die gotische Wallfahrtskirche St. Vinzenz (15. Jh.), eines der **meistfotografierten Motive** an der Großglockner-Hochalpenstraße, besitzt einen Flügelaltar (1520) von Michael Pacher und ein schönes Christophorusfresko an der Außenwand. Das 13 m hohe Sakramentshaus ist das Grabmal des hl. Briktius.

Großgmain

F 3

Höhe: 550 m ü. d. M.
Landschaft: Flachgau
Einwohnerzahl: 2100

An der deutsch-österreichischen Grenze liegt gegenüber dem deutschen Bayerisch-Gmain Großgmain. Seit dem 7. Jh. gehörte die Gemeinde zum nahen Bad Reichenhall und wurde erst nach den napoleonischen Kriegen auf die beiden Staaten verteilt.

GROSSGMAIN ERLEBEN

AUSKUNFT

Tourismusverband Großgmain
Salzburger Str. 250, A-5084 Großgmain, Tel. 0 62 47 / 82 78
www.tourismusverband-grossgmain.at

ESSEN

► **Erschwinglich**
Latschenwirt
Buchhöhenstr. 122
Tel. 0 62 47 / 73 51
Tagsüber Ausflugslokal, abends Restaurant – die Küche überzeugt.

ÜBERNACHTEN

► **Günstig**
Hotel Greiner
Hochburgerhöhe 131, A-5084 Großgmain, Tel. 0 62 47 / 82 23
www.hotel-greiner.com; 16 B.
Familienbetrieb am Tauernradweg.

Salzburger Freilichtmuseum Großgmain

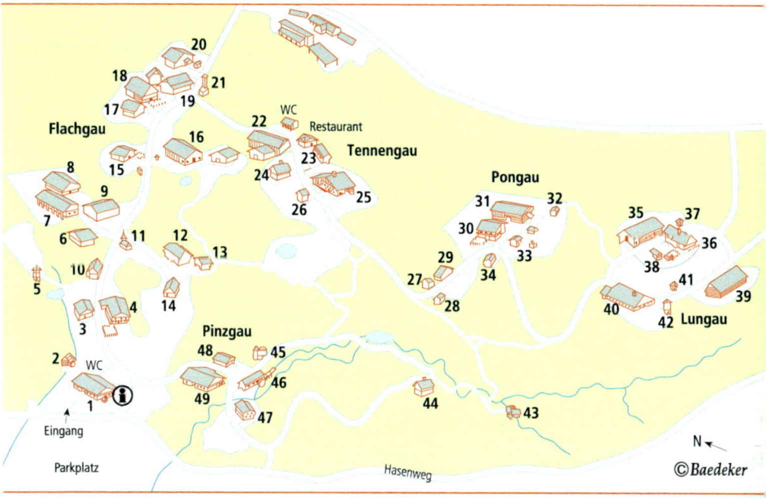

1 Thanngütl (1736)
2 Mühle (1828)
3 Getreidekasten (18. Jh.)
4 Lohnergütl (1666)
5 Hochstand (19. Jh.)
6 Hiertl-Haus (1836)
7 Stall (1866)
8 Knotzinger-Haus (1798)
9 Scheune (18./19. Jh.)
10 Krämerei (19. Jh.)
11 Kapelle (1899)
12 Bauernpeter-Haus (1818)
13 Getreidekasten (18./19. Jh.)
14 Hütte zur Flachstrocknung (19. Jh.)
15 Haus für den Altbauern (18. Jh.)
16 Rauchhaus (16. Jh.) u. Hütte
17 Getreidekasten (1753)
18 Mesnerhaus (1799)
19 Scheune (1867)
20 Schmiedhaus (18./19. Jh.)
21 Feuerwehrgebäude (1925)
22 Brauerei (1889)
23 Kegelbahn (1930)
24 Haus für den Altbauern (19. Jh.)
25 Sillhof (1862)
26 Getreidekasten (1788)
27 Getreidekasten (1585)
28 Holzknechthütte (um 1940)
29 Scheune (18. Jh.)
30 Lärchenhaus (1615)
31 Stallscheune (1614)
32 Flaschtrocknung (18. Jh.)
33 Getreidekasten (1602)
34 Pferdestall (1519)
35 Stallscheune (1751)
36 Neumann-Haus (16.-19. Jh.)
37 Getreidekasten (18. Jh.)
38 Heustadl (19. Jh.)
39 Almhütte (1820)
40 Abrahamhof (18./19. Jh.)
41 Getreidekasten (18. Jh.)
42 Mauerspeicher (1687)
43 Wassermühle (1847)
44 Futterstall (1887)
45 Kapelle (18. Jh.)
46 Mühlsäge (1791)
47 Bachhäusl (1569)
48 Getreidekasten (18. Jh.)
49 Krallerhof

★★ Salzburger Freilichtmuseum

Panoptikum bäuerlichen Bauens

Ca. 5 km nördlich von Großgmain erstreckt sich das ausgedehnte Gelände des Salzburger Freilichtmuseums. Auf einer Fläche von 50 ha zeigt es typische **Bauernhäuser der verschiedenen Regionen des Salzburger Landes**, wobei jede Region ihren charakteristischen Baustil besitzt. Die rund 50 Häuser und Nebengebäude aus verschiedensten Epochen wurden an ihrem ursprünglichen Standort abgebrochen, hier originalgetreu wieder aufgebaut und mit passendem Mobiliar ausgestattet. Für einen Besuch des Freilichtmuseums sollte man mindestens einen guten halben Tag einplanen (Öffnungszeiten: April – Allerheiligen Di. – So. 9.00 – 18.00 Uhr). Für Kinder gibt es einen Erlebnis-Spielplatz. An Wochenenden kann man nach traditioneller Art arbeitenden Handwerkern über die Schulter schauen.

Hofformen ► Die Gehöftformen lassen sich zwei großen Gruppen zuordnen: Während beim »Einhof« Wohnbereich, Stall und Scheune in einem Gebäude zusammengefasst sind (zu dem gelegentlich noch kleinere Nebengebäude wie Getreidekasten oder Backofen treten), sind diese Bereiche bei den «Gruppenhöfen« auf mehrere Gebäude verteilt. Zudem unterscheidet man nochmals zwischen dem »Paarhof«, bestehend aus Wohnhaus und Wirtschaftsgebäude, und dem »Haufenhof« mit mehreren Gebäuden für unterschiedliche Zwecke. Baumaterial war zunächst nur Holz; im 16. und 17. Jh. wurde die Feuerstelle mit Mauerwerk eingefasst, ab dem 18. und 19. Jh. wurden erst der Unterbau und später auch das Obergeschoss in Steinbauweise errichtet.

★★ Hallein

G 3/4

Höhe: 460 m ü. d. M.
Landschaft: Tennengau
Einwohnerzahl: 20 000

In der uralten Salinen- und Keltenstadt Hallein (Hall = keltisch für Salz), rund 15 km südlich von Salzburg, am Austritt der Salzach aus dem Gebirge in das Voralpenland, wurde über Jahrtausende das »weiße Gold« abgebaut.

Hallein Orientierung

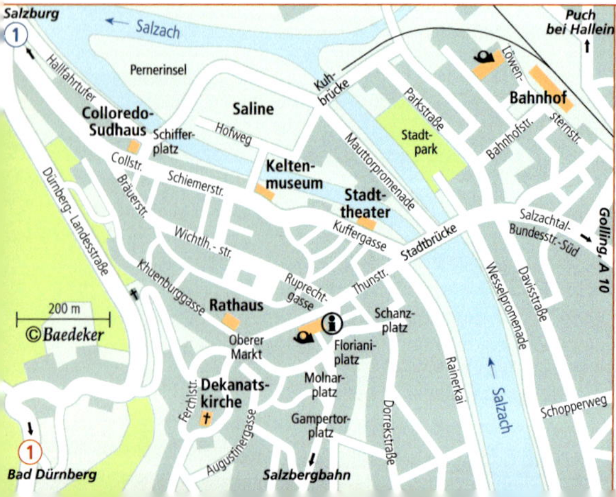

Übernachten
① Kranzbichlhof

Essen
① Hohlwegwirt

Die ersten Siedlungshinweise werden auf etwa 700 v. Chr. datiert, als die **Kelten** hier mit der Salzgewinnung auf dem Dürrnberg im Süden des Ortes begannen. Im hohen Mittelalter begründete der Salzabbau die wirtschaftliche Machtstellung Halleins im Ostalpenraum. Gefördert durch die Salzburger Erzbischöfe und gelegen an einer der bedeutendsten Nord-Süd-Verbindungen über die Alpen, kam die Stadt zu beträchtlichem Wohlstand – heute noch ablesbar an der schönen Altstadt. Erst 1989 endete mit der Schließung der Saline Hallein der Jahrtausende währende Salzabbau auf dem Dürrnberg (► Baedeker Special, S. 158). Heute ist Hallein Bezirkshauptstadt des Tennengaus und ein bedeutender Industriestandort (u. a. Papierindustrie, chemische Industrie, Maschinenbau).

Uralte Salinenstadt

Sehenswertes in Hallein

Die pittoreske Altstadt von Hallein lädt zum Flanieren ein – durch hübsche Gassen und Sträßchen, vorbei an mit farbigen Barock- und Rokokofassaden geschmückten Häusern, Torbögen und Statuen. Vom mittelalterlichen Bau der Pfarrkirche ist nur der gotische Chor erhalten. Sehenswert sind der Hochaltar (1799) mit einem Altarbild des Malers Andreas Nesselthaler und der spätgotische Taufstein.

*** Pittoreske Altstadt**

HALLEIN ERLEBEN

AUSKUNFT

Tourismusverband Hallein
Pernerinsel, A-5400 Hallein
Tel. 0 62 45 / 8 53 94, Fax 8 51 85 14
www.hallein.com

BERGBAHNEN

Salzbergbahn auf den Dürrnberg
Hallein, Gondelbahn
450 – 800 m ü. d. M.
Hallein, Tel. 0 62 45 / 8 07 37

Doppelsesselbahn Zinkenkogel
Hallein, 836 – 1322 m ü. d. M.
Tel. 0 62 45 / 8 51 05

ESSEN

► Erschwinglich

① ***Hohlwegwirt***
Salzburger Str. 84, Hallein-Taxach
Tel. 0 62 45 / 82 41 50
Schon seit 200 Jahren kann man im Hohlwegwirt besonders gut speisen; idyllischer Gastgarten; hervorragend sind die Pasteten und Terrinen.

ÜBERNACHTEN

► Komfortabel

① ***Kranzbichlhof***
Hofgasse 12, A-5422 Bad Dürrnberg
Tel. 0 62 45 / 8 51 18
Fax 8 51 18 59
www.kranzbichlhof.at; 84 B.
In diesem Wellness-Hotel können Sie ganze Fastenwochen buchen oder sich mit diversen Gesundheitspaketen rundum erneuern lassen.

Stille-Nacht-Museum An der Nordseite der Kirche findet man das Grab des Dorfschullehrers, Organisten und Komponisten des berühmtesten deutschen Weihnachtsliedes, »Stille Nacht, heilige Nacht«, **Franz Xaver Gruber** (1787 bis 1863); in seinem ehemaligen Wohnhaus direkt gegenüber der Kirche ist das »Stille-Nacht-Museum« eingerichtet (Öffnungszeiten: 28. Nov. – 6. Jan. tgl. 11.00 – 17.00 Uhr, sonst auf Anfrage; Tel. 0 62 45 / 8 52 01).

Keltenmuseum In das ehemalige Salinenverwaltungsgebäude am linken Salzachufer gegenüber der Pernerinsel ist das großartige Keltenmuseum eingezogen. Neben der anschaulichen **Dokumentation der Salzgewinnung** sind Zunftgeräte, volkskundliche Exponate und zahlreiche sehenswerte Funde aus hiesigen Siedlungen und Gräbern der Hallstatt- und La-Tène-Zeit (750 – 15 v. Chr.) ausgestellt (Pflegerplatz 5; Öffnungszeiten: April – Okt. tgl. 9.00 bis 17.00 Uhr).

Über den Bürgerspitalplatz mit dem Elisabethbrunnen von 1657 gelangt man zum **Colloredo-Sudhaus** am Schifferplatz. Das älteste Sudhaus Österreichs (erbaut 1796 – 1799) ist nach dem Salzburger Erzbischof Hieronymus Graf Colloredo benannt.

! *Baedeker* TIPP

Der Arnoweg

Der Salzburger Erzbischof Arno (784 – 821) stand Pate für den insgesamt rund 1200 km langen Wanderweg, der 1998 anlässlich des Jubiläums »1200 Jahre Erzbistum Salzburg« geschaffen wurde und durch alle Landschaften des Salzburger Landes führt. Der alte Knappensteig hinauf auf den Dürrnberg ist Teil des Arnoweges (www.arnoweg.com).

Saline auf der Perneninsel Die Salzproduktion in der zwischen 1852 und 1864 errichtete Salinenanlage auf der Pernerinsel wurde 1989 wegen Unrentabilität eingestellt. Heute dient der Komplex als kultureller Veranstaltungsort, u. a. im Rahmen der Salzburger Festspiele.

Umgebung von Hallein

★ **Salzbergwerk Bad Dürrnberg** Mit der Salzbergbahn geht es bequem hinauf nach Bad Dürrnberg, zu Fuß in 10 Minuten zum Eingang, dann mit Grubenhunten und über lange Bergmannsrutschen hinein in das **älteste Schaubergwerk der Welt**. Man sieht riesige Salzdome, setzt auf dem Floß über einen unterirdischen Salzsee (übrigens auf deutschem Gebiet), hört die Geschichte vom Mann im Salz und fährt schließlich wieder mit Hunten durch lange Stollen zum Ausgang (Öffnungszeiten: tgl. 9.00 – 17.00 Uhr, für Kinder unter vier Jahren nicht gestattet).

Wallfahrtskirche St. Maria Oberhalb des Salzbergwerks erhebt sich die Pfarr- und Wallfahrtskirche St. Maria. Sie wurde im Auftrag von Erzbischof Wolf Dietrich 1594 – 1612 aus Adneter Marmor erbaut. Am Hochaltar findet sich ein Gnadenbild der thronenden Madonna mit Kind von 1612.

Keltendorf

Hier wähnt man sich in bedeutend frühere Zeiten versetzt: Im Keltendorf Dürrnberg, gleich neben dem Salzbergwerk gelegen, wurden auf dem einstigen keltischen Siedlungsgebiet ein Wirtschaftshof und ein Fürstengrab rekonstruiert. So kann man mit etwas Fantasie nachvollziehen, wie sich das Leben der Kelten vor etwa 2500 Jahren abgespielt hat (Öffnungszeiten: April – Okt. tgl. 9.00 – 17.00, Nov. – März tgl. 11.00 – 15.00 Uhr).

Adneter Marmor

Schon die alten Römer lobten seine Schönheit, doch der Abbau des berühmten Gesteins im großen Stil begann erst zur Zeit der Spätgotik, etwa um 1500. Ob im Wiener Stephansdom, in der Kirche St. Peter in Salzburg, bei der Mariensäule auf dem Münchner Marienplatz oder in der Jerusalemer Grabeskirche: Stets fand der Adneter Marmor Verwendung. Der wunderbar rötlich schimmernde Stein stammt aus den Marmorbrüchen von Adnet östlich von Hallein. Marmorlehrpfad, Kugelmühle und Marmormuseum liefern Wissenswertes über das kostbare Material (Öffnungszeiten müssen erfragt werden unter Tel. 0 62 45 / 7 41 49).

Vigaun

Der 3 km südlich von Hallein im Salzachtal gelegene Ort Vigaun besitzt ein modernes Kurzentrum, das erst 1985 eröffnet wurde. Die Thermalquelle hat eine Temperatur von freundlichen 34 °C und eignet sich hervorragend sowohl für Bade- wie auch für Trinkkuren. Die Pfarrkirche, eine um 1500 errichtete spätgotische Hallenkirche, besitzt als kostbarstes Ausstattungsstück einen Altar im nördlichen Seitenschiff mit der »Taufe Christi« des Münchner Malers Georg Beham (1597).

Der nördliche Nachbarort von Hallein, Oberalm, war im Mittelalter zeitweilig bedeutender als Hallein. Sein Ortsbild prägt die vom Friedhof umgebene Pfarrkirche St. Stephan. Der Hochaltar von 1707 ist einer Säulenhalle nachgebildet. Bei der mächtigen Dorflinde – sie wurde 1908 anlässlich des sechzigsten Regierungsjubiläums von Kaiser Franz Josef I. gepflanzt – steht der einzige noch erhaltene **Schrannentisch** des Landes Salzburg. Hier wurde einst Gericht gehalten und einmal jährlich das Landrecht verkündet.

? WUSSTEN SIE SCHON ...?

- Vigaun verdankt seinen Status als Kurort einem ebenso schlichten wie praktischen Zufall: Bei der Suche nach Erdöl war man 1978 statt auf das »schwarze Gold« auf die aus 1400 m Tiefe aufsteigende Thermalquelle St. Barbara gestoßen.

Adelssitze

In der Gegend von Hallein kann man unzählige kleine Burgen entdecken, die sich der hier ansässige niedere Adel meist schon im 13. oder 14. Jh. errichtete. Ihr heutiges Aussehen stammt oft aus dem 17. Jh. und fast alle befinden sich mittlerweile in privater Hand, sind daher nicht zu besichtigen oder beherbergen kommunale Einrichtungen.

»Salz ist unter allen Edelsteinen, die uns die Erde schenkt, der Kostbarste.« (Justus von Liebig)

DAS WEISSE GOLD

Am 31. Juli 1989 wurde auf dem Dürrnberg bei Hallein der Hebel auf »Aus« gestellt. Damit schloss die Österreichische Salinen AG – ein rund 3000-jähriges Kapitel der Geschichte fand sein Ende.

Salz war einst fast so wertvoll wie Gold. Der lukrative Salzhandel beeinflusste die Entwicklung des Transportwesens und des Handels, den Verlauf von Verkehrswegen und Reiserouten sowie die Anlage von Häfen. Zu den wichtigsten Einkünften der Habsburger gehörte die **Salzsteuer**. Fremde durften nur mit besonderer Erlaubnis in den Salz-Tresor, das Salzkammergut, einreisen: Das Gebiet war persönlicher Besitz des Kaisers und der Hofkammer, einer Art Finanzministerium, unterstellt.

Entlohnung in Salz

Das englische »salary« ebenso wie das französische »salaire« (auf Deutsch: »Gehalt«) leiten sich vom lateinischen »salarium« ab, der Bezeichnung für Salzrationen und den Ehrensold der römischen Legionäre. »Hall«, das keltische Wort für Salz, findet sich in Reichenhall, Hallstatt oder Hallein.

Lebensnotwendiges Salz

Salz galt als Sinnbild von Beständigkeit und Dauerhaftigkeit. Salz und Brot reichte man den Gästen, mit Salz und Brot besiegelte man Freundschaften. Natriumchlorid ist lebensnotwendig für Pflanzen, Tiere und Menschen. Es steuert den Wasserhaushalt, verleiht Geschmack und hilft aufgrund seiner hygroskopischen (Wasser entziehenden) Fähigkeit bei der Nahrungskonservierung. Es setzt den Gefrierpunkt von Wasser auf minus 18 °C herab und hilft so im Winter gegen Eis und Schnee. Außerdem bildet es einen wichtigen Rohstoff für die chemische Industrie – Plastik beispielsweise wird aus den Grundstoffen Erdöl und Salz hergestellt.

Salzgewinnung

Salz findet sich im Meerwasser, in Salzseen, Salzstöcken und Solen. Die **Verdunstung** von Meerwasser gehört

Noch vor wenigen Jahrzehnten wurden die Salzblöcke in sog. Hunten nach draußen befördert.

zu den ältesten Methoden der systematischen Salzproduktion. In den Salinen von Hallein wandte man seit dem 12./13. Jh. die **Siedetechnik** an: Das gelöste Salz wurde aus Salzbrunnen gefördert und in Sudhäusern über Feuer versiedet. Die alpenländischen Salinen entwickelten eine andere Technik: Man ließ den Salzstock mit Wasser volllaufen, das dann mit Salz angereicherte Süßwasser wurde in den Siedhütten versotten (Laugverfahren). Beim **trockenen Steinsalzabbau**, also bei hoher Salzkonzentration im Gestein wie in Hallstatt oder Dürrnberg, brachen die Bergleute das Salz in unterirdischen Kammern und förderten es über Winden zu Tage. Dann wurde es in Blei- oder Eisenpfannen über einem Holzfeuer »versiedet«.

Geschichte des Salzabbaus

Schon die Jäger der Steinzeit nutzten vor 4500 Jahren die Salzquellen der nördlichen Kalkalpen. Einen ersten Höhepunkt erlebte die Salzförderung in Hallstatt zwischen 800 und 450 v. Chr., in Hallein begann der Salzabbau erst in der Mitte des 6. Jh. v. Chr. und beide bekamen ab dem 2. Jh. v. Chr. Konkurrenz von Reichenhall, das mit der Versiedung von Sole über Feuer den begehrten Stoff günstiger produzieren konnte. Als um 15 v. Chr. die Römer die Herrschaft in den Ostalpen übernahmen, kam das vorläufige Aus für die einheimische Salzproduktion, denn die Römer brachten reichlich Meersalz mit. Der hl. Rupert erhielt im 7. Jh. vom bayerischen Herzog Theodo große Salinenanteile in Reichenhall geschenkt. So kamen Burg und Stadt Salzburg und die Salzach zu ihren Namen. Reichenhalls Monopolstellung auf dem Salzmarkt dauerte bis zum Ende des 12. Jh.s, dann begann man auf dem Dürrnberg und später in Hallstatt wieder zu produzieren. Neben den staatlichen Salzarbeitern, die zur Sesshaftigkeit verpflichtet waren, dafür aber u. a. Steuererleichterungen und eine Art Rente bekamen, gab es die selbstständigen Salzhandelsherren, die den Vertrieb des Salzes organisierten und es, bis der Staat 1848 diese Aufgabe übernahm, zu teilweise fürstlichem Reichtum brachten. Der Salzabbau auf dem Dürrnberg wurde 1989 eingestellt, nur in Altaussee, Bad Ischl und Hallstatt wird heute noch Salz produziert.

★★ Hallstätter See

K/L 4

Höhe: 508 m ü. d. M. **Bundesland:** Oberösterreich

Der Hallstätter See am nördlichen Fuß des gewaltigen Dachsteins ist 8,5 km lang, 1 bis 2 km breit und etwa 125 m tief. Die schmalen, von steilen bewaldeten Wänden eingeschlossenen Seeufer gehören zu den ältesten besiedelten Gebieten Österreichs. Aufgrund der reichhaltigen prähistorischen Fundstätten und der einzigartigen Natur hat die UNESCO die Region Hallstatt-Dachstein 1996 zum Weltkultur- und Weltnaturerbe erklärt.

Keltisches Wirtschaftsimperium

Um 1846 hat man beim Rudolfsturm auf dem Salzberg fast 1000 Keltengräber mit kostbaren Beigaben entdeckt. Die zahlreichen Funde bezeugen, dass die Kelten hier etwa zwischen 800 und 450 v. Chr. ein auf dem **Salzabbau** basierendes Wirtschaftsimperium besaßen. Hier fanden Archäologen erstmals auch Gegenstände aus Eisen. Dieser Zeitabschnitt keltischer Hochkultur wird daher nach seinem reichsten Fundort Hallstattzeit genannt. Die Hallstattzeit markiert gleichzeitig den Beginn der Eisenzeit.

Vom Rudolfsturm auf dem Salzberg bietet sich ein zauberhafter Blick auf Hallstatt und den See.

Sehenswertes am Hallstätter See

★★ **Hallstatt**

Alexander von Humboldt nannte Hallstatt »den **schönsten Seeort der Welt**«. Angesichts des bezaubernden Anblicks der wie Schwalbennester am steilen Berghang klebenden Häuser ist man geneigt, ihm Recht zu geben. Hallstatt wurde nach dem hier schon in frühgeschichtlicher Zeit betriebenen Salzbergbau benannt (Hall = keltisch für Salz). Seit 1890 ist Hallstatt über eine Straße am Seeufer zu erreichen (Parkplatz am Südausgang des Umgehungstunnels) – den schönsten Blick hat man jedoch vom See aus.

St. Michaelskapelle

Die gotische Pfarrkirche auf einer kleinen Anhöhe zieht insbesondere wegen des eigenartigen Pagodendaches ihres Turms die Blicke auf sich. Im Inneren birgt sie zwei sehenswerte Flügelaltäre (1450, 1515) und spätgotische Fresken. Die Krypta der St. Michaelskapelle bewahrt alte Totenschädel, viele davon bemalt und mit Namen und Lebensdaten versehen. Aufgrund des Platzmangels auf dem winzigen Friedhof wurden die vorhandenen Gräber in rascher Folge neu belegt und die Gebeine der »Vorgänger« im Beinhaus verwahrt.

HALLSTÄTTER SEE ERLEBEN

AUSKUNFT

Tourismusverband Hallstatt
Seestr. 169, A-4830 Hallstatt
Tel. 0 61 34 / 82 08, Fax 83 52
www.hallstatt.net

BERGBAHNEN

Salzbergbahn
Hallstatt, Standseilbahn
511 – 800 m ü. d. M.
Tel. 0 61 34 / 82 51 46

Dachsteinbahnen
Schönbergalm, Krippenstein und Gjaidalm: Gondelbahn
Obertraun, 514 – 2079 m ü. d. M.
(Mittelstationen: 1350 und 1695 m)
Tel. 0 61 34 / 84 00-28 04

ESSEN

▶ **Erschwinglich**

Gasthof Zauner
Marktplatz 51, Hallstatt
Tel. 0 61 34 / 82 46
www.zauner.hallstatt.net
Außer köstlichen Fischgerichten empfehlen sich auch die Hausspezialitäten. Wie wäre es mit einem Keltenspieß oder einem Zauner Stern?

ÜBERNACHTEN

▶ **Luxus**

Seehotel Grüner Baum
Marktplatz 104, A-4830 Hallstatt
Tel. 0 61 34 / 82 63, Fax 82 63 44
www.hallstatt.net/gruenerbaum; 36 B.
Die ehemalige »Kaiserlich-Königliche Salzfertigungsbehausung« ist seit 100 Jahren das erste Haus am Platz.

▶ **Günstig**

Appartment-Hotel Seerose
Seestrasse 117, A-4831 Obertraun
Tel. 0 61 31 / 26 754
info@seerose-obertraun.com, 8 Z.
Gemütliches Haus mit gut ausgestatteten Zimmern 4 km von Hallstatt entfernt direkt am Hallstätter See.

Museum Hallstatt

Das Museum Hallstatt widmet sich der kulturgeschichtlichen Entwicklung der Region, beginnend mit dem Gräberfeld am Hallstätter Salzberg bis zur Aufnahme in die Weltkulturerbeliste (Seestr. 56; Öffnungszeiten: März/Nov. 10.00 – 16.00, Mai/Juni u. Sept./Okt. 9.00 bis 18.00, Juli/Aug. 10.00 – 19.00 Uhr).

Salzberg

Wer sich über den Salzbabbau am Hallstätter See informieren möchte, muss höher hinaus. Entweder gemütlich mit der Standseilbahn oder etwas beschwerlicher zu Fuß über den alten Soleleitungsweg erreicht man vom Zentrum Hallstatts aus den Salzberg. Bei der Bergstation erhebt sich der Rudolfsturm mit einer lohnenden Aussichtsterrasse und einem Berggasthof. Ein kurzer Fußweg bringt die Besucher – vorbei am Hallstätter Gräberfeld – zum immerhin **ältesten Salzbergwerk der Welt** (Öffnungszeiten: Ende April – Ende Sept. 9.30 – 16.30, bis Ende Okt. bis 15.00 Uhr, letzte Führung 30 Minuten vor Betriebsende, nicht für Kinder unter vier Jahren).

! *Baedeker* TIPP

Anreise per Schiff

Der schönste Blick auf Hallstatt bietet sich vom See aus. Wer mit dem Zug anreist, kann von Obertraun direkt per Schiff nach Hallstatt gelangen. Im Sommer werden Rundfahrten über den Hallstätter See angeboten.

★★ Dachsteinhöhlen

Zu den Dachsteinhöhlen gehören die Rieseneishöhle und die Mammuteishöhle – beide am Nordrand des Dachsteinplateaus gelegen – und die Koppenbrüllerhöhle, die wenige Kilometer östlich des Hallstätter Sees bzw. von Obertraun liegt.

Koppenbrüllerhöhle ►

Die Koppenbrüllerhöhle, eigentlich eine riesige Quelle im Berg und benannt nach dem Höhlenbach, der aus dem Koppenberg mit Getöse herabstürzt, erreicht man vom Ortsende Obertraun aus, vorbei am Gasthaus Koppenrast, über einen kurzen Fußweg (einstündige Führung; Mai – Aug. erste bzw. letzte Führung 10.00 bzw. 16.00, im Sept. um 10.30, 12.00, 13.00 u. 15.00 Uhr).

Rieseneis- und Mammuthöhle ►

Die Dachsteinbahn südlich von Obertraun bringt Besucher zur Mittelstation (1350 m) auf der Schönbergalm. Von dort sind es jeweils gut 15 Minuten Fußmarsch zur Rieseneis- und zur Mammuthöhle, die neben der Eisriesenwelt bei ► Werfen die großartigsten Höhlen der Ostalpen sind. Für die Besichtigung beider Höhlen sind festes Schuhwerk und warme Kleidung unabdingbar (Temperaturen 0 bis 3 °C); die Führungen dauern jeweils gut eine Stunde. Informationen erhält man unter Tel. 0 61 34 / 84 00-18 30; www.dachsteinregion.at.

In der Rieseneishöhle legt man rund 800 m Weg zurück und überwindet dabei insgesamt etwa 120 m Höhenunterschied. Doch der Anblick der **Tropfsteinhöhle** und der **Eisfälle, Eispaläste und Eisdome**, entstanden aus eingesickertem und wieder gefrorenem Schmelzwasser und benannt nach Gestalten aus der Artus- und der Nibelungensage, entschädigt für alle Strapazen (Mai – Mitte Okt. tgl. laufend Führungen, die erste um 9.20, die letzte um 16.00 Uhr).

Seltenes Naturschauspiel: die Rieseneishöhle

Die **Mammuthöhle** bekam ihren Namen aufgrund ihrer immensen Größe: Sie ist insgesamt über 50 km lang! Wie sie entstand und was Höhlenforscher so treiben, wird beim rund 2 km langen Rundgang anschaulich vermittelt (Anf. Juni – Ende Aug. tgl. erste Führung 9.15, letzte Führung 15.00, Sept./Okt. 10.20 bzw. 14.30 Uhr).
Bei der Mittelstation liefert das **Dachsteinmuseum** interessante Hintergrundinformationen zu den Höhlen. Man erfahrt u. a., wie die Höhlen entstanden sind und wie die ersten Menschen ausgerüstet waren, die sich in die Dunkelheit vorwagten. Besondere Attraktion ist ein Modell der Mammuthöhle (Tonbildschau).

Die Schwebebahn führt von der Mittelstation hoch zur Bergstation (2079 m; Berghaus Krippenstein) auf dem **Hohen Krippenstein** (2109 m). Von hier geht es mit einer weiteren Schwebebahn hinab zur Gjaidalm (1795 m), die man aber auch direkt mit der Kabinenbahn von Obertraun aus erreichen kann. Der Gipfel des Krippensteins ist übrigens ein Dorado für Paraglider.

★ Hochkönig

G 5

Landschaften: Pinzgau und Pongau

Der Hochkönig, eine der schönsten Gebirgsgruppen der Nordalpen, schließt südöstlich an das Steinerne Meer an. Das mächtige, in schroffen Wänden abfallende Massiv wird auch poetisch »Übergossene Alm« oder »Ewiges Schneegebirge« genannt.

Ewiges Schneegebirge

Das Hochkönigmassiv ist von einem gewölbten **Eisfeld** gekrönt, aus dem der Gipfel des Hochkönigs (2941 m) nur wenig herausragt. Die Aussicht vom Gipfel ist dank der freien Lage des Bergstockes umfassend und großartig. Man kann den Hochkönig südlich vom Arthur-Haus (1503 m) bei Mühlbach oder von ► Werfen aus über die Ostpreußen-Hütte (1630 m) ohne Schwierigkeiten besteigen. Der Anstieg von Hinterthal aus, vorbei am Hochseiler (2793 m), erfordert Erfahrung. Der »Königsjodler« über die Teufelshörner ist als schwierigster Klettersteig am Hochkönig nur etwas für gute Alpinisten.
Auch im Winter ist der Hochkönig ein sehr beliebtes Ferienziel: »Hochkönigs Winterreich« ist dem Skiverbund Amadé angeschlossen (► St. Johann im Pongau).

HOCHKÖNIG ERLEBEN

AUSKUNFT

Tourismusverband Hochkönig
Am Gemeindeplatz 7, A-5761 Maria Alm, Tel. 0 65 84 / 78 16
www.hochkoenig.at

BERGBAHNEN

Gabühel-Doppelsesselbahn
Dienten, 1071 – 1620 m ü. d. M.
Tel. 0 64 61 / 3 00

Natrun-Sessellift
Maria Alm, 800 – 1050 m ü. d. M.
Tel. 0 65 84 / 73 01

Doppelsesselbahn Schwarzeckalm
Maria Alm, 900 – 1460 m ü. d. M.
Tel. 0 65 84 / 73 01

Kabinenbahn Karbachalm
Mühlbach, 921 – 1591 m ü. d. M.
Tel. 0 64 67 / 72 14

ESSEN

Baedeker-Empfehlung

► **Fein & teuer**
Restaurant Haller
Dorf 32, Maria Alm, Tel. 0 65 84 / 7 61 50
Haubenrestaurant mit vorzüglich zubereiteten österreichischen Spezialitäten, beispielsweise einem pochierten Filet vom Pinzgauer Rind.

ÜBERNACHTEN

► **Günstig**
Hotel Hochkönig
A-5652 Dienten
Tel. 0 64 61 / 2 16, Fax 21 68; 30 B.
www.hotel-hochkoenig.at
Das gut geführte Hotel hilft gerne mit Wandertipps und Bergführer.

Orte am Hochkönig

Maria Alm (800 m) westlich des Hochkönigmassivs zählt zu den drei Ortschaften von »Hochkönigs Bergreich« und besitzt viele Liftanlagen. Der 84 m hohe Spitzturm seiner Wallfahrtskirche (1480) ist einer der **höchsten Kirchtürme Österreichs** und markantes Zeichen in der Landschaft. Der Krimiautor Wolf Haas stammt von hier. Durchs Urslautal führt die Straße zum beliebten **Dienten am Hochkönig** (1071 m). Das gemütliche Bergdorf hat seinen traditionellen Charakter bewahrt und erfreut Gäste durch den üppigen Blumenschmuck. Das Bergbaumuseum und der Schaustollen in **Mühlbach am Hochkönig** (854 m) weisen auf den alten Kupferbergbau in dieser Gegend hin (Öffnungszeiten: Do. – So. 14.00 – 17.00, Führung im Stollen Do. – So. 16.00 Uhr). Eine Gedenktafel im Ort erinnert an den Mühlbacher **Sepp Bradl**, der 1936 im slowenischen Planica als erster Skiflieger der Welt die magische Marke von 100 m übersprang.

! *Baedeker* TIPP

Der Wanderbus

Der Wanderbus am Hochkönig bringt im Sommer die Wanderer zu geeigneten Ausgangspunkten und müde gewordenen Gipfelstürmer wieder nach Hause. Den Fahrplan gibt es im Tourismusbüro Dienten (Tel. 0 64 61 / 2 63)

Wander- und Kletterparadies am Hochkönig

★★ Hohe Tauern

A–J 6–8

Höchste Erhebungen: Großglockner (3798 m ü. d. M.) und Großvenediger (3674 m ü. d. M.)

Bundesländer: Salzburg, Tirol (Osttirol) und Kärnten

Der gewaltige Gebirgszug der Hohen Tauern erstreckt sich von Westen nach Osten und grenzt das Salzburger Land südlich gegen Osttirol und Kärnten ab.

Faszination Bergwelt

Vor ihrem Ausklingen nach Osten entfalten die Zentralalpen noch einmal ihre ganze Pracht. Weite Firnflächen und zerrissene Hängegletscher, steile, eisbedeckte Felsspitzen und blendend weiße Schneegiebel – das sind die Bilder, die der vom westlichen Birluckn bis zum Murtörl reichende Hauptkamm der Hohen Tauern bietet.

Täler am Nordhang

Die kurzen, tief eingeschnittenen und in jähen Stufen abwärts führenden Nordtäler münden – wie die Zinken eines Kammes – in das

Nationalpark Hohe Tauern Orientierung

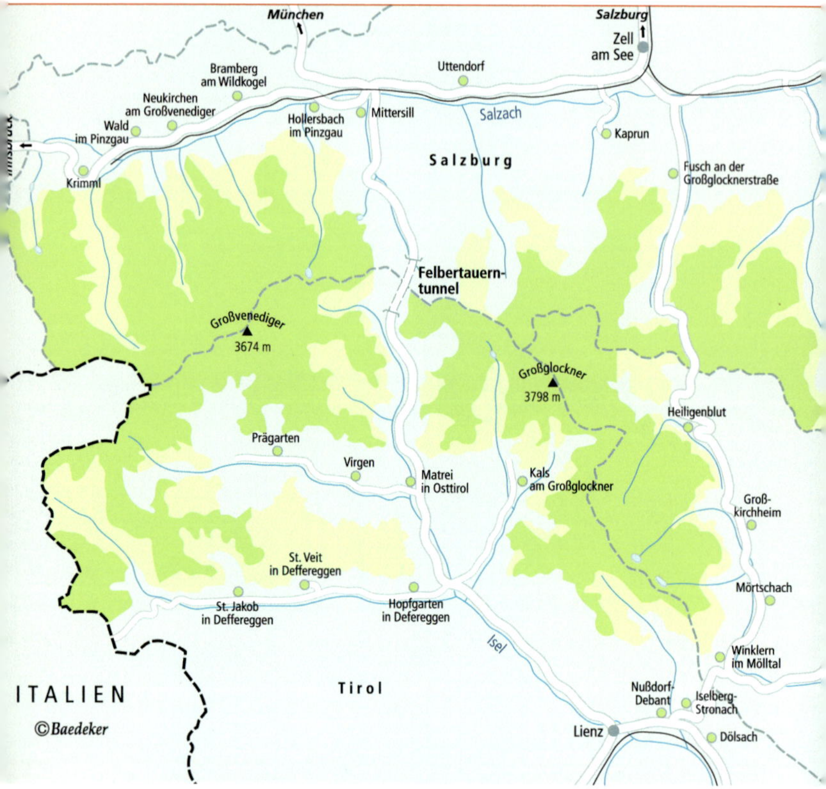

Salzachtal, das die Kette parallel zu ihrem West-Ost-Verlauf begleitet. Wild schäumende Gletscherabflüsse, »Achen« genannt, stürzen in gewaltigen **Wasserfällen** (Krimmler Fälle, Kesselfall, Gasteiner Fall) die Talstufen hinab oder zersägen sie in tiefe **Klammen** (Siegmund-Thun-Klamm, Kitzlochklamm, Liechtensteinklamm).

Kämme und Täler am Südhang

Nach Süden ziehen vom Hauptkamm des Gebirges lange Seitenkämme abwärts zum Drautal. Seine Seitentäler, das Osttiroler Iseltal und das Kärntner Mölltal, dringen zwischen diesen Ausläufern tief in den Hauptstock vor. Freundlich geweitet und verhältnismäßig stark besiedelt, stehen sie in eindrucksvollem Gegensatz zur düsteren Großartigkeit der meisten Täler auf der Salzburger Nordseite.

✶ Venedigergruppe

Die westlichste Gruppe der Hohen Tauern, die Venedigergruppe, weist nach den Bergen des Ötztales die größte Gletscherbedeckung der österreichischen Alpen auf. Hauptgipfel ist der 1841 von Ignaz

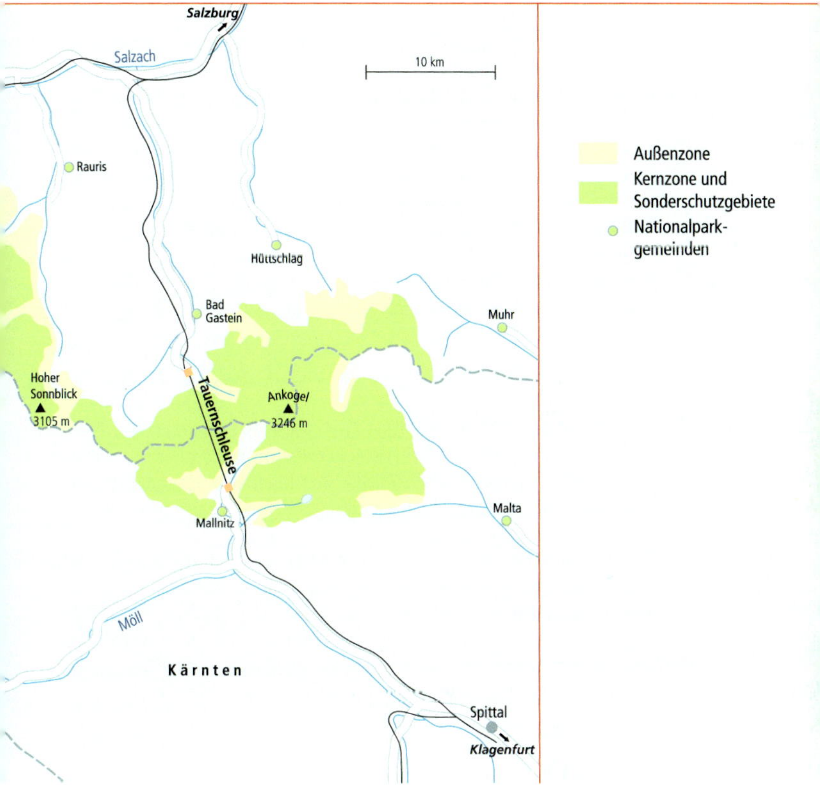

von Kürsinger mit 40 Begleitern erstmals bestiegene zweithöchste Berg Österreichs, der **Großvenediger** (3674 m). Seine prächtige, allseits von Eis umgebene Firnpyramide macht gletscherkundigen Wanderern keine großen Schwierigkeiten. Die Region ist Ziel zahlreicher Bergsteiger; Skifahrer schätzen die herrliche Abfahrt über das große Obersulzbachkees.

Granatspitzgruppe

Der nur wenig vergletscherte Kamm der Granatspitzgruppe verbindet die Venediger- mit der Glocknergruppe. Die höchste Erhebung dieses Gebirgszuges ist allerdings nicht die Granatspitze (3086 m) selber, sondern der nach Süden vorgeschobene Große Muntanitz (3232 m). Der St. Pöltner Weg führt von der Neuen Prager Hütte über die St. Pöltner Hütte (2481 m) am Felber Tauern und den ganzen Kamm entlang zur Rudolfs-Hütte (2250 m; Alpinzentrum) am Weißsee am Ende des Stubachtales, das Granatspitz- und Glocknergruppe trennt.

★★ Glocknergruppe

In der Glocknergruppe ragen die Hohen Tauern am höchsten auf – etwa 40 Gletscher verteilen sich auf diese Gebirgsgruppe. Die noch rund 7 km lange **Pasterze**, größter Gletscher Österreichs, und der gewaltige **Großglockner** (3798 m) bilden den Kern dieser großartigen Gebirgsformation. Die Hochregion der Glocknergruppe ist im Sommer über die ►Großglockner-Hochalpenstraße erreichbar.

Erstbesteigung ►

Bereits 1561 hatte der Hofkartograf Wolfgang Lazius in seinem Atlas als einzigen Gipfel den »Glocknerer« eingetragen. Der erste Versuch der Besteigung des Großglockners im August 1799 gelang wegen widriger Witterungsverhältnisse nur teilweise; die Expedition erklomm den Gipfel des 28 m niedrigeren Kleinglockners, den man vom Tal aus für den höheren gehalten hatte. Am **28. Juli 1800** wurde dann tatsächlich der Gipfel des Großglockners gleich von mehreren Bergsteigern erreicht.

★★ Nationalpark Hohe Tauern

In weiten Bereichen wurden die Hohen Tauern zum Nationalpark erklärt, an dem die Bundesländer Salzburg, Kärnten und Tirol Anteil haben. Mit einer Fläche von 1800 km² gehört der Nationalpark Hohe Tauern zu den **größten Naturreservaten Europas**. Auf dem europäischen Kontinent wird er an Größe nur noch von Nationalparks in Schweden und Norwegen übertroffen.

Geschichte des Nationalparks

Die Idee eines Nationalparks in den Ostalpen ist fast 100 Jahre alt. Der Münchner Verein Naturschutzpark erwarb 1909 mit dem Ziel, Flora und Fauna zu schützen, 12 km² Alm- und Waldflächen im Felber- und Stubachtal. In den nächsten 50 Jahren folgten Teile der Glocknergruppe in Osttirol und am Hohen Sonnenblick. Das Bemühen um ein großflächiges Schutzgebiet war lange Zeit nicht von Erfolg gekrönt. Erst das Naturschutzgesetz von 1970 brachte den politischen Anstoß und eine erste vertragliche Vereinbarung 1971 zwischen Salzburg, Kärnten und Tirol. 1983 erklärte Kärnten ein gut 200 km² großes Gebiet in der Schober- und Glocknergruppe zum Nationalpark, 1984 folgte Salzburg mit Teilen des Pinzgaus am Nordabfall der Hohen Tauern. 1991 erhielt der Nationalpark mit dem Tiroler Nationalparkgesetz seine heutige Größe.

▶ HOHE TAUERN

AUSKUNFT

Nationalparkverwaltung Hohe Tauern/Salzburg
A-5741 Neukirchen
am Großvenediger Nr. 306
Tel. 0 65 65 / 65 58
www.hohetauern.at

Schutzzonen

Die von Landes- und Bezirksbehörden verwalteten und überwachten Schutzzonen gliedern sich in Außenzonen (Almen, Kulturland), Kernzonen (Hochgebirge, Urlandschaft mit unberührter Natur) und Sonderschutzgebiete. Im gesamten Nationalpark ist die Errichtung von neuen Skiliften, Straßen und Anlagen zur Energiegewinnung

Die Alpenrosen färben im Frühjahr und Sommer ganze Hänge.

verboten. In der Kernzone und den Sonderschutzgebieten ist darüber hinaus jeder Eingriff in die Natur sowie jede Beeinträchtigung des Landschaftsbildes untersagt. Das gesamte Schutzgebiet reicht von ca. 1000 m Höhe bis in die hochalpine Stufe.

Flora und Fauna

Unterschiedliche Klima- und Bodenverhältnisse wirken sich auf die Flora im Nationalpark aus. Im Hochgebirge ist die Vegetationsperiode kurz und die Pflanzen sind häufig extremen Witterungsschwankungen ausgesetzt. In den höchsten Regionen sieht man nur noch Zwergstrauchheiden, Polsterpflanzen und schließlich verschiedene Flechtenarten. Bis in die Gipfelregionen findet man Gletscherhahnenfuß. Gut angepasst an die Hochgebirgslage ist auch die Zirbe, eine langsam wachsende Kiefernart mit höchst widerstandsfähigen Nadeln. Im Nationalpark trifft man u. a. auf Gämse, Murmeltier und Hermelin, Birk- und Schneehuhn, Steinadler und Bartgeier.

Ziele des Nationalparks

Den Nationalparkverwaltungen der Bundesländer geht es in erster Linie darum, Besuchern die wunderbare Gebirgslandschaft umweltschonend zu erschließen und Wissenswertes über Zusammenhänge im empfindlichen **Ökosystem der Hochalpen** zu vermitteln. In verschiedenen Besucherzentren (u. a. ► Krimml, Wasserfälle) kann man sich über Wandertouren, Hütten, Museen und vieles andere informieren. Im Sommer werden geführte Wildbeobachtungen, Wanderungen und Trekkingtouren unterschiedlichster Schwierigkeitsgrade geboten. Broschüren der Nationalparkverwaltungen helfen bei der Erkundung des Hochgebirges. Um das Gebiet vom Verkehr zu entlasten, wurden Buszubringerdienste geschaffen; in den für privaten Verkehr gesperrten Tälern verkehren »Nationalparktaxis«.

Kapruner Tal

E 6

Höhe: 757 m ü. d. M. **Landschaft:** Pinzgau

Kaprun bildet zusammen mit Zell am See die sog. Europasportregion mit einem riesigen Angebot an Sportmöglichkeiten. Morgens Sommerski laufen am Kitzsteinhorn, dem ersten Gletscherskigebiet in Österreich, nachmittags baden im Zeller See – das ist für so manchen Urlauber eine gelungene Kombination.

»Mythos Kaprun« Die Wasserkraftwerke im Kapruner Tal liefern einen Großteil der Elektrizität in Österreich. Pläne zur Wasserkraftnutzung gab es bereits zu Anfang des 20. Jh.s; nach dem »Anschluss« Österreichs an das Deutsche Reich 1938 begannen die Bauarbeiten, fortgesetzt während des Zweiten Weltkriegs auch unter Einsatz von Zwangsarbeitern. Nach dem Krieg war das Kapruner Tal die größte Baustelle im Land, übrigens finanziert u. a. durch Marshallplan-Gelder. Kaprun wurde zum Mythos in zweifacher Hinsicht: Zum einen wurden die Bauarbeiten zum Kampf und Sieg der **Technik gegen Naturgewalt** hochstilisiert, zum anderen stand das Projekt als nationales Symbol für den **Aufbauwillen** nach den Verheerungen des Krieges und für den Übergang von der Agrarwirtschaft zum Industriezeitalter. Mag man heute auch so manches Fragezeichen dahintersetzen, imponierend ist die technische Anlage allemal.

Kraftwerk Hauptstufe Das Informationszentrum im Kraftwerk Hauptstufe im Süden von Kaprun zeigt die Entwicklung und Technik des Kraftwerks (Öff-

Kraftwerksgruppe Glockner-Kaprun

Übersichtslängenschnitt

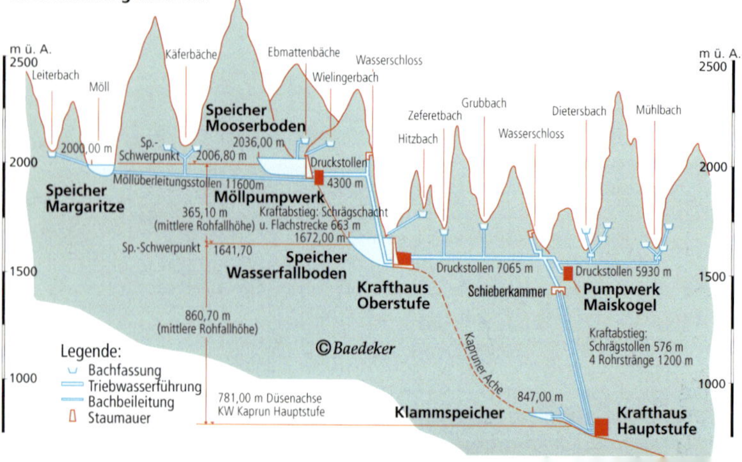

Sonniger Rastplatz mit bester Aussicht auf das hintere Kapruner Tal

nungszeiten: Ende Jan. – Mitte Dez. tgl. 8.00 – 18.00 Uhr). Hier beginnt auch der **Naturlehrpfad** zur sehenswerten Sigmund-Thun-Klamm (zugänglich: Ende Mai – Ende Sept. tgl. 9.00 – 17.00 Uhr).

Kaprun (Ort)

Vor 100 Jahren war Kaprun noch ein unbedeutender Weiler. Mit dem Bau der Kraftwerke begann der Aufschwung. Heute ist der Ort ganz auf Tourismus und Sport eingestellt. Die wuchtige Burg Kaprun, 1280 erstmals urkundlich erwähnt, bildet seit ihrer Restaurierung einen würdigen Rahmen für Kulturveranstaltungen. In Vötters Fahrzeugmuseum kommen **Oldtimerfans** auf ihre Kosten. Ca. 130 Fahrzeuge aus den 1950er- bis 1970er-Jahren begeistern die Besucher (Schlossstr. 474/621; Öffnungszeiten: So. – Fr. 11.00 – 18.00 Uhr).

★ Kitzsteinhorn

Rund 6 km südlich von Kaprun erreicht man die großen Parkplätze von Kaprun-Thörl mit der Talstation (928 m) der Gondelbahnen. Panoramabahn und Gletscherjet 1 bringen die Besucher auf 1978 m Höhe. Von dort hat man Zugang zu weiteren Schleppliften, Gondeln und Sesselbahnen in das **Gletscherskigebiet** am Kitzsteinhorn oder zur Gipfelstation (Panoramaterrasse und Glocknerkanzel; 3029 m). Das Alpincenter auf 2450 m Höhe sorgt für das leibliche Wohl. Traurige Berühmtheit erlangte Kaprun, als am 11. November 2000 bei einem verheerenden Brand in der Standseilbahn im Tunnel der einstigen Gletscherbahn 155 Menschen starben. Die Standseilbahn wurde durch die Gondelbahnen Gletscherjet 1 und 2 ersetzt.

★★ Tauernkraftwerk Glockner-Kaprun

Die Straße im Tal verläuft weiter südlich in Windungen und Kehren steil bergan zum Parkplatz Limbergstollen und schließlich zum Kesselfall-Alpenhaus (1068 m), wo die Fahrt mit dem eigenen Pkw endet. Auf der Lärchwandstraße verkehren nur Linienbusse, die die Besucher des Tauernkraftwerks Glockner-Kaprun zur Talstation des

KAPRUNER TAL ERLEBEN

BERGBAHNEN

Maiskogelseilbahn
Kaprun, Gondelbahn, 832–1545 m ü. d. M., Tel. 0 65 47 / 87 00

Gletscherjet 1 und 2
Kaprun, Gondelbahn, 911–2452 m ü. d. M., Tel. 0 65 47 / 87 00

ESSEN

► Erschwinglich

Gasthof Mitteregger
Schlossstr. 13, Kaprun
Tel. 0 65 47 / 82 07
Gasthof mit gehobener regionaler Küche, Spezialiätenwochen. Empfehlung: Pinzgauer Kasnock'n.

ÜBERNACHTEN

► Komfortabel

Hotel Vier Jahreszeiten
Schlossstr. 550, 5710 Kaprun
Tel. 0 65 46 / 83 16, Fax 83 16 44
www.hotel-vierjahreszeiten.at; 70 B.
Nahe der Burg gelegen, direkt an der Loipe und der Haltestelle des Skibusses. Familiäre Atmosphäre, im Sommer Kinder-Eisparty, geführte Rad- und Bergwanderungen.

AUSKUNFT

Fremdenverkehrsverband Kaprun
Salzburger Platz 601, A-5710 Kaprun
Tel. 0 65 47 / 8 64 30
www.kaprun.at

Lärchwand-Schrägaufzugs bringen – eigenen Angaben zufolge der **größte elektrobetriebene Schrägaufzug Europas** (Mitte Mai – Mitte Okt.). Von der Bergstation auf 1640 m Höhe geht es mit Bussen entlang der Limbergsperre und vorbei am Stausee Wasserfallboden weiter zum Stausee Mooserboden. Beide Seen haben das gewaltige Fassungsvermögen von je weit über 80 Mio. Kubikmetern. Das **Besucherzentrum** »Erlebniswelt Strom und Eis« informiert im Museum Tauernstrom über die Geschichte des Wasserkraftwerks und in der »Erlebniswelt Gletschereis« über das einzigartige Naturphänomen Gletscher. Auch eine Führung durch das Innere der Staumauer wird für Interessierte angeboten.

! *Baedeker* TIPP

Ultimative Herausforderung

Der Maiskogel im Westen von Kaprun gilt als der »Hahnenkamm der Mountainbiker«! Weniger Wagemutige finden in der Europasportregion eine Reihe etwas einfacherer Abfahrten.

Großes Wiesbachhorn

Bergtouren auf gut erschlossenen Wegen zu den Hütten und Gipfeln der umliegenden Tauernberge, beispielsweise in gut fünf Stunden über das Heinrich-Schwaiger-Haus (2802 m; Unterkunft) auf das Große Wiesbachhorn (3564 m), sind etwas für erfahrene Wanderer und Bergsteiger. Man kann aber auch auf der Aussichtsterrasse des Restaurants Heidnische Kirche – hier fanden während der Gegenreformation heimliche Treffen der Protestanten statt – die wundervolle Aussicht auf die Gletscher des hinteren Kapruner Tals genießen.

Krimml

A/B 6

Höhe: 1067 m ü. d. M.
Landschaft: Pinzgau
Einwohnerzahl: 900

Das hoch über dem Salzachtal gelegene Kirchdorf Krimml ist Ausgangspunkt für den Besuch der Krimmler Wasserfälle, der höchsten Wasserfälle Mitteleuropas.

Bevor man sich aber auf den Weg macht, die herabstürzenden Wassermassen vor Ort zu bestaunen, lohnt sich ein Besuch der **WasserWunderWelt** in Krimml. Dort wird anschaulich vermittelt, welche fantastischen Möglichkeiten in einem Wassertropfen liegen und wofür man Wasser brauchen kann (Haus des Wassers, Aqua-Park; geöffnet: Mai – Okt. tgl. 10.00 – 17.00 Uhr).

Wofür man Wasser brauchen kann ...

✶✶ Krimmler Wasserfälle

Südlich vom Gerlos-Pass, der das Zillertal in Tirol mit dem Salzachtal im Land Salzburg verbindet, stürzt die Krimmler Ache von einem schönen Hochtal in drei Stufen **insgesamt 380 m** in die Tiefe. 1961 wurden die Krimmler Wasserfälle unter Naturschutz gestellt; sie gehören zu den bedeutendsten Attraktionen der Ostalpen. Vom Was-

KRIMML ERLEBEN

AUSKUNFT

Tourismusverband Krimml
A-5743 Krimml, Tel. 0 65 64 / 72 390, Fax 72 39 14, www.krimml.at

BERGBAHNEN

Filzstein-Sesselbahn
Krimml, 1656 – 1970 m ü. d. M.
Tel. 0 65 64 / 8 31 81 40

Doppelsesselbahn Larmachkopf
Wald, 1590 – 2170 m ü. d. M.
Tel. 0 65 65 / 8 24 30

ESSEN

▸ **Preiswert**
Almhotel Schönmoosalm
Gerlosstr. 119, Krimml
Tel. 0 65 64 / 72 72
Traditionelles und Bodenständiges aus dem Pinzgau in gemütlicher Atmosphäre.

ÜBERNACHTEN

▸ **Luxus**
Hotel Jagdschloss Graf Recke
Trattenbach 62
A-5742 Wald im Pinzgau
Tel. 0 65 65 / 64 17, Fax 69 20; 42 B.
Edles Haus, auch bekannt für seine Feinschmeckerküche.

▸ **Günstig**
Gasthof Burgeck
Oberkrimml 79, A-5743 Krimml
Tel. 0 65 64 / 72 49, Fax 75 69;
www.burgeck.com
Der familiär geführte Gasthof ist 100 m oberhalb von Krimml mitten in der Natur gelegen.

serfallparkplatz führt ein ca. 4 km langer, mit etlichen Aussichtskanzeln ausgestatteter Wanderweg in gut anderthalb Stunden bis oberhalb der obersten Fallstufe.

Seltene Moosarten ►

Der Besuch der Wasserfälle ist eine ziemlich feuchte, im Sommer willkommen erfrischende Angelegenheit, denn die stürzenden Wasser sorgen für ständigen Sprühnebel. Angemessene Kleidung ist also sinnvoll. Die hohe Luftfeuchtigkeit hat ihr Gutes, sie schafft ein günstiges Klima für viele seltene Moosarten, darunter das faszinierende Leuchtmoos.

Umgebung von Krimml

Krimmler Tauernhaus

Vom oberen Ende der Wasserfälle geht es in gut 2 Stunden weiter durch das schöne Hochtal zum Krimmler Tauernhaus (1631 m; bewirtschaftet, Unterkunft). Das urkundlich bereits 1389 genannte Berghaus verfügt zwar über moderne Einrichtungen, die schöne, alte Gaststube hingegen wurde seit Jahrhunderten nicht verändert – man kann sich so richtig vorstellen, wie die Menschen hier vor Jahrhunderten gelebt haben.

Geübte Bergsteiger gehen von hier aus in vier Stunden zum Glockenkarkopf (2913 m) an der italienischen Grenze. Die Wanderung vom Krimmler Tauernhaus zur Passhöhe Krimmler Tauern (2633 m) dauert etwas mehr als drei Stunden. Von dort geht es über einen uralten Saumpfad in das Südtiroler Ahrntal.

? WUSSTEN SIE SCHON ...?

- Das winzige Leuchtmoss verfügt über Licht reflektierende Zellen. Besonders wenn es auf grauem Stein in Felsspalten wächst, blinkt es dort je nach Lichteinfall golden hervor. Holt man das Moos ans Tageslicht, ist es vorbei mit dem goldenen Schimmer – und der vermeintliche Schatz ist verloren. Hier dürfte die botanische Erklärung für manche Sage liegen.

✶ Gerlosstraße

Die in schönen Kehren angelegte Gerlosstraße (Maut) führt von Krimml etwa 17 km lang über den Scheitelpunkt auf der Filzsteinalpe nach Nordwesten zum Durlassboden-Stausee (1400 m) an der Grenze zum Bundesland Tirol. Vom Filzstein auf 1648 m Höhe (Gasthof) hat man einen wunderbaren Blick in das Tal der Krimmler Ache.

✶ Wildgerlostal

Am Speicher Durlassboden (1376 m) zweigt das noch zum Nationalpark Hohe Tauern gehörige Wildgerlostal ab. Hier empfehlen sich zwei herrliche Wanderungen: Die Wanderung zum Alpengasthof Finkau dauert rund 2 Stunden; von dort geht es in 3 Stunden zur Zittauer Hütte (2329 m; bewirtschaftet) im großartigen Talschluss am Unteren Gerlossee.

Mit Getöse stürzen die Wasser der Krimmler Fälle insgesamt rund 380 m zu Tal. Damit gehören sie zu den höchsten Fällen Europas. →

Wald im Pinzgau Wald im Pinzgau (885 m), rund 5 km östlich von Krimml, bildet zusammen mit dem Almdorf Königsleiten auf etwa 1600 m Höhe eine Gemeinde. Wer dem Universum ein beträchtliches Stück näher kommen möchte, ist im **höchstgelegenen Planetarium Europas** und der Sternwarte von Königsleiten genau richtig (Öffnungszeiten: Juni/Juli u. Sept./Okt. Mi. – So. 14.30 und 20.30, Aug. Di. – So. 10.30, 13.30, 15.30 und 20.30, Dez. bis April Mi. – So. 17.30 und 20.30 Uhr). Der Ortsteil Vorderkrimml wartet mit einer zum Schaustollen ausgebauten **Mineraliengrotte**, insbesondere mit schönen Fluoridkristallen, auf (Führung: Mitte Juni bis Mitte Sept. Mi. 18.00, Museum: Juni – Sept. Mo. – Fr. 13.00 bis 17.00 Uhr).

! *Baedeker* TIPP

Wer mit dem Radl da ist ...

In Krimml startet der rund 330 km lange Tauernradweg, der salzach- und innabwärts bis nach Passau führt. Trotz der zunächst hochalpinen Umgebung ist er im Wesentlichen erfreulich flach! Schwierig wird es für Rennräder, denn etwa ein Viertel des Weges ist mit Sand belegt.

★ Lofer

E 4

Höhe : 640 m ü. d. M.
Landschaft: Pinzgau
Einwohnerzahl: 1800

Umgeben von den Loferer Steinbergen liegt an der Saalach der Ort Lofer. Bereits im späten 19. Jh. hielt der Tourismus hier Einzug und dank einer Umgehungsstraße ist der Ort mit seinen liebevoll restaurierten Häusern auch heute ein attraktives Urlaubsdomizil.

Sehenswertes in Lofer und Umgebung

Pfarrkirche St. Maria und St. Leonhard Die im Kern aus dem 14. Jh. stammende Pfarrkirche St. Maria und St. Leonhard steht in der Ortsmitte. Neben dem Turmportal und dem Chorgewölbe findet man gotische Wandmalereien.

Rathaus Besonders prachtvolle Häuser säumen den Marktplatz, darunter das im 16. Jh. erbaute Rathaus mit den zinnenbekränzten Erkern. Der Marktbrunnen davor stammt von 1908, die Marienfigur von 1772.

★ Hotel Bräu Das Hotel Bräu, wenige Schritte vom Rathaus entfernt, ist einer der bemerkenswertesten Bauten des Pinzgaus. Die Fassade, die ihr heutiges Aussehen Ende des 19. Jh.s erhielt, zieren ein Inschriftenstein des Erzbischofs Paris Lodron von 1639 und ein biedermeierliches Hausschild. Das Hotel beherbergt eine Porträtsammlung aus dem 18. bis 20. Jh. und den von Clemens Holzmeister 1929 errichteten Bräusaal mit Wandmalereien von Franz von Zülow.

LOFER ERLEBEN

AUSKUNFT

Tourismusverband
Salzburger Saalachtal
A-5090 Lofer 310
Tel. 0 65 88 / 8 32 10, Fax 74 64
www.lofer.com

BERGBAHN

Loferer Alm Bahn I
Lofer, Gondelbahn
639 – 1000 m ü. d. M.
Tel. 0 65 88 / 84 50

ESSEN

▶ Erschwinglich

Gasthof Bräu
Lofer, Tel. 0 65 88 / 82 07
www.braeu.lofer.net
Im Bräu wird auf Feinschmeckerniveau gekocht.

▶ Preiswert

Gasthaus Antonia
Au 26, Lofer
Tel. 0 65 88 / 86 04
Bodenständige Küche und herrliche Nachspeisen, z. B. die Topfennockerln mit Hollersorbet und Hollerkoch. Wer also Holunder mag ...

ÜBERNACHTEN

▶ Günstig

Landhaus Eva Marie
Lofer 132, A-5090 Lofer
Tel. 0 65 88 / 82 32, Fax 8 23 23
www.eva-marie.at; 21 B.
Das familiär geführte Haus, nahe der Talstation der Bergbahn gelegen, bietet Gutes aus Keller und Küche und einen schönen Garten mit Kinderspielplatz.

Pestsäule

Gegenüber dem Haus 108 steht die **älteste Pestsäule des Landes**: Der Säulenschaft datiert von 1648, das Tabernakel von 1564.

Pass Strub

Am Pass Strub nahe dem westlichen Ortsrand befand sich einst eine Grenzbefestigung gegen Tirol. Das mittelalterliche Festungsbauwerk, 1621 verstärkt, wurde im Zuge der Napoleonischen Kriege 1809 gesprengt. Die noch erhaltenen Baureste, Wachthaus und Teile der Sperrmauern, wurden freigelegt und restauriert.

Loferer Alm

Eine mautpflichtige Bergstraße und ein Lift (über Loderbichel) führen von Lofer in nordwestlicher Richtung zur gleichnamigen Alm (Bergstation 1400 m), die im Sommer als Wandergebiet, im Winter zum Skilauf besucht wird.

Loferer Steinberge

Schroff steigen im Süden die Kalkwände der Loferer Steinberge auf. Die höchste Erhebung ist das Große Ochsenhorn (2511 m). Von Lofer führt ein schöner Weg durch das Loferer Hochtal in vier Stunden zur Schmidt-Zabierow-Hütte (1963 m), von der man in rund zwei Stunden das Hinterhorn (2504 m) ersteigen kann.

Au

Die Filialkirche St. Antonius aus dem 17./18. Jh. in Au, 3 km nördlich von Lofer, beeindruckt mit ihrer schönen Barockausstattung.

Auch als Pinzgauer Dom ist die Wallfahrtskirche Maria Kirchental bekannt.

Hallenstein Nahe der Bundesstraße Richtung Unken steht die Hofgruppe Hallenstein, sehenswerte **Pinzgauer Bauernhöfe** mit zum Teil spätgotischen Elementen und reicher Fassadenmalerei.

St. Martin bei Lofer Ca. 3 km südlich von Lofer erreicht man den hübschen Ferienort St. Martin bei Lofer. Seine Pfarrkirche St. Martin bewahrt zahlreiche interessante Inschriftengrabsteine aus dem 17. und 18. Jahrhundert.

★ **Pinzgauer Dom** Berühmt ist St. Martin aber für die etwas außerhalb stehende **Wallfahrtskirche Maria Kirchental**, bekannt als Pinzgauer Dom. Man erreicht sie auf einem mautpflichtigen Bergsträßchen oder nach einem ca. einstündigen Spaziergang von St. Martin aus. Erbaut wurde Maria Kirchental 1693 – 1703 nach Plänen von Johann Bernhard Fischer von Erlach.

Das Marienbild am Hochaltar war hier bereits Jahrhunderte zuvor verehrt worden. Im Gegensatz zu anderen Barockkirchen des Landes weisen die Gewölbe im Innern weder Stuckverzierungen noch Gemälde auf. Von der ursprünglichen Einrichtung sind zwei wertvolle Seitenaltäre aus Marmor (um 1700) erhalten. Die Kanzel entstand 1709. Der neobarocke Hochaltar stammt aus der zweiten Hälfte des 19. Jahrhunderts.

Wallfahrtsmuseum ▶ Im 2004 eröffneten Wallfahrtsmuseum ist Österreichs wertvollste Votivtafelsammlung untergebracht. Gezeigt werden auch kostbare liturgische Gerätschaften und andere Kunstgegenstände (Öffnungszeiten: nach telefonischer Vereinbarung unter Tel. 065 88 / 85 28).

Der Bundesstraße 311 in südlicher Richtung folgend, passiert man noch vor Weißbach rechts der Straße die Schauhöhle Lamprechtsofen. Rund 600 m der insgesamt fast 35 km langen, weit verzweigten Höhle, der **weltweit längsten bekannten Durchgangshöhle**, kann man auf gut angelegten Wegen erkunden (Führungen: tgl. im Sommer 9.00 – 19.00; im Winter 9.00 – 16.00 Uhr).

✶ Schauhöhle Lamprechtsofen

Die Seisenbergklamm nahe Weißbach gilt mit ihren großartigen Auswaschungen und Wasserfällen als eine der schönsten ihrer Art in Österreich (zugänglich: Mai – Okt. tgl. 8.30 – 18.30 Uhr).

Seisenbergklamm

Weiter nördlich im Saalachtal liegt die kleine Gemeinde Unken. Sie besitzt mehr Gästebetten als Einwohner. Zu den Attraktionen des Ortes gehört das Alpenbad. Im Kalchofengut, einem Bauernhaus aus dem 16. Jh., ist das Heimatmuseum untergebracht (Öffnungszeiten: Mitte Juni – Sept. Di., Do., Sa., So. 14.00 – 17.00 Uhr). Präsentiert werden archäologische Funde sowie bäuerliches Gerät und Trachten.

Unken

Das Heutal westlich von Unken wird als Ski- und Wanderregion geschätzt. Man findet hier eine eindrucksvolle **Hochmoorlandschaft** (1000 – 1960 m) sowie am Ende des Tales den Staubfall. Einen schönen Rundblick über die Loferer Steinberge und das Berchtesgadener Land hat man vom Sonntagshorn (1961 m).

Heutal

Mariapfarr

L 7

Höhe: 1120 m ü. d. M. **Einwohnerzahl:** 2300
Landschaft: Lungau

Mariapfarr, auf der Hochfläche zwischen Tamsweg und Mauterndorf im Lungau gelegen, ist einer der sonnenreichsten Orte Österreichs. Die Geschichte des Ortes ist eng mit der seiner Kirche verknüpft, die als »Mutterpfarre« des Lungaus gilt und bis 1807 zum Salzburger Domkapitel gehörte.

Sehenswertes in Mariapfarr und Umgebung

Die von einer hohen Friedhofsmauer umgebene Pfarrkirche Unserer Lieben Frau präsentiert sich im Stil der Gotik, vom romanischen Vorgängerbau stammt u. a. das unterste Geschoss des Chorturmes. Der Chor wurde 1360, das dreischiffige Langhaus Mitte des 15. Jh.s errichtet. Künstlerisch bedeutend sind vor allem die Wandmalereien: Im Chorturmgeviert und im Chor finden sich Szenen aus dem Leben Jesu (1220 – 1360), in der Georgskapelle Szenen aus dem Leben des hl. Georg und Passionsdarstellungen (um 1430). In der Georgskapelle sind das mit originaler Fassung erhaltene Kruzifix von 1430 sowie

✶ Pfarrkirche

MARIAPFARR ERLEBEN

AUSKUNFT

Tourismusverband Mariapfarr
Am Weiher 175
A-5571 Mariapfarr
Tel. 0 64 73 /87 66
www.sonnengarantie.at

ESSEN

► Erschwinglich
Post (Örglwirt)
Pfarrstr. 18, Mariapfarr
Tel. 0 64 73 / 82 07
www.oerglwirt.com

Neben deftiger Kost stehen auch feine fleischlose Gerichte auf der Karte. Das dazugehörige Hotel hat sich der Fit- und Wellness verschrieben.

ÜBERNACHTEN

► Komfortabel
Berggasthof »Zum Granitzl«
Grabendorf 52, A-5571 Mariapfarr
Tel. 0 64 73 / 82 39, Fax 8 23 96
www.granitzl.at; 30 B.
Familienfreundliches Domizil mit

ein Totenschild und ein Grabstein (1483) zu sehen. Der gotische Hochaltar aus der Zeit um 1500 ist verlorengegangen, seine Flügeltafeln sind nun am neogotischen Altar der Kirche angebracht. Sehenswert sind auch die Madonna mit dem Kind (1400), das gotische Triumphbogenkreuz (1420) und die barocke Kanzel (1711).

Göriachtal Nördlich von Mariapfarr zieht sich das Göriachtal zum Hochgolling (2863 m), dem höchsten Berg der ►Niederen Tauern. Hier liegt Göriach, die **höchstgelegene Bergbauerngemeinde Salzburgs**. Das idyllische Hochtal und die Umgebung des Ortes eignen sich hervorragend für Wanderungen. Ein beliebtes Ziel ist das Almhüttendorf im hintersten Talgrund des Göriachtales, man erreicht es zu Fuß oder mit dem Lungauer Tälerbus ab Hintergöriach.

Weißpriach Weißpriach, 6 km nordwestlich von Mariapfarr, ist ein beliebter Ausgangspunkt für Touren in die ►Niederen Tauern. Die Kirche St. Rupert (im gleichnamigen Weiler), ein romanischer Bau, ging aus einer Burgkapelle hervor. Eine Besonderheit ist der aus römischen Marmorplatten zusammengesetzte Altar. Beachtenswert sind neben dem barockisierten Inneren die romanischen Wandmalereien u. a. im Chor und an der Nordwand des Kirchenschiffes.

Lessach In St. Andrä, östlich von Mariapfarr, zweigt die Straße nach Lessach ab. Eine Besonderheit des Ortes ist der alte Friedhof mit bemalten Holzeinfassungen und kunstvollen Grabkreuzen. Die Pfarrkirche ist ein neogotischer Bau von 1909. Das stille Lessachtal bietet sich als Ausgangspunkt für Gebirgstouren an. Die Gemeinde kann 120 km gut markierter Rundwanderwege vorweisen, von denen einige auch ins Hochgebirge führen.

Barocker Prunk in der Stiftskirche Mattsee

★ Mattsee

G 2

Höhe : 505 m ü. d. M.
Landschaft: Flachgau
Einwohnerzahl: 2500

Der Ort Mattsee, auf einer Landzunge zwischen dem Obertrumer See und dem Mattsee oder Niedertrumer See gelegen, ist ganz sicher einer der beliebtesten Ferienorte in der leicht hügeligen Landschaft des Flachgaus. Schon in der jüngeren Steinzeit gab es auf dem Schlossberg eine Siedlung, der Buchberg südlich des Ortes war in der Hallstattzeit besiedelt.

Sehenswertes in Mattsee

★ Kollegiatsstift

Im Ortszentrum liegt das Kollegiatsstift Mattsee, das **drittälteste Kloster Österreichs**. Es soll auf eine von dem Bayernherzog Tassilo III. 777 gegründete Benediktinerabtei zurückgehen. Wahrscheinlich erfolgte Mitte des 11. Jh.s die Umwandlung in ein Kollegiatsstift.
Weithin sichtbar ist der 1766 errichtete Turm der Stifts- und Pfarrkirche St. Michael. Das schlichte Äußere der Kirche steht in krassem Gegensatz zum barocken Prunk im Innern. Zwischen 1700 und 1720 wurde die frühgotische Stiftskirche barockisiert, die Deckenmalereien

MATTSEE ERLEBEN

AUSKUNFT

Tourismusverband Mattsee
Passauer Straße 3
A-5163 Mattsee
Tel. 0 62 17 / 60 80
www.mattsee.co.at

ESSEN

► **Fein & teuer**
Iglhauser Schloss-Bräu
Schlossbergweg 4, Mattsee
Tel. 0 62 17 / 52 05
Man speist in geschmackvoll rustikal eingerichteten Räumen; vorzügliche österreichische Küche.

ÜBERNACHTEN

► **Komfortabel**
Vitalhotel Seewirt
Seestr. 4, A-5163 Mattsee
Tel. 0 62 17 / 52 71, Fax 5 27 15 12
www.seewirt-mattsee.at; 45 B.
Hotel direkt am See mit eigenem Badestrand und Seeterrasse.

und Stuckaturen stammen aus dieser Zeit. Das Altarbild des Hochaltars zeigt den hl. Michael vor der Dreifaltigkeit kniend. Die Bildhauerarbeiten an den Seitenaltären stammen aus der Werkstatt Meinrad Guggenbichlers. Nördlich an die Kirche angebaut ist die Probstei, deren Bautrakte aus dem 16. und 17. Jh. den Kreuzgang umschließen. Der ehemalige Wohnsitz des Propstes ist heute Stiftsmuseum. Die Bibliothek bewahrt neben 3200 Büchern auch eine astronomische Uhr von 1704 und nach dem Ende des Zweiten Weltkrieges wurden in Mattsee sogar die Ungarischen Kronjuwelen verwahrt, bevor sie der anrückenden US-Armee übergeben wurden (Öffnungszeiten: Mitte Juni – Mitte Sept. Do. 16.00 – 18.00 Uhr). Im ehemaligen Mostkeller am Kreuzgangwestflügel befinden sich die Marienkapelle und die Kanonikergruft mit einem **frühmittelalterlichen Baumsarg** aus dem 8. oder 9. Jahrhundert.

! *Baedeker* TIPP

Diabelli-Sommer

Mattsee ist Geburtsort des Komponisten Anton Diabelli (1781 – 1858), bekannt v. a. für seine im Unterricht benutzten Klavierstücke. Das Klassik-Festival »Diabelli-Sommer« im Juli und August ist ein Ohrenschmaus (www.diabellisommer.at).

Schlossberg

Für den kurzen Spaziergang hinauf zum Schlossberg wird man mit einem schönen Ausblick über Mattsee und die Seenlandschaft belohnt. Vom Schloss aus dem 16. Jh. ist nur ein zweigeschossiger Trakt erhalten, der für kulturelle Veranstaltungen genutzt wird.

Freilichtschau Bajuwarengehöft

Südlich des Schlossberges wurde nahe dem Seeufer ein Bajuwarengehöft aus dem 7. Jh. in Originalgröße rekonstruiert (Öffnungszeiten: Mai/Sept. Sa., So. 14.00 – 17.00; Okt. So. 14.00 – 17.00; Juni – August tgl. 14.00 – 17.00 Uhr; bei Regen geschlossen!).

Umgebung von Mattsee

Grabensee

Der Grabensee, ca. 2 km nördlich von Mattsee, ist als Naturschutzgebiet ausgewiesen; es gibt ein Strandbad und ein Moorbad. Am Südufer des Sees steht die Filialkirche Mutter Gottes in Zellhof. Der barocke Sakralbau war ab 1697/1698 Wallfahrtskapelle.

Seeham

Mattsee gegenüber liegt am Westufer des Obertrumer Sees der Ort Seeham. Attraktionen sind hier das Naturschauspiel Wildkarwasserfall sowie das daneben liegende **Freilichtmuseum Kugelmühle**. Mit Wasserkraft werden Murmeln hergestellt, der Kugelmüller zeigt im Juli und August am Montag- und Freitagvormittag sein Können. Kinder werden sich wegen der 40 m langen Wasserrutsche besonders für das Strandbad von Seeham begeistern.

Berndorf

Im 3 km nördlich gelegenen Berndorf ist man heute noch stolz darauf, dass hier sieben Jahre lang der Dorfschullehrer und Komponist von »Stille Nacht«, Franz Xaver Gruber, wirkte (▶ Hallein). Jährlich im September findet hier eine Parade mit unzähligen Pferdekutschen statt. Einen Blick ist der Bärenbrunnen von 1696 vor dem Pfarrhof wert.

Obertrum am See

Das Ortszentrum von Obertrum an der Südspitze des Obertrumer Sees fiel 1917 einem Brand zum Opfer und präsentiert sich heute relativ modern. Es wird beherrscht von den Gebäuden der 1601 gegründeten Bierbrauerei Sigl, die aus einem **Bierbrunnen** zu besonderen Anlässen frisches Bier fließen lässt. Das Heimatmuseum von Obertrum ist auf Weberei und Trachten spezialisiert (Öffnungszeiten: Mai – Sept. Di. 17.00 – 19.00 Uhr).

Kaiserbuche

Auf dem Kamm des Haunsberges (ca. 6 km südwestlich von Obertrum) steht an einem mit dem Auto erreichbaren Aussichtspunkt die über 200-jährige **Kaiserbuche**. Das Naturdenkmal wurde von Kaiser Josef II. anlässlich eines Besuchs 1779 gepflanzt.

Die Gemeinde **Schleedorf** liegt 5 km östlich von Mattsee. Die Pfarrkirche im Stil des Historismus aus dem späten 19. Jahrhundert ist dem heiligen Stephanus geweiht und birgt verschiedene Meisterwerke von Meinrad Guggenbichler, darunter die barocken Skulpturen des Hochaltars. Von Schleedorf bieten sich botanisch ausgesprochen interessante Wanderungen durch das Schleedorfer Moor und zu den Egelseen an.

! *Baedeker* TIPP

Käserdiplom statt Jodeldiplom?

In der Salzburger Käsewelt in Schleedorf kann man dem Käser zuschauen und sich im Käse-Kino zurücklehnen. Wer's genau wissen will, erwirbt mit selbstgemachtem Frischkäse das Käserdiplom. Im angeschlossenen Käserestaurant kann man dann fachmännisch dem Käsegenuss frönen (März – Okt. tgl. 8.00 – 18.00 Uhr; www.kaesewelten.at).

★ Mauterndorf

K/L 7

Höhe : 1122 m ü. d. M. **Einwohnerzahl:** 1800
Landschaft: Lungau

Mauterndorf ist eine alte Mautstelle, die ihren Wohlstand im Mittelalter dem Handelsverkehr über den Tauernpass verdankte. Gehandelt wurde mit Kostbarkeiten wie Salz, aromatischen Gebirgspflanzen, Gold, Silber, Blei und Kobalt.

Sehenswertes in Mauterndorf

Sichtbarer Reichtum

Den dreieckigen Marktplatz umgeben ansehnliche Bürgerhäuser mit für die Region ungewöhnlichen Treppengiebeln – Zeichen des damaligen Reichtums. Heute ist Mauterndorf gleichermaßen beliebt als Sommererholungsort und Wintersportplatz. Zum Freizeitangebot gehört ein solar beheiztes Erlebnisbad mit einer Riesenrutschbahn.

★ Burg Mauterndorf

Weithin sichtbar erhebt sich am Ortsrand eine der schönsten Burganlagen des Landes, die Burg Mauterndorf. Einst Zollstation und Sommerresidenz der Salzburger Fürsterzbischöfe, heute wird hier

MAUTERNDORF ERLEBEN

AUSKUNFT

Tourismusverband Mauterndorf
A-5570 Mauterndorf
Tel. 0 64 72 / 79 49, Fax 79 49 27
www.mauterndorf.at

ESSEN

► Fein & teuer

Restaurant Mesnerhaus
Mauterndorf 56
Tel. 0 64 72 / 75 95
www.mesnerhaus.at
Wer Spitzenküche nicht nur essen, sondern auch nachkochen will, kann bei Gerhard Gugg beispielsweise Gartechniken für feine Fischgerichte lernen. Delikatessenshop.

ÜBERNACHTEN

► Komfortabel

Hotel Binggl
A-5570 Mauterndorf 91
Tel. 0 64 72 / 72 04
Fax 72 04 16
www.binggl.com; 61 B.
Direkt am Hauptplatz von Mauterndorf gelegen; renoviertes, heimelig wirkendes Haus mit Wellness-Angeboten.

SCHMALSPURBAHN

Taurachbahn
Mauterndorf – Mariapfarr – St. Andrä
Streckenlänge: 11 km
Diesel- und Dampfbetrieb
Im Sommer nach Fahrplan und Sonderfahrten für Gruppen.

BERGBAHN

Sessellifte Großeck
Mauterndorf, 1140 – 2050 m ü. d. M.
(Mittelstation: 1780 m)
Tel. 0 64 72 / 80 08

das Mittelalter beschworen, können die Besucher im Rahmen einer »Zeitreise« einen Tag des Jahres 1498 erleben. Kinder begeistern sich vor allem für den großen Ritterspielplatz (Öffnungszeiten: Mai bis Okt. tgl. 10.00 – 18.00, 26. Dez. bis 23. April Di. – Fr. 10.30 – 18.00 Uhr).
Die erste Burg wurde um 1253 errichtet. Nach der Säkularisierung des Erzbistums im 19. Jh. verfiel die Festung und ging als Ruine in Privatbesitz über. Der preußische Stabsarzt Dr. Hermann von Eppenstein ließ sie 1894 vollständig renovieren. Seine Witwe vermachte das mächtige Bauwerk dem Reichsmarschall der Nazis, **Hermann Göring**, der hier am 7. Mai 1945 in amerikanische Gefangenschaft geriet. Seit 1968 gehört die Burg Mauterndorf dem Land Salzburg.
Wer die Burg nicht im Rahmen einer Führung besichtigen möchte, sollte zumindest einen Blick in den Innenhof mit dem zweigeschossigen Arkadengang werfen. Die hölzernen Wehrgänge sind Zutaten vom Ende des 19. Jh.s. Die Südwestecke des Hofes ziert ein Fresko des hl. Christophorus aus dem 14. Jahrhundert. **Führungen** durch die Burganlage schließen die Besichtigung der ehemaligen erzbischöflichen Gemächer und der Burgkapelle mit einzigartigen gotischen Fresken ein. Ein besonderes Kleinod im Wohnturm des Erzbischofs ist das sog. Keutschachzimmer mit seiner Rankenbemalung und Holzvertäfelung aus dem Jahr 1513. Im Südturm der Burg ist das **Lungauer Landschaftsmuseum** untergebracht, das über Landschaft, Flora, Fauna und Bevölkerung der Region informiert.

Auch in Mauterndorf gibt es im Frühjahr sehenswerte Samsonumzüge.

Pfarrkirche

Die dem hl. Bartholomäus geweihte Pfarrkirche besitzt noch gotische Bauteile, wurde aber vor allem im 17. und 18. Jh. vergrößert. Der Hochaltar von 1702 ist aus der Barbaraspitalskirche zu Tamsweg. Bemerkenswert sind der linke Seitenaltar und spätgotische Reliefs (1502) sowie spätgotische Figuren (1500) beim rechten Seitenaltar.

Filialkirche St. Gertraud

Die Filialkirche St. Gertraud im Ortsteil St. Gertrauden, eine in großen Teilen romanische Kirche, besitzt mit der bemalten gotischen

Holzdecke und der spätgotischen Holzempore von 1513 eine besonders kostbare Ausstattung. Eine Seltenheit sind auch die beiden Renaissance-Seitenaltäre (von 1601 bzw. 1607). Das Fresko mit dem Lamm Gottes im Bogenfeld des Portals stammt noch vom alten romanischen Eingang.

Friedhof der unschuldigen Kinder

Vom Friedhof bei der Kirche St. Gertraud ist durch eine Mauer – einzigartig im Salzburger Land – der Friedhof der unschuldigen Kinder abgeteilt. Hier sind die Leichen von **vor der Taufe verstorbenen Kindern** beigesetzt.

Schloss Moosham

Auf einem Vorsprung des Mitterberges steht 6 km südlich von Mauterndorf das im 13. Jh. erbaute mächtige Schloss Moosham, eine recht trutzige Anlage, die eine teils recht unrühmliche Vergangenheit hat. Vom 14. bis zum 18. Jh. war es Sitz des Landpflegers, der auch die landesfürstliche Blutgerichtsbarkeit ausübte. Mit Schaudern hört der heutige Besucher von den **Hexenprozessen**, die sich hinter den dicken Mauern abspielten. 1886 wurde die zerfallende Anlage im historisierenden Stil in Stand gesetzt und mit kostbaren Ausstattungsstücken eingerichtet. Das in Privatbesitz befindliche Schloss mit einer **kostbaren Sammlung profaner und sakraler Kunst** kann im Rahmen von Führungen besichtigt werden (Öffnungszeiten: Mai – Sept. tgl. 9.00 – 15.30, Okt. – April Di. – So. 11.00 – 14.00 Uhr).

! *Baedeker* TIPP

Eisenbahnromantik

Die Taurachbahn, eine Schmalspurmuseumsbahn (760 mm), verkehrt an Sommerwochenenden mit Dampf- und Dieselloks zwischen Mauterndorf und St. Andrä (Information: Tel. 0 64 72 / 79 49).

Speiereck

Eine Seilbahn führt westlich von Mauterndorf zur Speiereckhütte (2074 m), dem Ausgangspunkt für Bergtouren auf das 2411 m hohe Speiereck; die Skischaukel Großeck-Speiereck hat den höchstgelegenen Lift (2360 m) der Niederen Tauern.

★ Michaelbeuern

G 1

Höhe : 470 m ü. d. M.
Einwohnerzahl: 1200
Landschaft: Flachgau

Ganz im Norden des Salzburger Landes liegt an der Grenze zum Bundesland Oberösterreich der Ort Michaelbeuern. Er gehört zur Gemeinde Dorfbeuern, ist aber wegen seines Benediktinerklosters berühmter als der Hauptort. Besucht wird es wegen der schönen Kirche, vor allem aber wegen ihrer wunderbaren Stiftsbibliothek.

MICHAELBEUERN ERLEBEN

AUSKUNFT

Abtei Michaelbeuern
A-5152 Michaelbeuern
Tel. 0 62 74 / 81 16, Fax 81 16 30 94
www.abtei-michaelbeuern.at

ESSEN

Baedeker-Empfehlung

► **Preiswert**
Stiftskellnerei
Abtei, Tel. 0 62 74 / 83 20
www.stiftskellnerei.at
Leckere Gerichte der Region im historischen Stiftskellergebäude mit schattigem Gastgarten.

✶ Kloster Michaelbeuern

Geschichte

Vermutlich wurde das Kloster bereits im 8. Jh. gegründet. Ihre Blütezeit erlebte die Abtei im 12. und 13. Jh.; 1249 wurde sie zerstört. Ein neuer Aufschwung setzte im 17. Jh. ein. Dem Benediktinerkloster angeschlossen sind heute eine Hauptschule und ein Internat.

Stiftskirche St. Michael

Bereits 1072 wurde die Stiftskirche St. Michael geweiht. Im 15. Jh. wurden Chor und Gewölbe gotisiert, im frühen 17. Jh. erfolgte die barocke Umgestaltung. Bei umfassenden Renovierungsmaßnahmen Mitte des 20. Jh.s wurde versucht, den romanischen Originalzustand teilweise wieder herzustellen. Kostbarstes Ausstattungsstück der Pfeilerbasilika ist der Hochaltar von 1691, ein Gemeinschaftswerk zweier der **bedeutendsten österreichischen Barockkünstler**: Die Figuren schuf Meinrad Guggenbichler, das Altargemälde Johann Michael Rottmayr. Beachtenswert sind daneben die zahlreichen mittelalterlichen Grabsteine von Äbten und Mitgliedern verschiedener Adelsgeschlechter.

Klosterbesichtigung

Mit Besichtigung zugänglich sind das Stiftsmuseum im Kreuzgang und das Refektorium, das vor allem Gemälde und Skulpturen des 17. und 18. Jh.s zeigt. Die Klosterbibliothek (►S. 188)ist ein Höhepunkt der Führung. Von ihren rund 40 000 Bänden ist die »**Walther-Bibel**« wohl am kostbarsten. Sie gilt als Hauptwerk romanischer Buchmalerei im Salzburger Land. Prächtigster Klosterraum ist der Abteisaal. Die Stuckaturen entstanden 1720, die Ausmalung 1771. Das Deckenbild zeigt Abraham, der die drei Engel bewirtet (Öffnungszeiten Stiftsmuseum: Ostermontag bis Allerheiligen Sa., So. 15.00 – 16.00; Führungen Bibliothek, Abteisaal etc.: Sa., So. 14.00 Uhr).

Ein Paradies für Bibliophile: Michaelbeuerns Stiftsbibliothek

Mittersill

C 6

Höhe : 789 m ü. d. M.
Landschaft: Pinzgau

Einwohnerzahl: 5600

Mittersill an der Salzach ist der Hauptort des oberen Pinzgaus am nördlichen Rand des Nationalparks Hohe Tauern. Nach Norden biegt hier vom Salzachtal die Straße über den Pass Thun nach Kitzbühel und St. Johann in Tirol ab; nach Süden führt die in den 1960er-Jahren angelegte, mautpflichtige Felbertauernstraße zum 5,3 km langen Felbertauerntunnel, eine wintersichere Verbindung nach Osttirol und Kärnten.

Sport wird groß geschrieben

Das umfangreiche Sportangebot reicht von Golf und Marathonveranstaltungen über Wandern und Bergsteigen in der herrlichen Bergwelt des Nationalparks Hohe Tauern bis zum Radeln auf dem schönen Tauernradweg, der aufgrund seiner wenigen und mäßigen Steigungen auch für Familien mit kleineren Kindern geeignet ist.

Skigeschichte ▶

Skifahrern dürfte die traditionsreiche Firma **Blizzard** ein Begriff sein, die Skigeschichte schrieb, seit Toni Arnsteiner 1945 hier im Familienbetrieb die ersten Holzski produzierte. 1962 folgte der erste Fiberglasski, 1980 der Thermoski. Inzwischen gehört Blizzard allerdings dem US-amerikanischen Scott-Konzern.

MITTERSILL ERLEBEN

AUSKUNFT

Mittersill Plus GmbH
Marktplatz 1, A-5730 Mittersill
Tel. 0 65 62 / 42 92, Fax 50 07
www.mittersill-tourismus.at

BERGBAHN

Doppelsesselbahn Resterhöhe
Mittersill, 1270 – 1786 m ü. d. M.
Tel. 0 65 62 / 83 79

ESSEN

▸ **Erschwinglich**
Hotel Kaltenhauser
Hollersbach 17, Hollersbach
Tel. 0 65 62 / 8 11 70
Traditionsreicher Gasthof mit lokal gefärbter Küche. Ein nettes Hotel gehört dazu.

Meilinger Taverne
Marktplatz 10, Mittersill
Tel. 0 65 62 / 42 26
www.meilinger-taverne.at
Die Küche in dem 300 Jahre alten, roten Gasthof wird auch gehobenen Ansprüchen gerecht. Freundlicher Service.

ÜBERNACHTEN

▸ **Komfortabel**
Nationalparkhotel Felben
Felberstr. 51, A-5730 Mittersill
Tel. 0 65 62 / 44 07, Fax 44 07 72
www.felben.at
Das geprüfte und ausgezeichnete Kinderhotel bietet Ganztagsverpflegung mit Erlebnisurlaub auf dem Biobauernhof. Eltern können ihre Kinder Betreuern überlassen und auf dem nahen Golfplatz aktiv werden.

▸ **Günstig**
Landhaus Alpina
Thalbach 25, A-5730 Mittersill
Tel. 0 65 62 / 4 12 60, Fax 4 12 64
www.landhaus-alpina.at, 15 B.
Das ganz besonders schöne Hotel in sonniger Hanglage bietet Komfortzimmer mit herrlicher Aussicht, guten Service und ein erstklassiges Frühstücksbüfett.

Sehenswertes in Mittersill und Umgebung

Felberturm

Lohnend ist ein Blick ins Museum im Felberturm. Der **alte Wohn- und Wachturm** stammt aus dem 12. Jh., wurde zwischenzeitlich zum Getreidespeicher umgebaut und beherbergt heute Mineralien und Exponate zur Geschichte des Bergbaus, sakrale Kunstwerke und altes Handwerksgerät (Öffnungszeiten: Juni – Sept. Mo. – Fr. 10.00 – 17.00, Sa., So. u. Fei. 13.00 – 17.00 Uhr, Mai u. Okt. nur am Wochenende).

Schloss Mittersill

Das hoch über dem Ort thronende Schloss Mittersill erreicht man vom Ortszentrum über einen schmalen Pfad bzw. über die Bundesstraße in Richtung Kitzbühel. Es wurde um 1180 erbaut, teilweise zerstört, erweitert und umgebaut und dient heute v. a. als Konferenzzentrum (Führungen im Sommer: Mi., So. 14.00, 14.45, 15.30 Uhr).

Pass Thurn

Nordwestlich von Mittersill kommt man zum Pass Thurn, dem wichtigsten Straßenübergang in den Tiroler Raum. Es bieten sich schöne Ausblicke auf das Salzachtal und die Hohen Tauern; vom Pass führt ein Sessellift auf die Resterhöhe (1894 m; Sommerbetrieb).

Felbertauernstraße

Richtung Süden verlässt die Felbertauernstraße Mittersill. Einst war es ein schwieriges Unterfangen, den Hauptkamm der Hohen Tauern zu überschreiten. Erst 1967 konnte der 5,3 km lange Felbertauerntunnel (Mautgebühr!) an der Grenze zwischen den Bundesländern Salzburg und Tirol eröffnet werden. Damit war eine schnelle und wintersichere Nord-Süd-Verbindung geschaffen.

Schößwendklamm, Hintersee

Von der Felbertauernstraße zweigt 8 km hinter Mittersill eine schmale Straße zur Schößwendklamm und zum 4 km entfernten Hintersee (1313 m) ab. Dieser Teil des Felbertales ist mit seinen bizarren Fels- und Erosionsformen als Landschaftsschutzgebiet ausgewiesen. Den Hintersee umzieht ein Naturlehrpfad. Von hier aus erreicht man in 2 Stunden die St. Pöltner Hütte nahe dem Tauernkogel (2989 m).

Heilbad Burgwies

Ca. 2 km östlich von Mittersill sprudeln die mit Schwefel und Eisen angereicherten Quellen des Heilbades Burgwies. Auch ein kleines Schwimmbad ist vorhanden.

Hollersbach

Rund 7 km westlich von Mittersill liegt Hollersbach mit einem kleinen Badesee. Den Beinamen »das blühende Dorf« verdankt Hollersbach wohl vor allem dem 1,5 ha großen **Kräuterfeld**, auf dem Ringelblumen, Malven, Arnika u. a. für den französischen Kosmetikhersteller Yves Rocher gezogen werden. Daneben wirbt man in Hollersbach damit, Nationalparkgemeinde zu sein – und tatsächlich eignet sich der Ort hervorragend als Ausgangspunkt für Touren im Bereich des Nationalparks Hohe Tauern.

Klausnerhaus, Schaugarten ►

Im Klausnerhaus, einem im Kern aus dem 16. Jh. stammenden Bauernhof, befinden sich das Büro des Tourismusverbandes und eine Nationalparkinformationsstelle. Dahinter erstreckt sich ein Schaugarten mit ca. 700 verschiedenen Kräutern. Der Hollersbacher **Natur- und Kräuterlehrpfad** (Ausgangspunkt nahe dem Klausnerhof) lässt sich in ca. 2,5 Stunden absolvieren.

★ Mondsee

J 2/3

Höhe : 481 m ü. d. M. **Landschaft:** Salzkammergut

Der sichelförmige Mondsee, 11 km lang, über 2 km breit und malerisch vor der Kulisse von Drachenwand und Schafberg gelegen, ist einer der wärmsten Badeseen im Salzkammergut (bis 26 °C), herrlich für Wassersportler. An den teils bewaldeten Ufern liegen kleinere Gemeinden und – am See verstreut – Hotels und Landhäuser.

MONDSEE ERLEBEN

AUSKUNFT

Tourismusverband Mondsee
Dr.-Franz-Müller-Str. 3
A-5310 Mondsee
Tel. 0 62 32 / 22 70, Fax 22 70 22
www.oberoesterreich.at/mondsee.ort

ESSEN

▸ **Fein & teuer**

La Farandole
Schlössl 150, Mondsee
Tel. 0 62 32 / 34 75
Das kleine Restaurant mit französischer Küche gehört zu den besten des Salzkammerguts.

Seehof
Loibichl, Mondsee
Tel. 0 62 32 / 50 31
www.seehof-mondsee.com
Bekannt gute Küche; hübsche Aussichtsterrasse.

ÜBERNACHTEN

▸ **Luxus**

Seehotel Königshof
Tiefgraben 64, A-5310 Mondsee
Tel. 0 62 32 / 5 62 70
Fax 56 27 55, 43 B.
www.seehotel-koenigshof.at
Ein mondän-eleganter Bau direkt am See. Wer selbst seine Eleganz bewahren will, kann das mit Diät- und Fitnessprogramm tun.

▸ **Komfortabel**

Seehotel Lackner
Mondseer Str. 1, A-5310 Mondsee
Tel. 0 62 32 /2 35 90
Fax 23 59 50
www.seehotel-lackner.at; 32 B.
Direkt an einer Badebucht (ca. 10 Gehmin. von der Ortsmitte) gelegener Familienbetrieb mit Seeterrasse. Alle Zimmer mit Balkon zum See.

Sehenswertes am Mondsee

★ **Mondsee (Ort)**

◂ Benediktinerkloster

Der Ort Mondsee liegt an der Nordwestspitze des Sees. Hier gründete ein bayerischer Herzog im Jahre 748 das somit älteste Kloster in Oberösterreich. Unter den Benediktinermönchen waren talentierte Buchmaler – der **Tassilopsalter von 788** gilt als ältestes in Österreich geschriebenes Werk, der **Mondseer Matthäus (um 800)** als älteste deutsche Bibelübersetzung. Ihren Kunstsinn stellten die Klosteroberen auch dadurch unter Beweis, dass sie den Barockbildhauer Meinrad Guggenbichler (1649 – 1723) nach Mondsee holten, wo er 44 Jahre bis zu seinem Tod wirkte. 1791 wurde das Kloster aufgehoben; heute residiert ein Hotel in seinen aufs Schönste restaurierten Mauern.

◂ Pfarrkirche St. Michael

Besondere Beachtung verdient die Pfarrkirche St. Michael. Die gotische Kirche wurde mit einer barocken Doppelturmfassade versehen. Die Innenausstattung ist im Wesentlichen ein Werk Guggenbichlers, als dessen Höhepunkt der Corpus-Christi-Altar (1682 – 1684) im linken Seitenschiff gilt. Jeweils drei von Weinlaub umrankte Säulen rahmen eine Abendmahlsdarstellung. Wer den künstlerischen Entwicklungsgang Guggenbichlers verfolgen möchte, der beachte im Haupt-

Ein Haus ohne Schornstein: das Mondseer Rauchhaus

schiff den Heilig-Geist-Altar und den gegenüber stehenden Wolfgang-Altar, die beide den frühen Stil Guggenbichlers repräsentieren. Als Alterswerk gilt der Sebastiansaltar (1714) im rechten Seitenschiff. Eines seiner Meisterwerke ist auch die Kanzel (1682–1687). Der noch der Renaissance verhaftete Hochaltar entstand 1626, sein Figurenschmuck stammt von Hans Waldburger. Ein vorzügliches Beispiel für das Rokoko ist der Kreuzaltar von 1776.

Pfahlbau-museum

So alt das Kloster auch ist, deutlich älter sind die prähistorischen Siedlungsspuren, nämlich aus der **Jungsteinzeit** (ca. 1900 v. Chr.). Aufgrund ihrer Reichhaltigkeit gaben sie der Pfahlbaukultur im Ostalpenraum ihren Namen: »**Mondsee-Kultur**«. In einigen Räumen des ehemaligen Klosters wurde ein Pfahlbaumuseum eingerichtet; die einstige Klosterbibliothek beherbergt nun das Heimatmuseum mit sakralen und profanen Exponaten, darunter der berühmte **Mondseer Einbaum** (Öffnungszeiten: Mai–Anf. Sept. 10.00–18.00, bis Anf. Okt. bis 17.00 Uhr).

Mondseer Rauchhaus

Unweit südöstlich der Kirche liegt das Freilichtmuseum »Mondseer Rauchhaus«, ein altes Bauernhaus, Beispiel für das so genannte bayerische Einhaus: Der Rauch des Herdfeuers entwich nicht durch einen Abzug, sondern zog durch die Räume, wärmte Mensch und Tier, trocknete das Getreide und räucherte Wurst und Schinken – ob das auf Dauer für die Menschen gesund war, sei dahingestellt (Öffnungszeiten: April u. Sept. 10.00–17.00, Mai–Aug. bis 18.00 Uhr).

Eisenbahnfans begeistert sicher das Salzkammergut-Lokalbahn-Museum. Es wurde 1995 im ehemaligen Heizhaus nahe dem Strandbad eröffnet. Die Bahn verkehrte von 1890 bis 1957 zwischen Salzburg und Bad Ischl (Öffnungszeiten: Juni – Mitte Sept. Sa., So. 10.00 bis 12.00 und 14.00 – 17.00, Juli – Sept. zusätzlich Fr. 14.00 – 17.00 Uhr).

Unterhalb der Drachenwand liegt die kleine Gemeinde **St. Lorenz**. Die Laurentiuskirche von 1726 besitzt schöne Arbeiten von Meinrad Guggenbichler bzw. aus der Werkstatt des Künstlers, die drei marmornen Altäre stammen vom Steinmetzmeister Georg Doppler. Am Seeufer können Reste eines Pfahlbaudorfes besichtigt werden.

? WUSSTEN SIE SCHON ...?

- Von der über 1000 m aufragenden Drachenwand weiß die Sage folgende Begebenheit zu berichten: Der dort hausende Drache hatte sich in die schöne Mondseer Pfarrköchin verliebt, die aber ihrerseits dem Pfarrer zugetan war. Zornentbrannt flog der Drache hinab, um sie zu entführen. Leider war die Angebetete deutlich schwerer, als der Verehrer erwartet hatte. So prallten beide gegen die Felswand – und hinterließen ein heute noch sichtbares Loch.

Am südlichen Ende des Mondsees erhebt sich fast 1800 m hoch der **Schafberg**, den man von St. Wolfgang (▶ Wolfgangsee) mit einer Bahn erreicht: Von oben bietet sich eine weite Aussicht über die Seen des Salzkammergutes.

Oberwang

Die gut 10 km östlich vom Ort Mondsee nahe der Autobahn gelegene Gemeinde Oberwang besitzt gleich zwei sehenswerte Kirchen: Die Pfarrkirche zum hl. Kilian besitzt einen Hochaltar von Meinrad Guggenbichler (1707/1708). Aus seiner Werkstatt stammen auch die Seitenaltäre. Die spätgotische Filialkirche zum hl. Martin steht an der Stelle, an der Abt Konrad II. von Mondsee 1145 ermordet worden sein soll. Unter Abt Konrad erlangte das Kloster, das Jahrhunderte zuvor seine Eigenständigkeit eingebüßt hatte, diese wieder. Außerdem sorgte der Abt für die Rückgabe verlorengegangener Güter an das Kloster, was ihm etliche Feinde schuf, die ihn erschlagen ließen.

Irrsee

Wenige Kilometer nördlich von Mondsee erstreckt sich der Irrsee (auch Zeller See genannt). Die Uferzonen des 5 km langen Gewässers stehen unter Naturschutz. Der beliebte Badesee erreicht eine Wassertemperatur von bis zu 27 °C.

Kolomanskirche

Die Kolomanskirche auf dem 1114 m hohen Kolomansberg südwestlich des Irrsees wurde 1744 errichtet und ist die **älteste Holzkirche Österreichs**. Man kann bis zur Kapelle hinauffahren, erreicht sie jedoch auch auf gut bezeichneten bequemen Wanderwegen vom Ortszentrum Mondsee aus.

Oberhofen

Auch Oberhofen, 11 km nördlich von Mondsee, besitzt eine mit Guggenbichler-Werken ausgestattete Pfarrkirche.

Neukirchen am Großvenediger

B 6

Höhe : 857 m ü. d. M.
Landschaft: Pinzgau
Einwohnerzahl: 2500

Neukirchen am Großvenediger ist – neben Mittersill – die zweite wichtige Nationalparkgemeinde des Salzburger Landes. Sie besitzt eine Informationsstelle zum Nationalpark.

Sehenswertes in Neukirchen und Umgebung

Pfarrkirche Beherrscht wird Neukirchen von der wuchtigen Pfarrkirche aus dem Jahr 1243. Um 1500 entstand »die Frau«, wie sie von den Neukirchnern ehrfürchtig genannt wird, eine hölzerne Madonna.

Kammerlander- und Samerhofstall In der Nähe der Pfarrkirche liegen der restaurierte, ca. 300 Jahre alte Kammerlanderstall und der Samerhofstall. Beide werden zu Ausstellungen, Vorträgen u. ä. genutzt.

Schloss Hochneukirchen Am Nordrand des Ortes steht seit dem 13. Jh. das Schloss Hochneukirchen, sein jetziges Aussehen stammt aus dem 18. und 19. Jahrhundert. Inzwischen wird es als Kindergarten und Archiv genutzt.

NEUKIRCHEN ERLEBEN

AUSKUNFT

Tourismusbüro Neukirchen
Marktstr. 171
A-5741 Neukirchen a. G.
Tel. 0 65 65 / 62 56, Fax 65 50 74
www.neukirchen.at

BERGBAHN

Wildkogelbahnen
Neukirchen, Gondelbahn
856 – 2100 m, Mittelstation: 1642 m
Tel. 0 65 65 / 64 05

ESSEN

► **Preiswert**

Gasthof Friedburg
Schaffau 96, Neukirchen
Tel. 0 65 65 / 6 48 60
Regionaler Küche mit Produkten aus der Umgebung genießt man auf der Terrasse mit Blick ins Salzachtal.

ÜBERNACHTEN

► **Günstig**

Hotel-Gasthof Abelhof
Roßberg 116
A-5741 Neukirchen a. G.
Tel. 0 65 65 / 62 30
Fax 62 305
www.abelhof.com; 30 Z.
Familienfreundliches Hotel mit komfortabel eingerichteten Zimmern. Die kleinen Gäste können sich auf dem hauseigenen Kinderspielplatz austoben.

Hotel Brugger
Marktstr. 163, A-5741 Neukirchen
Tel. 0 65 65 / 62 59, Fax 6 25 94
www.hotel-brugger.com
Gemütliches Familienhotel unweit des Ortszentrums, eine bekannt gute Adresse für Biker.

Dieses Oberpinzgauer Gehöft hat sogar eine Brücke zum Nachbargebäude.

Wildkogel

Eine Kabinenbahn führt von Neukirchen aus auf den Wildkogel (2225 m; Bergstation 2100 m). Im Winter findet man hier ein schneesicheres Skigebiet, im Sommer ist der Wildkogel Ausgangspunkt für Bergwanderungen. Von hier eröffnet sich ein fantastischer Rundblick über die Tiroler Bergwelt im Westen und auf den mächtigen Gebirgszug der Hohen Tauern mit der Venedigergruppe im Süden.

Sulzbachtal

Ein 45-minütiger Spaziergang führt von Neukirchen zum eindrucksvollen **Sulzbachfall** am Eingang des Untersulzbachtales. Mit dem »Nationalparktaxi« (Auskunft beim Tourismusbüro, ► Hohe Tauern) gelangt man zur Obersulzbachhütte im hinteren Obersulzbachtal. Hier beginnt ein **Gletscherlehrpfad**.

✶ Großvenediger

Über die Sulzbachtäler erreicht man den **höchsten Berg Salzburgs**, den Großvenediger (3674 m; ► Hohe Tauern). Informationen über Aufstiegmöglichkeiten hält das Tourismusbüro bereit.

Knappenweg, Schaubergwerk Hochfeld

Im Ortsteil Sulzau beginnt der Knappenweg, in dessen einstündigem Verlauf man viel über Flora, Fauna und Gestein erfahren kann. An seinem Ende erreicht man den Hieronymusstollen (Informationen zur Besichtigung erhält man beim Tourismusbüro).

★ Niedere Tauern

J–O 6/7

Höchste Erhebung : Hochgolling (2863 m ü. d. M.)

Bundesländer: Salzburg und Steiermark

Dicht bewaldete und kaum besiedelte Täler, verträumte Almen, majestätische Berggipfel, murmelnde Bäche und klare Bergseen – in den Niederen Tauern ist diese Idylle durchaus noch zu finden.

Erholsame Bergidylle

Der Gebirgszug reicht vom Murtörl im Westen, wo die Mur entspringt, bis zu den Secker Alpen im Osten; im Norden wird er begrenzt vom Enns-, Palten- und Liesingtal, im Süden vom Murtal. Zahlreiche Täler schneiden von Norden und Süden in das Gebirge ein, doch führen nur wenige passierbare Pässe hindurch – ein ideales Gebiet für Ruhe und **naturnahe Erholung** suchende Menschen.
Die höheren Gipfel des Hauptkamms bergen einige Schwierigkeitsgrade für erfahrene Kletterkünstler. Vor allem in den äußeren Bereichen der Niederen Tauern finden geübte Bergwanderer und Wintersportbegeisterte hervorragende Bedingungen.

NIEDERE TAUERN

AUSKUNFT

Fremdenverkehrsverband Niedere Tauern
A-8970 Schladming
Tel. 0 36 87 / 2 22 68
Fax 2 41 38
www.schladming.com

Die westlichste Teilgruppe der Niederen Tauern sind die **Radstädter Tauern** vom Murtörl bis zum Radstädter Tauernpass. Kühne, teils recht schroffe Felsformationen charakterisieren die höchsten Gipfel; vom Hohen Weißeck (2712 m) und vom Mosermandl (2680 m) bietet sich eine herrliche Aussicht über die Umgebung. Als schneesicheres Skigebiet erfreuen sich die Radstädter Tauern, namentlich die nördlich des Hauptkamms gelegenen Hänge, ausnehmend großer Beliebtheit. Das Wintersportparadies von Wagrain mit dem Wagrainer Haus und die weiten Flächen am Trappenkarsee – im größten Hochkar der Salzburger Alpen – bieten ebenso wie das Gebiet am Radstädter Tauernpass (1738 m) beste Abfahrtsmöglichkeiten.

Schladminger Tauern

Die Schladminger Tauern beginnen östlich des Radstädter Tauernpasses und sind **für begeisterte Bergwanderer** die wohl interessanteste Gruppe der Niederen Tauern. Ihre höchsten Gipfel, der Hochgolling (2863 m) mit seiner mächtigen Nordwand und die breite Pyramide der Hochwildstelle (2747 m), sind von Schladming im Ennstal über die Golling-Hütte (1630 m) oder die Preintaler Hütte (1656 m) gut zu erreichen und werden entsprechend frequentiert. Zum Skilaufen eignen sich insbesondere die nördlichen Ausläufer

Gletscher gibt es hier zwar nicht, aber beeindruckende Altfirnfelder.

wie die Planai (1894 m) mit der Schladminger Hütte oder der Hauser Kaibling (2015 m) mit der Krummholz-Hütte. Traumhaft gelegene stille und abgeschiedene Bergseen sind charakteristisch für die Hochregion, darunter die Giglachseen bei der Ignaz-Mattis-Hütte, der Riesachsee am Weg zur Preintaler Hütte, das Gebiet des Klafferkessels oder der fast unbesiedelte Naturpark Sölktäler im Osten der Schladminger Tauern. Er ist von Norden her erreichbar über Großsölk und die Erzherzog-Johann-Straße (im Winter gesperrt).

Wölzer Tauern

Der Hauptkamm der Wölzer Tauern ist weit entfernt von größeren Siedlungen. Seine bis in obere Regionen bewachsenen Gipfel, darunter Greim (2474 m), Oberwölzer Schoberspitze (2423 m), Hohenwart (2361 m) u. a., stellen keine allzu hohen Anforderungen an Bergsteiger. Die nördlichen Seitenkämme gehören zu den leichteren Skirevieren der österreichischen Alpen; beliebt ist vor allem die schöne Planneralm (1600 m).

Mit den **Rottenmanner und Seckauer Tauern** endet der zentrale Gebirgszug der Niederen Tauern. Von Trieben aus lohnt sich der Aufstieg zum scharfkantigen Großen Bösenstein (2449 m) über die Edelraute-Hütte (1725 m) am Kleinen Scheiblsee und den Kammweg

! *Baedeker* TIPP

Der Hofmann'sche Glaube ...

... war vor etlichen Jahrhunderten die Bezeichnung für den Protestantismus in der Steiermark. Ein gewisser Hofmann von Grünpichl nämlich, wohnhaft auf Burg Strechau bei Rottenmann im Paltental, erwirkt 1579 Glaubensfreiheit für die Steiermark und richtete auf seiner Burg umgehend eine protestantische Hauskapelle ein. Bei Führungen (Sa., So. u. Fei. 14.00 und 15.30, ab 5 Personen) wird auch das katholische Pendant gezeigt – der Unterschied ist augenfällig!

zum Hochschwung und Seitner Zinken bis zur Breiteckkoppe. Den höchsten Gipfel der Seckauer Tauern, den Hochreichhart (2416 m), erreicht man nordöstlich von Kalwang her oder von Süden über den Kammweg vom Seckauer Zinken (2398 m). Wintersportler besuchen insbesondere die Umgebung des Passdorfes Hohentauern.

Oberndorf bei Salzburg

F 2

Höhe : 394 m ü. d. M. **Einwohnerzahl:** 4800
Landschaft: Flachgau

Nördlich von Salzburg, gegenüber der bayerischen Stadt Laufen, liegt an der Salzach die Marktgemeinde Oberndorf. Bedeutung erlangte sie durch die Gründung der Schiffergilde 1278, die den Transport des »weißen Goldes« auf der Salzach sichern sollte.

Heimat eines Weihnachtsliedes

Stolz ist die Gemeinde noch heute auch darauf, dass hier das bekannteste Weihnachtslied »**Stille Nacht, heilige Nacht**« zum ersten Mal erklang. Das bei Hochwasser ständig gefährdete Oberndorf wurde Anfang des 20. Jh.s flussaufwärts neu angelegt.

Sehenswertes in Oberndorf

»Stille-Nacht«-Gedächtniskapelle

Die Stille-Nacht-Gedächtniskapelle wurde 1937 am Standort der ehemaligen Kirche St. Nikolaus erbaut, in der während der Christmette des Jahres 1818 erstmals das berühmteste und für viele schönste aller Weihnachtslieder zu hören war. Der Text stammt von dem Hilfsgeistlichen Joseph Mohr, ►Wagrain; die Melodie von dem Dorfschullehrer, Organisten und Komponisten Franz Xaver Gruber, ►Hallein.

Das berühmteste aller Weihnachtslieder entstand in Oberndorf.

Die Schwerpunkte des Heimatmuseums nebenan sind die **Salzachschifffahrt** und die Legende und Geschichte besagten Weihnachtsliedes (Öffnungszeiten: tgl. 9.00 bis 12.00 und 13.00 – 17.00 Uhr).

Über eine schöne Treppenanlage (oder mit dem Auto über die Richtung St. Georgen führende Straße) erreicht man die **Wallfahrtskirche Maria Bühel** auf einer Salzachterrasse über dem Dorf. Ihre heutige Form mit einschiffigem Langhaus und ovalem überkuppelten Quer-

OBERNDORF ERLEBEN

ESSEN UND ÜBERNACHTEN

▶ **Günstig**
Gasthaus Bauernbräu
Salzburger Str. 119
A-5110 Oberndorf
Tel. 0 62 72 / 54 22
Einfache, aber komfortable Zimmer, gutbürgerliche Küche.

AUSKUNFT

Tourismusverband Oberndorf
Stille-Nacht-Platz 2
A-5110 Oberndorf
Tel. 0 62 72 / 44 22
Fax 4 42 24
www.stillenacht-oberndorf.at

haus erhielt sie um 1722, auch die Innenausstattung stammt aus dieser Zeit. Der Hochaltar ist ein Werk des kaiserlichen Hofarchitekten Antonio Beduzzi.

Umgebung von Oberndorf

Lamprechtshausen

Wenige Kilometer nördlich von Oberndorf liegt die Gemeinde Lamprechtshausen mit den Ortsteilen St. Alban sowie Nieder- und Oberarnsdorf. Eine Besichtigung lohnt in St. Alban die 1397 geweihte Filialkirche mit Malereien des 14. und frühen 15. Jahrhunderts.
Die Wallfahrtskirche Maria im Mösel in Niederarnsdorf ist ein spätgotischer Bau mit einer im 18. Jh. veränderten Innenausstattung. Eine **erste Marienwallfahrt** an diesem Ort ist bereits **788 bezeugt**. Das Gnadenbild der Maria am Altar wurde um 1500 geschaffen.
Franz Xaver Gruber komponierte 1818 in Arnsdorf die Melodie zu »Stille Nacht, heilige Nacht«. Neben der Wallfahrtskirche ist im alten Schulhaus das Franz-Xaver-Gruber-Museum untergebracht (Anmeldung unter Tel. 0 62 74 / 74 53).

St. Georgen bei Salzburg

Ganz im Nordwesten des Flachgaus liegt St. Georgen bei Salzburg. Das Gebiet am östlichen Salzachufer ist **reich an archäologischen Funden**: Man entdeckte bronzezeitliche Siedlungsreste, einen ausgedehnten Urnenfriedhof aus der Zeit etwa um 800 v. Chr. und ein frühbayerisches Gräberfeld (6./7. Jh. n. Chr.). Die Dekanatskirche St. Georg hat eine schöne Rokoko-Ausstattung und Freskenmalereien. In St. Georgen können zwei Museen (nach Voranmeldung beim Tourismusbüro) besichtigt werden: Das Siglhaus, ein wiedererrichtetes Bauernhaus, beherbergt das Heimatmuseum. Das zweite Museum ist dem **katholischen Arbeiterdichter Georg Rendl** gewidmet.

Salzach-Erlebnisse

Touristische Events wie das Schifferstechen oder gar eine nachgespielte Piratenschlacht erinnern an die einstige Bedeutung der Salzachschiffer. Jeden Samstag im Sommerhalbjahr gibt es »Plättenfahrten« auf der Salzach – Plätten nannte man die Salztransportschiffe.

✶ Radstadt

J 5

Höhe : 856 m ü. d. M.
Landschaft: Pongau
Einwohnerzahl: 4200

Zwischen dem Gebirgszug der Radstädter Tauern im Süden und dem mächtigen Dachsteinmassiv im Norden liegt das lebhafte, freundliche Radstadt am Beginn der Radstädter Tauernstraße. Als praktisch und zentral gelegener Ausgangspunkt für Ski- und Wandertouren in die umliegenden Gebirgsmassive ist es auch Mitglied im Skiverbund Amadé.

Alte Stadt im Gebirge

Schon zur Hallstattzeit besiedelt, war Radstadt in römischer Zeit eine wichtige Station an der wichtigen **Handelsstraße von Venedig nach Salzburg** und im hohen Mittelalter bedeutungsvoll für den Expansionsdrang der Salzburger Erzbischöfe nach Süden. Während der Bauernkriege 1525/1526 hielt Radstadt zur Freude des Erzbischofs einer Belagerung von immerhin 5000 Bauern stand; einer seiner Amtsnachfolger vertrieb dafür 1731/1732 ohne Gnade 3000 protestantische Gläubige aus der Radtstädter Gegend. 1861 wurde Radstadt – zusammen mit Salzburg – österreichisch.

RADSTADT ERLEBEN

AUSKUNFT

Tourismusverband Radstadt
Stadtplatz 17, A-5550 Radstadt
Tel.0 64 52 / 74 72, Fax 67 02
www.radstadt.com

BERGBAHNEN

Gamskogelbahn I
Altenmarkt-Zauchensee,
Doppelsessellift,
1350 – 2140 m ü. d. M.
Tel. 0 64 52 / 40 00

Großbergsessellift
Filzmoos, 1070 – 1390 m ü. d. M.
Tel. 0 64 53 / 82 35

Grießenkar Star Jet/Six Pack
Flachau, 925 – 1751 m ü. d. M.
(Mittelstation: 1382 m)
Tel. 0 64 57 / 22 21

ESSEN

► Erschwinglich

Habersatter
Schernbergstr. 12, Radstadt
Tel. 0 64 52 / 43 28
www.habersatter.at
Gasthaus mit großer Auswahl an regionalen Spezialitäten.

ÜBERNACHTEN

► Luxus

Gut Weißenhof
Weißenhof 6
A-5550 Radstadt
Tel. 0 64 52 / 7 00 10
Fax 70 06
www.weissenhof.at
Tennis, Golf, Wellness, Reiten, Skifahren, Kinderprogramm, Babysitterservice – das Gut bietet schlichtweg alles, was das Herz begehrt.

Winterliches Vergnügen: das alljährliche Ballontreffen in Filzmoos

Sehenswertes in Radstadt und Umgebung

★ **Historisches Ortsbild**

Die freundlichen Gassen mit den hübschen alten Bürgerhäusern sind einen ausgiebigen Bummel wert. Eine Kommission wacht darüber, dass bei baulichen Veränderungen das historische Ortsbild bewahrt bleibt. Überreste der Stadtmauer, darunter drei wuchtige Rundtürme aus dem 16. Jh., umgeben den lang gestreckten Stadtkern. Der Kapuzinerturm besitzt noch seinen **originalen Dachstuhl von 1534** und beherbergt einen Teil des Heimatmuseums (Öffnungszeiten: im Sommer tgl. 9.30 – 11.30 u. 14.00 – 16.00 Uhr); der größere Teil – Exponate aus der Römerzeit, sakrale Kunst, altes Handwerk und ein Porträt des Komponisten Paul Hofhaimer (1459 – 1537) – ist jedoch in Schloss Lerchen zu sehen (Öffnungszeiten: Juni – Mitte Okt. Mo. – Mi. 10.00 – 12.00 u. 15.00 – 17.00, Do. – So. u. Fei. 10.00 bis 17.00 Uhr).

Millenniumspfad

Am Stadtteich, letzter Rest des einstigen Stadtgrabens, beginnt der Millenniumspfad, der auf 33 Tafeln die Geschichte der Stadt erzählt. Er wurde 1996 zur 1000-Jahr-Feier Österreichs eingerichtet und ist 1000 Schritte lang – für jedes Jahr ein Schritt.

Umgebung von Radstadt

★ **Roßbrand**

Der Roßbrandgipfel (1770 m; Radstädter Hütte, bewirtschaftet), Radstadts markanter Hausberg nördlich der Stadt, gibt bei klarem Wetter den **Panoramablick auf rund 150 Alpengipfel** frei.

Filzmoos Über Eben im Pongau führt die Straße westlich um den Roßbrand herum nach Filzmoos, südlicher Ausgangspunkt für Bergtouren in die Dachsteingruppe (► Dachstein); eine 5 km lange Mautstraße führt zur Hof-Alm (1268 m). Berühmt ist das alljährliche **Ballontreffen** im Januar.

! Baedeker TIPP

Eine Köchin mit vier Hauben

Im Hotel Hubertus in Filzmoos kocht Johanna Maier, Erfolgsfrau am Gourmethimmel. Ihre Kochkunst ist eine weite Reise wert, und wer zu Hause nachkochen will, kann auch einen Kochkurs buchen (www.hotelhubertus.at, Tel. 0 64 53 / 82 04)

An der Mündung des Zauchtales liegt **Altenmarkt**, der älteste Ort des Ennstals. Stattliche Landgasthöfe, die vom Traditionsbewusstsein der Menschen zeugen, säumen den von der Hauptstraße durchzogenen Marktplatz. Die dreischiffige Basilika St. Maria wurde Ende des 14. Jh.s errichtet. In der gotischen Vorhalle befindet sich eine Pietà aus dem Jahr 1394. Das bedeutendste Stück der Kirche ist aber die »Schöne Madonna von Altenmarkt« am linken Seitenaltar. Das Bild aus der Zeit um 1400 wird einem Meister der Prager Hofkunst zugeschrieben. Das Heimatmuseum in der Ortsmitte war einst **Unterkunft der Bergknappen** (Öffnungszeiten: Mo., Mi., Fr. 16.00 – 18.00 Uhr).

Zauchensee Ein bekannter und sehr beliebter Wintersporttreff ist Zauchensee (1350 m, Gamskogelbahn – mit Sommerbetrieb – auf 2114 m), 10 km südlich von Altenmarkt. Im Sommer lohnen Wanderungen auf den Gamskogel und das ehemalige Almdorf wartet mit einem schönen Bergsee auf.

Flachau Flachau, etwa 10 km südwestlich von Radstadt im Ennstal gelegen, ist mit einem ausgedehnten Ski- und Après-Ski-Angebot der östliche Ausgangspunkt für das Wintersportgebiet am Grießenkareck (1991); südlich führt die Seilbahn hinauf zur schönen Durchachalm oberhalb des Zauchensees.

Radstädter Tauernstraße Bei Radstadt beginnt die 22 km lange Radstädter Tauernstraße, die über Obertauern und die Tauernpasshöhe (1738 m) nach Süden führt. Seit Fertigstellung der westlich verlaufenden Autobahn mit dem Tauerntunnel hat sie zwar ihre Bedeutung als Durchgangsstraße in Richtung Steiermark und Kärnten verloren, bildet aber nach wie vor die nördliche Zufahrt in das besonders zum Wintersport geeignete Feriengebiet der Tauernhöhe.

Obertauern ► Obertauern (1650 m) hat sich zu einem viel besuchten Sommerferien- und Wintersportort entwickelt, bestens ausgestattet mit Schleppliften, Sessel- und Kabinenbahnen, z. B. zur Seekarspitze (2350 m) oder zur Gamsleitenspitze (2357 m). Geübte Bergwanderer können von Obertauern aus mehrere Zweitausender in zwei bis vier Stunden ersteigen.

In Altenmarkt ist viel stimmungsvolle Tradition erhalten geblieben.

Die alten Bergknappenhäuschen von Schladming, 18 km östlich von Radstadt, erinnern an die einstige Wirtschaftsgrundlage der Bevölkerung. Von der ehemaligen Stadtbefestigung Schladmings steht nur noch das Salzburger Tor aus dem 17. Jahrhundert. Die katholische Stadtpfarrkirche verfügt über eine barocke Innenausstattung; die evangelische Kirche (1862) ist das **größte evangelische Gotteshaus der Steiermark** und besitzt einen Flügelaltar aus der Reformationszeit. Das Stadtmuseum im Bruderladenhaus (1681) widmet sich den Wirren der Reformationszeit, aber auch dem Bergbau und der regionalen Kultur- und Naturgeschichte (Öffnungszeiten: Di. – Fr. 10.00 bis 12.00 u. 17.00 – 20.00, So. u. Fei. 11.00 – 14.00 Uhr).

★ Schladming

Rauris

F/G 6

Höhe : 950 m ü. d. M.
Einwohnerzahl: 2800
Landschaft: Pinzgau

Das gastliche Rauris liegt abseits des Trubels und ist mit einem Wanderwegenetz von 150 km ein hervorragender Ausgangspunkt für Touren im Gebiet des Nationalparks Hohe Tauern.

»Goldenes Tal«

Um die Mitte des 16. Jh.s. zählte Rauris kurzzeitig zu den **wichtigsten Goldbergbaugebieten der Welt**. 1927 wurde das letzte Bergwerk geschlossen, dennoch erinnert einiges an die »goldene« Geschichte – und Gold waschen ist der touristische Hit im lokalen Freizeitange-

RAURIS ERLEBEN

ESSEN

► Preiswert

Gasthof Grimming
Marktstr. 25, Rauris
Tel. 0 65 44 / 62 68
Traditionsreiches Gasthaus, in dem gute regionale Spezialitäten serviert werden.

ÜBERNACHTEN

► Komfortabel

Gasthof Bräu
Marktstr. 35
A-5661 Rauris
Tel. 0 65 44 / 62 06, Fax 62 06 95
www.braeu-rauris.at; 40 B.
Im Ortzentrum gelegener schöner Gasthof mit einer ausgezeichneten Küche.

► Günstig

Pension Schwab
March 19, A-5660 Taxenbach
Tel. 0 65 43 / 54 24, Fax 5 42 44
www.pension-schwab.at
Gemütlicher Familienbetrieb in sonniger Lage.

AUSKUNFT

Rauris Tourismus GmbH
Kirchplatz 1, A-5661 Rauris
Tel. 0 65 44 / 20 022, Fax 20 02 26 030
www.raurisertal.at

BERGBAHN

Hochalmbahnen
Rauris, Gondelbahn
950 – 1458 m ü. d. M.
Tel. 0 65 44 / 62 68

bot. Im Ortskern hat sich noch viel alte Bausubstanz aus der Goldgräberzeit erhalten, manch prächtiges Bürger- bzw. Gewerkenhaus zieren Erker und spätgotische Portale.

Sehenswertes in Rauris und Umgebung

Pfarrkirche St. Jakob und Martin

Die Pfarrkirche in der Ortsmitte verdankt ihr heutiges Aussehen im Wesentlichen zwei Bauepochen: Chor und Turm sind gotisch, das Langhaus wurde 1774 – 1780 neu errichtet. Am rechten Seitenaltar sind der hl. Florian und der hl. Sebastian, zwei spätgotische Figuren von 1520 erhalten, im Langhaus eine Mondsichelmadonna von 1500. Der achteckige Taufstein stammt aus dem Jahr 1497.

Rauriser Talmuseum

Das Rauriser Talmuseum hat seinen Sitz im ehemaligen Schulhaus aus dem 16. Jahrhundert. In zwölf Schauräumen sieht der Besucher bäuerliches Gerät, Hofmodelle, Exponate zur heimischen Flora, Fauna, Geologie und natürlich zum **Goldbergbau**. 300 Waschpfannen stehen für interessierte Goldwäscher bereit (Öffnungszeiten: tgl. 10.00 – 12.00 und 16.00 – 18.00 Uhr).

Hochalmbahnen

In modernen Sechserkabinen gelangt man von Rauris aus in wenigen Minuten zur Mittelstation (Heimalm; 1458 m) oder zur Bergstation (Hochalm; 1767 m) der Hochalmbahnen. Von hier aus kann man

Weit reicht der Blick übers Rauriser Tal.

zahlreiche schöne Wanderungen unternehmen. Die Rauriser Gipfelbahn erschließt das Skigebiet bis auf 2200 m.

★ Kolm Saigurn

Kolm Saigurn (1598 m), 20 km südlich von Rauris, war einst das bedeutendste **Goldbergbaugebiet** im Rauriser Tal. Daran erinnert heute der Tauerngold-Rundwanderweg, der mit einer Gehzeit von ca. 3 Stunden ab dem Naturfreundehaus an den historischen Stätten des Goldbergbaus vorbeiführt und auch einen Gletscherlehrpfad mit einschließt. Ausgesprochen reizvoll ist der Naturlehrpfad durch den so genannten **Rauriser Urwald**, einen alten Bergsturzwald mit rund 90 Moortümpeln (die Wanderzeit ab Kolm Saigurn beträgt ca. 1 Stunde). Näheres zu allen diesen Touren erfährt man in der Nationalpark-Informationsstelle in Kolm Saigurn.

! *Baedeker* TIPP

Literaturtage

Über die Landesgrenzen hinaus bekannt sind die Rauriser Literaturtage, die alljährlich im März für vier Tage Talente, Koryphäen und Freunde der Dichtkunst in die Berge locken.

Sonnblick

Im Südwesten von Kolm Saigurn ragt der hohe Sonnblick (3105 m) auf. Auf seinem Gipfel steht ein bereits 1886 errichtetes **meteorologisches Observatorium**.

Taxenbach Wo das Rauriser Tal ins Salzachtal mündet, liegt das für seine gemütlichen Dorfwirtshäuser bekannte Taxenbach. In der Dekanatskirche St. Andreas ist die Krypta, ein um 1400 entstandener achteckiger Raum mit gotischem Rippengewölbe, sehenswert.

*** Kitzlochklamm** Die wildromantische Kitzlochklamm, ca. 1,5 km südöstlich von Taxenbach, lohnt mit dem 100 m hohen Wasserfall und einer Tropfsteinhöhle einen Besuch (Öffnungszeiten: Mitte Mai – Mitte Okt. tgl. 8.00 – 18.00 Uhr). Vom Parkplatz bei der Klamm erreicht man schon nach wenigen Minuten den Wasserfall. Geht man weiter (viele Treppen!), gelangt man nach 15 Min. zu einer Weggabelung. Von hier sind noch ca. 10 Min. bis zur Oberen Klamm zurückzulegen, zweigt man links ab, so passiert man zunächst eine Einsiedelei und kommt nach 20 Min. wieder zum Parkplatz.

Saalfelden am Steinernen Meer

E/F 5

Höhe: 744 m ü.d.M
Landschaft: Pinzgau
Einwohnerzahl: 15 100

Saalfelden, der wirtschaftliche und kulturelle Mittelpunkt des Pinzgaus, liegt umgeben von schroffen Bergmassiven im weiten Talbecken der Saalach vor ihrem Eintritt in die engen Schluchten zwischen dem Steinernen Meer und den Leoganger und Loferer Steinbergen.

Geschichte Die Gegend um den nahen Biberg war schon in vorgeschichtlicher Zeit besiedelt. Saalfelden selbst wurde 790 erstmals erwähnt. Bei mehreren großen Bränden im 18./19. Jh. und zuletzt 1910 wurde ein Großteil der mittelalterlichen Bausubstanz zerstört. Heute präsentiert sich Saalfelden als moderne Kleinstadt in landschaftlich reizvoller Lage. Gern besuchtes Erholungsgebiet innerhalb des Stadtgebietes ist der Ritzensee beim gleichnamigen Schloss. Man kann hier vor der imposanten Kulisse des Steinernen Meers baden.

*** Steinernes Meer** Das Steinernes Meer nordöstlich von Saalfelden bildet die Grenze des Salzburger Landes gegen Bayern. Aus dem stark verkarsteten, rund **100 km² umfassenden Hochplateau** mit Karrenfeldern und Höhlen ragen verschiedene ausgeprägte Gipfelgestalten empor. In den höheren Lagen setzen kleine Latschenfelder die einzigen Farbakzente, ansonsten gewinnt die Landschaft einen ganz eigenen Reiz aus der bizarren Formenvielfalt erodierenden Gesteins. Die meisten der Gipfel sind ziemlich leicht zu ersteigen: so das Selbhorn (2643 m) und die Pyramide der Schönfeldspitze (2653 m), das abdachende Breithorn (2504 m) und der Hundstod (2593 m). Beschwerlich, aber eindrucksvoll sind Wanderungen über die Hochfläche, vom Rie-

SAALFELDEN ERLEBEN

AUSKUNFT

Saalfelden Leogang Touristik GmbH
Bahnhofstr. 10, A-5760 Saalfelden
Tel. 0 65 82 / 7 06 60, Fax 7 53 98
www.leogang-saalfelden.at

BERGBAHNEN

Doppelsesselbahn Huggenberg
Saalfelden, 568 – 1478 m ü. d. M.
Tel. 0 65 82 / 7 21 73

Leogang Asitzbahnen
Leogang, Gondelbahn
840 – 1800 m ü. d. M. (Mittelstation: 1350 m), Tel. 0 65 83 / 82 19

ESSEN

▸ **Erschwinglich**

Schatzbichl
Ramseiden 82, Saalfelden
Tel. 0 65 82 / 73 28 10
www.schatzbichl.at
Ambitionierte Neu-Pinzgauer Küche mit regionalen Produkten.

Kirchenwirt
Dorf 3, Leogang
Tel. 0 65 83 / 82 16-0
Mit einer Haube ausgezeichnetes Dorfgasthaus. Unbedingt einen Versuch wert sind die Schupfnudeln mit Knoblauch-Kräuterbröseln.

ÜBERNACHTEN

▸ **Luxus**

Gut Brandlhof
Hohlwegen 4, A-5760 Saalfelden
Tel. 0 65 82 / 78 00-0
www.brandlhof.com
Unter dem Motto »Wellness, Business, Happiness« geführtes feines Hotel mit entsprechenden Angeboten.

mannhaus (2177 m) bei Saalfelden am Steinernen Meer zum Ingolstadter Haus (2132 m) oder zur Torscharte und weiter zum Hochkönig. Im Winter, wenn tiefer Schnee die Löcher und Blockfelder bedeckt, wird das Plateau zum alpinen Skigelände.

Sehenswertes in Saalfelden und Umgebung

Pfarrkirche

Die neoromanische dreischiffige Pfarrkirche mit Westturm und gotischer Krypta besitzt einen sehenswerten spätgotischen Flügelaltar (1539) in der Taufkapelle.

✶ Schloss Ritzen

Am Ufer des Ritzensees im Süden des Ortes steht Schloss Ritzen. Erhalten sind der 1593 erbaute Nebentrakt und Reste der mittelalterlichen Wehranlage. Das Pinzgauer Heimatmuseum mit der **größten Krippensammlung Österreichs** ist hier untergebracht, dazu eine Mineraliensammlung sowie keltische und römische Ausgrabungsfunde (Öffnungszeiten: Mitte Juni – Mitte Sept. Mo. – Fr. 10.00 – 12.00 u. 14.00 – 17.00 Uhr, Sa., So. u. Fei. nur nachmittags).

Schloss Lichtenberg

Ein einstündiger Spaziergang führt in nordöstlicher Richtung zum Schloss Lichtenberg am Hang des schroffen Persailhorns. Das Schloss

Sehr klein wirkt das Riemannhaus im Steinernen Meer

in Privatbesitz (keine Besichtigung) stammt aus der zweiten Hälfte des 13. Jh.s und wurde Ende des 19. Jh.s in historisierender Form restauriert.

Etwa zehn Minuten oberhalb des Schlosses liegt die 1675 erbaute Palfenkapelle mit einer Felsenkanzel und einer seit der zweiten Hälfte des 17. Jh.s bis heute bewohnten **Einsiedelei**. Die weithin sichtbare Klause ist wie ein Schwalbennest direkt an den Felsen gebaut. Der jeweils »amtierende«, offiziell von der Gemeinde bestallte Eremit verkauft Getränke und Betkarten.

Von dem südwestlichen Saalfeldener Ortsteil Kehlbach führt ein Sessellift auf den **Biberg** und die Huggenbergalm (1115 m, bewirtschaftet), wo man sich auf der 1600 m langen Sommerrodelbahn den Wind um die Nase wehen lassen kann (witterungsabhängige Betriebszeiten: Juni – Sept. tgl. 9.00 bis 17.00 Uhr; Tel. 0 65 82/7 21 73).

Leogang Zwischen Saalfelden und der Grenze zu Tirol liegt das kleine Leogang. Zwischen dem 15. und 19. Jh. war es ein bedeutender Bergbauort, daneben aber auch **Heilbad der Salzburger Erzbischöfe**. Heute präsentiert es sich als familienfreundlicher Urlaubsort, im Winter als Teil des Skicircus Saalbach-Hinterglemm-Leogang.

Pfarrkirche St. Leonhard ► Die Pfarrkirche St. Leonhard wurde 1745 um den alten gotischen Turm neu errichtet. Eine eiserne Kette zieht sich um Langhaus und Turm, zum Zeichen, dass die Kirche dem hl. Leonhard, dem Schutzpatron der Pferde und Rinder, geweiht ist. Bemerkenswert sind die barocken Stuckaturen, die Deckenfresken und der Hochaltar (1755).

Für alle Sinne Ein höchst sinnliches Erlebnis erwartet die Gäste an der Mittelstation der Leoganger Bergbahnen: Während der Betriebszeiten können sie den **Sinne-Erlebnispark** durchwandern, zum Fühlen den Barfußweg, zum Schmecken die Backstation, zum Hören die Lauschinsel, zum Riechen den Kräutergarten und zum Sehen den Zerrspiegel.

Bergbaumuseum Im Dorf Hütten befindet sich im ehemaligen Gewerkenhaus von 1593 das Bergbaumuseum (Öffnungszeiten: Mai – Okt. Di. – So. 11.00

bis 17.00 Uhr). Südöstlich außerhalb von Hütten lohnt das Schaubergwerk im Daniel- und Barbarastollen einen Besuch. Im 12. Jh. wurde hier zunächst Kupfer, später Silber, Blei, Nickel u.a. abgebaut bis zur Stilllegung im 19. Jh. (Öffnungszeiten: Mai–Okt. tgl. 11.00 bis 17.00 Uhr).

◄ Schaubergwerk

! *Baedeker* TIPP

Ein Berg für Biker

Die Bikeworld in Leogang lockt zwischen Mitte Mai und Oktober kühne Zweiradler und solche, die es werden wollen. Downhill, Freeride, Biker Cross, Dual oder Dirt Jumps sind hier keine Fremdwörter. Aufwärts geht es auch mit Hilfe der Leoganger Bergbahnen (Infos unter www.bikeworld.at).

Für Bergfreunde lohnt sich eine Wanderung auf dem **Natur- und Geschichtslehrpfad** zum Birnbachloch, einer Felshöhle mit unterirdischem See, in den nördlich des Ortes gelegenen Leoganger Steinbergen (Gehzeit ca. 2 Std.). Von dort kann man weiter aufsteigen zum Birnhorn (2634 m), aus dessen Gletscher man früher Eisblöcke zum Kühlen des Bieres brach und bis nach München verkaufte.

★★ Salzburg

F/G 2/3

Höhe: 425 m ü. d. M. **Einwohnerzahl:** 146 000
Landschaft: Flachgau

»Die ganze Stadt ist eine Bühne«, sagte Max Reinhardt, Mitbegründer der weltberühmten Festspiele, über Salzburg. Die Stadt Mozarts und der Erzbischöfe, die Stadt des Barocks und der Kaffeehäuser, die Stadt Georg Trakls und Stefan Zweigs, Weltkulturerbe und Kongress- und Messemetropole – Salzburg besitzt eine stattliche Reihe zutreffender Attribute.

In Erich Kästners hinreißendem Roman »Der kleine Grenzverkehr« erhielt Salzburg ein liebenswertes literarisches Denkmal. Die Festspiele, 1920 erstmals durchgeführt, erweisen sich alljährlich als einzigartiger Publikumsmagnet. Salzburger Nockerln und Mozartkugeln sind jedem Schleckermäulchen ein süßer Begriff. Und seit dem Musical »Sound of Music« von 1958 über die singende Familie Trapp und dem mit fünf Oscars ausgezeichneten gleichnamigen Film von 1965 ist Salzburg auch in den USA hinlänglich bekannt.

»Jedermann« und Mozartkugeln

Zu beiden Seiten der Salzach gelegen, die hier aus den Salzburger Alpen in eine vom Untersberg (1853 m) beherrschte Vorlandbucht eintritt, gilt die Hauptstadt des gleichnamigen Bundeslandes als eine der schönsten Städte Europas. Salzburg heißt jährlich einige Millionen Besucher in seinen Mauern willkommen; vor allem zu Festspielzeiten herrscht enormer Andrang.

Eine der schönsten Städte Europas

So präsentiert sich Salzburg vom rechten Salzachufer aus.

Die zwischen linkem Salzachufer, Mönchs- und Festungsberg zusammengedrängte Altstadt weist am Fluss mit den engen Gassen und schmalen Häusern eher romantische Züge auf, wohingegen der Bereich ab dem Residenzplatz mit prächtigen Bauten den stattlichen Anblick einer Barockresidenz bietet. Am rechten Salzachufer liegen die neuen Stadtteile, im Osten überragt vom Kapuzinerberg.

Geschichte

Frühgeschichte, Altertum und Christianisierung

Die Besiedlung Salzburgs reicht bis in die jüngere Steinzeit zurück, wie Funde vom Rainberg belegen. Die Illyrer gaben dem Ort den später von Kelten und Römern übernommenen Namen Iuvavum (»Sitz des Himmelsgottes«). Das römische Salzburg entstand ungefähr Mitte des ersten nachchristlichen Jahrhunderts auf dem Boden der heutigen Altstadt. In der Zeit der Völkerwanderung verfiel Iuvavum. Im 6. Jh. erfolgte die Landnahme durch heidnische Bayern und um 696 die Gründung der Klöster St. Peter und Nonnberg durch den hl. Rupert. Unter dem irischen Bischof Virgil (745–784) und seinem Nachfolger Arno wurde das 739 begründete Bistum Zentrum der Christianisierung der Alpenländer und des mittleren Donauraums.

Ab ca. 5000 v. Chr.	Erste Besiedlung in der Jungsteinzeit.
1. Jh. n. Chr.	Die Römer siedeln im Gebiet der heutigen Altstadt.
696	Der hl. Rupert gründet die Klöster St. Peter und Nonnberg.
798	Salzburg wird Erzbistum.
1077	Der Bau der Festung Hohensalzburg beginnt.
Um 1350	Salzburg wird unabhängiges geistliches Fürstentum.
17.–Mitte 18. Jh.	Salzburg wird im Barockstil umgebaut.
1803/1816	Salzburg kommt zu Österreich.
1920	Erstmals finden die Salzburger Festspiele statt.
2006	Salzburg feiert den 250. Geburtstag von Wolfgang Amadeus Mozart.

Romanik und Gotik

In der von romanischer Kunst beherrschten Zeitspanne (etwa 1000 bis 1250) entstanden neben der Hohensalzburg zahlreiche so solide gebaute Kirchen, dass der deutsche König Konrad III. beteuerte, er habe nirgends besser gebaute Kirchen angetroffen als im Salzburger Gebiet. Im Zeitalter der Gotik (1250–1530) erlitt die weltliche Herrschaft der Erzbischöfe schwere Rückschläge u. a. durch die Fehden des Adels. Die Pestepidemie 1348/49 forderte zahlreiche Opfer. Die Kunst allerdings gelangte zu neuer Blüte. Als neue soziale Schicht etablierte sich das Bürgertum der durch Handelsbeziehungen mit Nürnberg, Augsburg, Wien und Venedig wohlhabend gewordenen Stadt. Erzbischof Leonhard von Keutschach (1495 bis 1519) sorgte für die heutige Gestalt der Festung Hohensalzburg.

Prägendes Barockzeitalter

Mit Erzbischof Wolf Dietrich von Raitenau (1587–1612) begann die vom Barock geprägte dritte große Epoche der Salzburger (Kunst-) Geschichte. Mütterlicherseits ein Enkel der Medici und in Rom erzogen, leitete der Kirchenfürst eine umfassende Veränderung des Stadtbildes ein, wobei die meisten Pläne erst durch Nachfolger verwirklicht wurden. Markus Sittikus von Hohenems (1612–1619) begann mit dem Bau des Doms in der heutigen Form; Paris Graf von Lodron (1619–1653) vollendete ihn und verhalf der Stadt ab 1620 zu der starken Befestigung, die ihr die Schrecken des Dreißigjährigen Krieges ersparte. Unter Erzbischof Johann Ernst Graf von Thun (1687–1709) und durch die Arbeit des Baumeisters Johann Bern-

Highlights Salzburg

Salzburg Museum
Kunst- und kulturgeschichtliche Sammlungen der Stadt und des Landes Salzburg lassen keine Fragen offen.
► Seite 217

Salzburger Dom
Das weltberühmte Gotteshaus ist der erste barocke Kirchenbau nördlich der Alpen.
► Seite 221

Stiftskirche St. Peter
Die Kirche des ältesten Klosters im deutschsprachigen Raum birgt das Felsengrab des hl. Rupert. Der alte Friedhof besitzt eine ganz eigene Atmosphäre.
► Seite 224

Festspielbezirk
Auch wer außerhalb der Festspielzeit anreist, sollte einen ausgiebigen Blick auf und in das neu gestaltete Ensemble werfen.
► Seite 225

Museum der Moderne
Wer moderne Kunst liebt, kommt an diesem neuen Haus nicht vorbei, auch die Architektur ist interessant.
► Seite 227

Getreidegasse mit Mozarts Geburtshaus
Hier macht irgendwann wohl jeder Salzburger Tourist dem Meister der Tonkunst seine Aufwartung.
► Seite 228

Festung Hohensalzburg
Die älteste vollständig erhaltene Festungsanlage Mitteleuropas blickt trutzig über die Stadt.
► Seite 230

Schloss Mirabell
Vor allem die Engelsstiege im Schloss und der einzigartige Zwerglgarten im Park locken Besucher an.
► Seite 235

hard Fischer von Erlach entfaltete sich in der Stadt die barocke Harmonie, die ihren Ruhm in der Welt begründete. Franz Anton Fürst Harrach (1709 – 1727) ersetzte Fischer von Erlach durch dessen kongenialen Rivalen Lukas von Hildebrandt, den Erbauer von Schloss Belvedere in Wien. Salzburg verdankt ihm die Neugestaltung von Residenz und Schloss Mirabell.

Entwicklung seit 1800

Die politische Bedeutung Salzburgs in der Neuzeit war nur gering. Erzbischof Leopold Anton Freiherr von Firmian wies 1731 rund 30 000 Protestanten aus dem Land. 1803 verlor die Stadt ihre Souveränität, blieb aber Sitz eines Erzbischofs. Nach einem französischen und einem bayerischen Zwischenspiel ab 1816 endgültig zu Österreich gehörend, erlebte Salzburg im 19. Jh. einen wirtschaftlichen Aufschwung. Zu neuer Blüte brachte es die Stadt im 20. Jh., wozu wesentlich die Salzburger Festspiele beitrugen, die 1920 mit einer Aufführung von Hugo von Hofmannsthals »Jedermann« begannen. Im Zweiten Weltkrieg verursachten Bombenangriffe schwere Schäden an der einmaligen Bausubstanz, doch konnte das ursprüngliche Bild der Kulturmetropole durch behutsamen Wiederaufbau weit gehend wieder hergestellt werden.

SALZBURG ERLEBEN

AUSKUNFT

Tourismus Salzburg
Auerspergstr. 6, A-5020 Salzburg
Tel. 06 62 / 8 89 87-0, Fax 8 89 87-32
www.salzburg.info
Weitere Infostellen u. a. im Hauptbahnhof und am Mozartplatz

SALZBURG ERKUNDEN

Salzburg lässt sich am besten zu Fuß erkunden. Wer nur einen Tag Zeit hat, sollte die Festung Hohensalzburg besuchen, die einen prächtigen Panoramablick bietet und einen Eindruck von der Stadtanlage vermittelt. Ein Altstadtbummel, am besten vom Residenzplatz aus, ist obligatorisch. Für ganz Eilige empfiehlt sich eine Fiakerfahrt. Auch Schloss Mirabell auf der anderen Salzachseite lohnt einen Besuch. Zwischen Mai und September kann man das schöne Stadtpanorama vom Wasser aus betrachten. Und wer Stadt und Wintersport kombinieren möchte, den bringt der Snow Shuttle von Mitte Dezember bis Ende März täglich von Salzburg in die nahen Skiregionen.

SALZBURG CARD

Mit der Salzburg Card, gültig für einen, zwei oder drei Tage, bei den Informationsstellen und in Hotels erhältlich, hat man freien Eintritt zu vielen Sehenswürdigkeiten und Museen, Ermäßigung für eine Reihe von Veranstaltungen und freie Fahrt mit öffentlichen Verkehrsmitteln.

SIGHTSEEING

Mit dem Fiaker ab Residenzplatz, zu den Filmschauplätzen von »Sound of Music«, zur Stadtrundfahrt »Auf den Spuren Mozarts« oder ganz einfach die klassische Stadtführung ab Mozartplatz – diverse Veranstalter bieten einen bunten Strauß von Möglichkeiten (www.salzburg.info).

SALZBURG BARRIEREFREI

Eine Broschüre mit Informationen über Salzburg für Menschen mit Behinderungen ist erhältlich unter Tel. 06 62 / 80 72 32 32 bzw. behindertenbeauftragte@stadt-salzburg.at.

VERKEHR

Die Innenstadt ist weit gehend autofrei, was den Stadtbummel erheblich erleichtert. Wer das Auto nicht in einem der recht kostspieligen Parkhäuser abstellen möchte, fährt am besten auf einen der großen Parkplätze am Stadtrand und dann mit dem Bus in die Innenstadt.

WAS? WANN? WO?

... stattfindet, steht im »Salzburger Monat«, dem Stadt- und Kulturmagazin. Infos liefert auch die Internetseite www.stadtleben.at.

MÄRKTE

Grünmarkt: Mo. – Fr. 7.00 – 19.00, Sa. bis 15.00 Uhr auf dem Universitätsplatz, Schrannenmarkt: Do. 5.00 bis 13.00 Uhr vor der Andräkirche, Biobauernmärkte: Do. vormittags auf dem Mirabellplatz, Fr. vormittags auf dem Papagenoplatz.

Auf dem Grünmarkt am Universitätsplatz werden Produkte aus der Region verkauft.

AUSGEHEN

Das Bajazzo lädt zu Klängen aus den 70er-, 80er- und 90er-Jahren, Schöne und Reiche starten ihr Nachtleben gerne im Bazillus, Schwule und Lesben treffen sich im Diva, das Hemings Way verwöhnt mit »Cubanischem« und wer allmählich Hunger bekommt, geht ab 4.00 Uhr in die Schwarze Katze. Techno-Fans zieht es in den Cave Club, House und Soul hört man dagegen im Palladio, die Emotionbar wirbt mit Top-DJs. Mehr unter www.salzburg-night.at.

Im Bazillus trifft man mit Sicherheit immer irgendjemand Wichtigen.

SHOPPING

Beliebte Einkaufsmeilen sind die Altstadt mit ca. 400 Geschäften, und in der Neustadt das Gebiet um Linzer Gasse, Makartplatz und Schwarzstraße. Große Einkaufszentren sind beispielsweise das »Zentrum im Berg« beim Kapuzinerberg, die Kieselpassage in der Rainerstraße, der Europark in Klessheim oder das Shopping Center Alpenstraße.

SALZBURGER FESTSPIELE

Etwas Glück braucht man schon, um an die begehrten Karten für die Salzburger Festspiele zu kommen. Schriftliche Bestellungen richtet man ab Dezember des Vorjahres an das Kartenbüro der Salzburger Festspiele, Herbert-von-Karajan-Platz 11, Postfach 140, A-5010 Salzburg, Tel. 06 62 / 80 45-5 00, www.salzburgfestival.at.

SCHMALSPURBAHN

Salzburger Lokalbahn
Salzburg – Oberndorf – Lamprechtshausen
Streckenlänge 23 km
Elektrischer Betrieb
Das ganze Jahr über nach Fahrplan, im Sommer Oldtimerfahrten.

CAFÉS

Bazar
Schwarzstr. 3, Salzburg
Tel. 06 62 / 87 42 78
Traditionshaus, hier sollte man mal reinschauen.

Fürst
Brodgasse 13 / Alter Markt, Salzburg
Tel. 06 62 / 84 37 59
Stammhaus der Mozartkugel.

Hier im Café Tomaselli handelt es sich wohl eher um traute Zweisamkeit.

Café Tomaselli
Alter Markt 9, Salzburg
Tel. 06 62 / 84 44 88-0
www.tomaselli.at
Im Jahr 1705 eröffnetes, berühmtes Renommiercafé am Alten Markt. Einst Treffpunkt der Musiker – hier saß schon Wolfgang Amadeus Mozart und genoss feine Leckereien –, heute der mondänen Welt.

ESSEN

► Fein & teuer

① ***Pfefferschiff***
Söllheim 3
Hallwang
Tel. 06 62 / 66 12 46
www.pfefferschiff.at
Ein Michelin-Stern, drei Hauben – im Jahr 2005 wurde das Pfefferschiff im VIP Gourmet Guide zum besten Restaurant Österreichs gekürt. Die große Geldbörse mitnehmen.

► Erschwinglich

② ***Auerhahn***
Bahnhofstr. 15
Salzburg
Tel. 06 62 / 4 51 05 20
www.auerhahn-salzburg.at
Fantasievolle Küche mit französischem und italienischem Einschlag. Schöner Gastgarten.

③ ***Purzelbaum***
Zugallistr. 7
Salzburg
Tel. 06 62 / 84 88 43
www.purzelbaum.at
Hervorragende leichte, kreative Küche, die ankommt.

④ ***Vogelweiderhof***
Vogelweiderstr. 93
Salzburg
Tel. 06 62 / 87 12 23
www.vogelweiderhof.at
Alteingesessener Familienbetrieb, gutbürgerliche Küche; Spezialität: Tafelspitz – sehr beliebt bei den Gästen.

► Preiswert

⑤ ***Jägerwirt***
Kasern 4
Salzburg-Nord
Tel. 06 62 / 4 52 17 70
www.jaegerwirt-salzburg.at
Bekanntes Ausflugslokal, das vielen Gästen Platz bietet.

⑥ ***Kuglhof***
Kuglhofstr. 13
Salzburg
Tel. 06 62 / 83 26 26
www.kuglhof.at
Im zur Stieglbrauerei gehörigen Gasthof darf man gute Hausmannskost erwarten.

⑦ ***Die Weiße & Sudwerk Bar***
Rupertgasse 10
Salzburg
Tel. 06 62 / 8 72 24 60
Zum in der eigenen Brauerei hergestellten Weißbier isst man ebenso einfache wie deftige Speisen.

ÜBERNACHTEN

► Luxus

① ***Radisson SAS Hotel Altstadt***
Rudolfskai 28 / Judengasse 15
A-5020 Salzburg
Tel. 06 62 / 84 85 71
Fax 8 48 57 18
120 B.
Das Hotel wurde in einem verwinkelten alten Häuserkomplex mit modernem Luxus individuell eingerichtet. Das Restaurant »Symphonie« bietet deutsche und österreichische Küche.

② ***Bristol***
Makartplatz 4
A-5020 Salzburg
Tel. 06 62 / 87 35 57, Fax 8 73 55 76

www.bristol-salzburg.at; 120 B.
Das Bristol verbindet mit seinen opulenten Gobelins, Lüstern und Stilmöbeln das Flair der Gründerzeit mit dem modernen Komfort eines zeitgenössischen Luxushotels.

③ ***Crowne Plaza Salzburg – The Pitter***
Rainerstr. 6–8, A-5020 Salzburg
Tel. 06 62 / 88 97 80, Fax 87 88 93
360 B.
Das Hotel liegt nur ein paar Schritte von Schloss Mirabell und seinem Garten entfernt. Abends ist das exzellente Feinschmeckerlokal »Rainerstube« geöffnet und im Restaurant »Auersperg« gibt es ein Mittagsbuffet mit feinen österreichischen Schmankerln.

Vor fast 500 Jahren wurde diese Herberge zum ersten Mal erwähnt.

④ ***Goldener Hirsch***
Getreidegasse 37, A-5020 Salzburg
Tel. 06 62 / 8 08 40
Fax 84 33 49
www.goldenerhirsch.com; 136 B.
Das schon 1407 als »Güldener Hirsch« erstmals erwähnte Hotel ist ein beliebter Treffpunkt der Festspielprominenz mit einem Feinschmeckerrestaurant und dem gemütlichen »Herzl«.

⑤ ***Sacher Hotel Österreichischer Hof***
Schwarzstr. 5–7, A-5020 Salzburg
Tel. 06 62 / 88 97 70, Fax 88 97 75 51
www.salzburg-sacher.com; 213 B.
Den Namen kennt man nicht nur in Wien! Das prunkvollste Hotel der Stadt: Der nobel ausgestattete Gründerzeitbau liegt am Ufer der Salzach mit Blick auf die Festung. Das Restaurant »Österreichischer Hof« gehört zur Luxusklasse, der »Salzach-Grill« im Haus bietet österreichische Spezialitäten zu gemäßigten Preisen.

► Komfortabel

⑥ ***Hotel Amadeus***
Linzer Gasse 43-45, A-5020 Salzburg
Tel. 06 62 / 87 14 01, Fax 8 71 40 17
www.hotelamadeus.at; 60 B.
Neben dem Sebastiansfriedhof gelegenes gemütlich eingerichtetes Altstadthaus.

⑦ ***Doktorschlössl***
Glaserstr. 7 und 10, A-5026 Salzburg
Tel. 06 62 / 62 30 88, Fax 62 30 88 13
www.doktorschloessl.com; 100 B.
Im Vorort Aigen gelegenes kleines Schloss, das Wohnhaus der berühmten Familie Trapp aus dem Film »Sound of Music«.

⑧ ***Hotel Pension Jedermann***
Rupertgasse 25, A-5020 Salzburg
Tel. 06 62 / 8 73 24 10
Fax 8 73 24 19
www.hotel-jedermann.com; 30 B.
Schon der Name verführt Festspielbesucher: Am Fuß des Kapuzinerbergs gelegenes Nichtraucher-Haus mit Garten im Innenhof.

★★ Altstadt

Den Mittelpunkt der Altstadt auf dem linken Salzachufer bildet der weite Residenzplatz. Der Residenzbrunnen aus Untersberger Marmor (Tommaso di Garona zugeschrieben) mit schnaubenden Rossen, Atlanten, Delfinen und einem Triton mit erhobener Muschel gilt als der **größte und schönste Barockbrunnen diesseits der Alpen**. **Residenzplatz**

★ ◄ Residenz

An der Westseite des Residenzplatzes steht die ehemalige fürsterzbischöfliche Residenz, ein 1596 bis 1619 an Stelle des mittelalterlichen Bischofssitzes um drei Höfe errichteter Bau, dessen Hauptfront im Jahr 1710 mit einem Marmorportal versehen wurde. Der Nordwesttrakt kam 1792 dazu. 1840 wurde in der Residenz der Maler Hans Makart geboren.

◄ Prunkräume

Die Prunkräume im zweiten Stockwerk werden zu Repräsentationszwecken, für Tagungen und Kongresse genutzt, können aber, wenn keine Veranstaltungen sind, mit Führung besichtigt werden (Öffnungszeiten: tgl. 10.00 – 17.00 Uhr).

Spätbarock und Frühklassizismus bestimmen die Ausstattung der Räume; im zweiten Stock findet man Wand- und Deckengemälde von Johann Michael Rottmayr und Martino Altomonte, ferner reiche Stuckaturen und schöne Öfen. Der riesige Carabinierisaal stammt noch aus dem 17. Jh.; im Rittersaal finden Konzerte statt. Der Audienzsaal enthält flämische Gobelins (um 1600) mit Szenen aus der römischen Geschichte und kostbare Pariser Möbel. Im Kaisersaal hängen Porträts der römisch-deutschen Kaiser und Könige habsburgischer Herkunft (1273 bis 1740).

◄ Residenzgalerie

Die Residenzgalerie zeigt **europäische Malerei vom 16. bis 19. Jahrhundert**. Herausragend sind die Werke niederländischer Meister aus dem 17. und österreichischer Meister aus dem 19. Jh. (Öffnungszeiten: tgl. 10.00 – 17.00 Uhr, Okt. – März mittwochs geschlossen; www.residenzgalerie.at).

★ **Salzburg Museum**

Die **Neue Residenz** an der Ostseite des Residenzplatzes entstand in den Jahren 1588 bis 1602 als Gästehaus der Erzbischöfe. Nach längerem Umbau (und der Schließung des Museums Carolino Augusteum) beherbergt die Neue Residenz seit Sommer 2007 das »Salzburg Museum« mit den reichhaltigen, wertvollen **kunst- und kulturgeschichtlichen Sammlungen** der Stadt und des Landes Salzburg. V. a. die Dauerausstellungen »Mythos Salzburg« und »Salzburg persönlich« geben interessante Einblicke in die Geschichte der Stadt und des einstigen Fürstentums. (Öffnungszeiten: Di. – So. 9.00 – 17.00, Do. bis 20.00 Uhr, www.salzburgmuseum.at). Bereits im Herbst 2005 öffnete das ebenfalls in der Neuen Residenz untergebrachte **Paorama Museum** mit dem berühm-

✓ NICHT VERSÄUMEN

- Keltische Schnabelkanne vom Dürrnberg
- Ausschnitt des römischen Felicitas-Mosaiks
- Goldegger-Stube
- Carl Spitzweg: Der Sonntagsspaziergang

ten großen **Salzburgpanorama** (1824 – 1828) des Malers Johann Michael Sattler. Und seit fast 300 Jahren spielt das mit 35 Glocken ausgestattete **Glockenspiel** im Turm der Neuen Residenz dreimal täglich (um 7.00, 11.00 und 18.00 Uhr) vor allem Melodien von Michael Haydn und Wolfgang Amadeus bzw. Leopold Mozart. »Antwort« gibt das Hornwerk, der sogenannte »Salzburger Stier«, von der Festung Hohensalzburg.

Das Glockenspiel in der Neuen Residenz

Die Geschichte der kleinen **Michaelskirche** an der Ecke Residenz- und Mozartplatz, deren jetziger Bau 1767 – 1776 errichtet wurde, lässt sich bis ins 8. Jh. zurückverfolgen; bis zum 12. Jh. war sie Pfarrkirche der Stadt. Beeindruckend ist das schmiedeeiserne Abschlussgitter (1770) des Salzburger Schlossermeisters Philipp Hinterseer.

Nördlich der Michaelskirche folgt der Waagplatz, wo sich bis 1407 Gerichtshaus, Pranger und Galgen befanden. 1887 wurde im Haus Nr. 1 a der Dichter **Georg Trakl** geboren. Heute ist darin eine Forschungs- und Gedenkstätte eingerichtet (mit Führung zu besichtigen; Mo. – Fr. 11.00 u. 14.00 Uhr).

Unter dem Gebäude der Landeshypothekenanstalt am Waagplatz 4 ist ein **romanischer Keller** konserviert. Der Raum mit den massigen Rundpfeilern und den mächtigen Kapitellen ist der **Rest einer kaiserlichen Pfalz**, die hier 1167 errichtet wurde. Heute bieten die Räumlichkeiten den ansprechenden Rahmen für Wechselausstellungen.

Mozartdenkmal, Paracelsus-Wohnhaus

Auf dem östlich anschließenden Mozartplatz steht das Mozartdenkmal von Ludwig Schwanthaler (1842). In der östlich abgehenden Pfeifergasse 11 wohnte Paracelsus im Jahr 1525.

Papageno-Brunnen

Die Pfeifergasse führt weiter zum Papagenoplatz mit dem gleichnamigen Brunnen. Dessen Vogelfängerfigur aus Mozarts »Zauberflöte« wurde 1960 von Hilde Heger geschaffen.

Kajetanerkirche

Am Ende der Gasse steht die turmlose Kajetanerkirche, 1685 – 1700 vom Welschschweizer Caspar Zuccalli mit breiter Palastfassade erbaut und beiderseits von Bauten des einstigen Theatinerklosters eingefasst. Die Ausstattung stammt von etwa 1730. Das Kuppelfresko von Paul Troger zeigt die Aufnahme des hl. Kajetan in den Himmel durch die Hl. Dreifaltigkeit und Maria als Fürbitterin. Die »Heilige Sippe« des linken Seitenaltars schuf 1708 Johann Michael Rottmayr.

Salzburg Orientierung

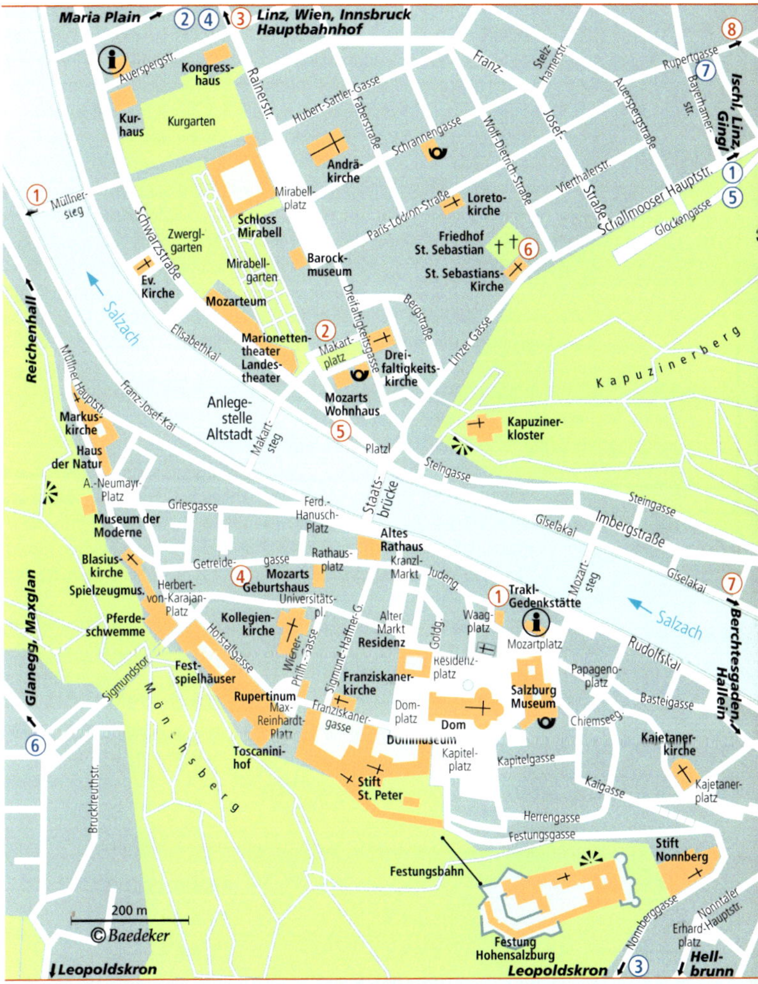

Essen

1. Pfefferschiff
2. Auerhahn
3. Purzelbaum
4. Vogelweiderhof
5. Jägerwirt
6. Kuglhof
7. Die Weiße & Sudwerk Bar

Übernachten

1. Radisson SAS Hotel Altstadt
2. Bristol
3. Crowne Plaza Salzburg – The Pitter
4. Goldener Hirsch
5. Sacher Hotel Österreichischer Hof
6. Hotel Amadeus
7. Doktorschlössl
8. Hotel Pension Jedermann

Stift Nonnberg Hier bietet sich ein Abstecher zum Stift Nonnberg an. Südlich über dem Kajetanerplatz erhebt sich der Nonnberg als östlicher Ausläufer des Festungsberges, direkt erreichbar über Kaigasse und Nonnbergstiege.

Stift Nonnberg wurde 696 vom hl. Rupert gegründet, der seine Nichte Erentrudis als Äbtissin einsetzte. Es ist das älteste bestehende Frauenkloster im deutschen Sprachraum, für Besucher allerdings nicht zugänglich. Berühmt wurde das Stift Nonnberg vor allem in den USA durch Maria von Kutschera, besser bekannt unter ihrem späteren Namen Baronin von Trapp. Sie war Anwärterin auf das Noviziat in Stift Nonnberg gewesen, doch 1926 schickte das Kloster sie zum verwitweten Baron von Trapp als Erzieherin seiner zahlreichen Kinder. Ein Jahr später heiratete sie den Baron und gründete bald darauf den Chor der Trappfamilie, der schon im alten Österreich musikalische Triumphe feierte, bevor die Familie wegen der Naziherrschaft 1938 in die USA emigrierte.

Stiftskirche ► Die spätgotische Stiftskirche wurde ab 1464 auf den Mauern der 1423 abgebrannten romanischen Basilika errichtet, von der heute noch das Portal und wertvolle Fresken (aus der Zeit um 1150) unter dem Nonnenchor erhalten sind. Der geschnitzte Hochaltar entstand um 1515. Unbedingt sehenswert ist das Glasgemälde im Mittelfenster der Hauptapsis des Straßburger Glasmalers Peter Hemmel von Andlau (1480 gestiftet) sowie die Krypta mit einem wundervollen Netzrippengewölbe, 18 freistehenden Säulen und dem **Felsengrab der hl. Erentrudis**.

Kaigasse Nun geht es weiter durch die Kaigasse. Dieser Hauptstraßenzug des alten Salzburg verläuft nicht gerade, sondern scheint aus mehreren Gässchen zusammengesetzt. Gebäude Nr. 6 beherbergte einst das Domspital, in Nr. 8 lebte **Paracelsus** 1541 bis zu seinem Tod (► Berühmte Persönlichkeiten). Im Hof der ehemaligen Domdechanei (heute Finanzamt), Kaigasse 12, steht seit 1957 zur Erinnerung an den 1914 verstorbenen Dichter **Georg Trakl** (► Berühmte Persönlichkeiten) ein Brunnen.

Kapitelhaus Von der Kaigasse zweigt westlich die Kapitelgasse ab. Gebäude Nr. 4 ist das 1602 erbaute ehemalige Kapitelhaus. Hier wählten bis 1803 die Domherren den Erzbischof.

Kapitelplatz, Kapitelschwemme Die Kapitelgasse mündet auf den gleichnamigen Platz. Bereits im Mittelalter befand sich hier ein »Rosstümpel«, in dem Pferde getränkt und gereinigt wurden. Die 1732 angelegte Kapitelschwemme ziert eine Neptungruppe von Joseph Anton Pfaffinger.

Erzbischöfliches Palais Die Ostseite des Kapitelplatzes begrenzt das Palais, das seit 1864 als Sitz der Salzburger Erzbischöfe dient. Der ältere Bau erhielt seine heutige Fassade in der zweiten Hälfte des 19. Jahrhunderts. Vom Kapitelplatz führt eine Gasse zur Talstation der Festungsbahn.

Domplatz

Vom Kapitelplatz erreicht man den Domplatz, dem die Bögen, die den Dom mit der Residenz und St. Peter verbinden, eine ruhige Abgeschlossenheit verleihen. In seiner Mitte steht eine um 1770 geschaffene Mariensäule. Die Figuren an den Ecken des Sockels aus Untersberger Marmor sind Allegorien der Weisheit, der Kirche, der Engel und des Teufels, darüber steht Maria auf einer Weltkugel.
Die **Stufen des Doms** dienen seit 1920, als hier erstmals Hugo von Hofmannsthals »Jedermann« unter der Regie Max Reinhardts aufgeführt wurde, **als Festspielbühne** (►Baedeker Special, S. 88).

★★ Dom

Der Dom, 1614–1628 von Santino Solari aus dunkelgrauer Nagelfluh vom Mönchsberg erbaut, war die **erste frühbarocke Kirche nördlich der Alpen**. 1657 waren auch die beiden 79 m hohen Türme vollendet. Der erste Bau des Abtbischofs Virgil, 774 geweiht, wurde Ende des 12. Jh.s durch eine fünfschiffige romanische Basilika ersetzt, die 1598 einem Brand zum Opfer fiel. Der heutige dritte Bau wurde 1944 durch Bomben schwer beschädigt, aber bereits 1959 wieder restauriert. Die Portalfront mit vier Kolossalstatuen aus hellem Marmor zeigt zum Domplatz; außen stehen die Landespatrone **Rupert und Virgil** mit Salzfass bzw. Kirchenmodell, innen **Petrus und Paulus** mit Schlüssel und Schwert. Die drei mächtigen Bronzetore mit Symbolen für Glaube (links), Liebe (Mitte) und Hoffnung (rechts) von Toni Schneider-Manzell, Giacomo Manzù und Ewald Mataré kamen 1957/1958 dazu. Die Wappenschilde im Giebelaufsatz erinnern an die Erbauer des Domes, Markus Sittikus und Paris Lodron.

◄ Kühle Pracht

Das Innere des Domes überwältigt durch seine kühle Pracht. Im noch aus dem romanischen Dom stammenden **Taufbecken** (1321) wurde der spätere Domorganist Wolfgang Amadeus Mozart getauft. Arsenio Mascagni malte 1628 im Hochaltar die Auferstehung Christi. Von ihm und seinen Schülern stammen auch die Fresken in den Gewölbefeldern der Stuckaturen. Die Bronzekanzel an der dritten Säule rechts schuf 1959 Toni Schneider-Manzell. Die Orgel des Salzburger Doms ist berühmt wegen ihres wundervollen Klangs.

◄ Krypta

Unter der Vierung wurde 1957–1959 inmitten der Fundamente der mittelalterlichen Dome eine mehrräumige Krypta als neue Ruhestätte der Erzbischöfe angelegt. Im Mittelraum, der Kryptakapelle, steht der Altar auf einem Mauerrest des vorangegangenen karolingischen Domes; das romanische Kruzifix stammt vom Beginn des 13. Jahrhunderts. Der nördliche Raum gehörte einst zur Unterkirche des romanischen Doms, von der Vierungspfeiler, Wandhalbsäulen und Säulenbasen erhalten sind. Dieser Raum setzt sich außerhalb des Domes nach Osten fort und ist als Domgrabungsmuseum zugänglich (Öffnungszeiten: Mai–Okt. Mi.–So. 9.00–17.00 Uhr).

Dommuseum

Das Dommuseum zeigt sakrale Gegenstände wie das karolingische Rupertuskreuz und Kurioses aus der **erzbischöflichen Kunst- und Wunderkammer** (Eingang in der Vorhalle; Öffnungszeiten: Mitte Mai–Mitte Okt. Mo.–Sa. 10.00–17.00, So. 13.00–18.00 Uhr).

BAROCKE PRACHT

✶✶ **Der mächtige Salzburger Dom ist die erste frühbarocke Kirche nördlich der Alpen, erbaut an der Stelle des 1598 niedergebrannten romanischen Vorgängerbaus zwischen 1614 und 1657. Eingeweiht wurde der Dom bereits 1628 von Fürsterzbischof Paris Lodron. Mit 99 m Länge, 68 m Breite und einer Kuppelhöhe von 71 m ist sie auch eine der größten Kirchen und bietet Platz für fast 10 000 Menschen.**

Öffnungszeiten:
tgl. 6.30–17.00, im Sommer bis 19.00 Uhr, nicht zu besichtigen während der Gottesdienste

① Bronze-Taufbecken
In diesem mächtigen Bronze-Taufbecken aus der ersten Hälfte des 14. Jahrhunderts in der ersten Seitenkapelle links vom Eingang wurde auch der berühmteste Salzburger getauft: Wolfgang Amadeus Mozart.

② Steinerne Wächter
Die steinernen Kolossalstatuen wirken ebenso hoheitsvoll wie das Gotteshaus, vor dessen Portalen sie stehen: Rupert und Virgil mit Salzfass und Kirchenmodell außen, Petrus und Paulus mit Schlüssel und Schwert innen bewachen die Front des Doms.

③ Das Kirchenschiff
Heller Stuck dominiert die kühle Pracht des Kirchenschiffs – insgesamt eine Machtdemonstration der Gegenreformation, beeindruckend in Ausmaß und Gestaltung.

④ Die Vierungskuppel
Ein Blick in die herrlich ausgemalte Vierungskuppel offenbart die schwindelnden Höhen, in der die Dombauer und Kirchenmaler einst arbeiten mussten.

⑤ Im Dommuseum
Zu den kostbarsten Kunstschätzen des Dommuseums mit seinen vielen bedeutenden sakralen Kunstwerken gehört eine vergoldete und mit Edelsteinen besetzte Hostientaube aus Limoges, entstanden in den ersten Jahrzehnten des 13. Jahrhunderts.

Salzburg Dom

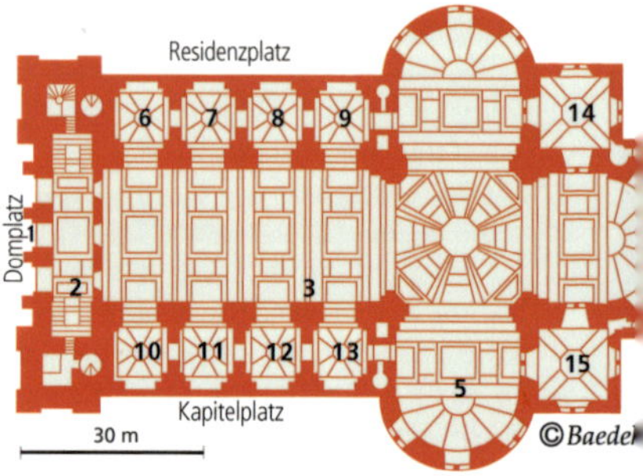

1 Eingang vom Domplatz (3 Bronzetüren)
2 Zugang zum Museum
3 Kanzel
4 Hochaltar
5 Zugang zur Krypta
6 Taufkapelle
7 St. Annakapelle
8 Verklärung-Christi-Kape
9 Kreuzkapelle
10 Sebastianskapelle
11 Karl-Borromäus-Kapelle
12 Martinskapelle
13 Heiliggeistkapelle
14 Rupertusoratorium
15 Virgilsoratorium

gruft mit den Gräbern von **Johann Michael Haydn** und **Nannerl Mozart**. Dann geht es hinauf in die Gertrauden- und die Maximus-kapelle.

Stiftskirche St. Peter (★)

Die Stiftskirche St. Peter wurde 1130 – 1143 erbaut, 1605 – 1625 verändert und 1770 – 1777 im Rokokostil ausgeschmückt. Aus dieser Zeit stammen auch die Turmhauben. Innerhalb der Turmvorhalle ist das romanische Westportal (um 1240) mit Skulpturen im Bogenfeld erhalten; die Rokokotür stammt von 1768.

Das Innere lässt noch immer die romanische Basilika erkennen und enthält zahlreiche interessante Grabmäler. In der dritten Kapelle an der Rückseite des Altars befindet sich das **Felsengrab des hl. Rupert** mit einer Grabtafel von 1444. Nahezu alle Bilder der 16 Marmoraltäre hat der Kremser Martin Johann Schmidt (1718 – 1801) geschaffen. Die Marienkapelle an der Nordseite der Kirche stammt aus dem Jahr 1319. Beachtenswert sind eine Muttergottesstatue aus der gleichen Zeit sowie frühgotische und moderne Fresken (1955).

> **! Baedeker TIPP**
>
> **5-Uhr-Konzerte**
>
> Ein Fixpunkt in der Musiktradition Salzburgs sind die 5-Uhr-Konzerte, die von Juli bis Ende September täglich außer mittwochs von 17.00 bis 17.45 Uhr in der Johann-Michael-Haydn-Gedenkstätte zu hören sind.

Rupertinum (★)

Nordwestlich von St. Peter am Max-Reinhardt-Platz steht der merkwürdig schmale, hohe Bau des Rupertinums. Jahrhundertelang diente er als Priesterseminar, seit 1983 logiert in seinen Mauern das **Museum der Moderne Rupertinum**. Schwerpunkte der Sammlung sind Werke aus der Zeit um 1900 (Toulouse-Lautrec, Klimt, Klinger), des Expressionismus (Kokoschka, Kollwitz, Barlach) und der österreichischen Avantgarde (Rainer, Brus). Das Rupertinum beherbergt außerdem die **Österreichische Fotogalerie** und ist für seine zahlreichen Sonderausstellungen bekannt (Öffnungszeiten: Di. – So. 10.00 bis 18.00, Mi. bis 21.00 Uhr). Ergänzt wird das Haus durch das Museum der Moderne auf dem Mönchsberg (►S. 227).

Kollegienkirche, Universität

Am Max-Reinhardt-Platz steht auch die Kollegienkirche, 1696 – 1707 von J. B. Fischer von Erlach im Barockstil für die damalige Universität gebaut. Westlich an die Kollegienkirche und den Wilhelm-Furtwängler-Garten, den einstmaligen Botanischen Garten, grenzt die 1962 (wieder) eröffnete Paris-Lodron-Universität. Bereits 1622 von Erzbischof Paris Graf Lodron gegründet, war sie beim Anschluss Salzburgs an Bayern 1810 aufgelöst worden.

Festspielhäuser (★)

Westlich der Franziskanerkirche und des Stiftes St. Peter, zwischen Max-Reinhardt- und Herbert-von-Karajan-Platz liegt das Festspielhaus. Der 225 m lange Bau setzt sich zusammen aus dem Haus für Mozart (dem früheren Kleinen Festspielhaus) und dem Großen Festspielhaus; dazwischen liegen das neu gestaltete Foyer, Direktionsräume, Werkstätten und der Karl-Böhm-Saal, neben Letzterem die Felsenreitschule. (Führungen: Jan. – Mai, Okt. – Dez. tgl. 14.00, Juni u. Sept. 14.00 u. 15.30, Juli u. Aug. 9.30, 14.00 u. 15.30 Uhr, Festspielshop, Hofstallgasse 1, Tel. 06 62 / 84 90 97; www.salzburgfestival.at).

Haus für Mozart ► 1924/1925 wurde die ehemalige erzbischöfliche Winterreitschule zum Kleinen Festspielhaus umgebaut und in den Jahren 1926, 1937/1938 und 1963 erneut umgestaltet. Pünktlich zum Mozartjahr 2006 wurde der Umbau des Kleinen Festspielhauses zum »Haus für Mozart« nach Plänen der Architekten Wilhelm Holzbauer und François Valentiny vollendet.

Großes Festspielhaus ► Das Große Festspielhaus baute Clemens Holzmeister 1956 bis 1960. Sein 40 m hohes, gewaltiges Bühnenhaus dringt tief in den Mönchsberg ein, von dem über 55 000 m³ Fels abgetragen wurden. Manches davon fand Verwendung zur Verkleidung der Stahlbetonsäulen; der Boden des Foyers besteht aus Adneter Marmor. Der fast quadratische Zuschauerraum, **wegen seiner Akustik gerühmt**, hat 2180 Plätze.

Felsenreitschule ► Von 1693 stammt die Felsen- oder Sommerreitschule (1968/69 von Clemens Holzmeister umgebaut), errichtet an der Stelle eines Steinbruchs. Ihre in drei Reihen aus dem Fels herausgehauenen Zuschauergalerien bieten 1549 Plätze. Früher veranstaltete man dort Turniere und Reitvorführungen, heute finden Theater- und Opernaufführungen – auch im Rahmen der Salzburger Festspiele – statt.

Marstallschwemme, Neutor

Am westlich des Universitätsgebäudes gelegenen Karajan-Platz stößt man auf die 1695 angelegte Marstallschwemme, einst gedacht zur Säuberung der Pferde. Die Rossebändigergruppe stammt von Michael Bernhard Mandl. Zwischen Festspielhaus und Pferdeschwemme führt das mit Portalen der Brüder Hagenauer geschmückte Neu- oder Sigmundstor, ein 1764 – 1767 durch den Mönchsberg gebrochener, 123 m langer Straßentunnel nach Riedenburg und Maxglan.

Spielzeugmuseum

Wenige Schritte nordwestlich des Herbert-von-Karajan-Platzes steht am Bürgerspitalplatz das einstige Bürgerspital. Heute beherbergt es das nicht nur Kinder entzückende Spielzeugmuseum, übrigens die größte Spielzeugsammlung Österreichs (die sog. Sammlung Folk) und eine umfangreiche schöne Sammlung historischer Musikinstrumente (Öffnungszeiten: tgl. 9.00 bis 17.00 Uhr, www.smca.at).

Die schräg gestellte frühgotische **Bürgerspitalkirche** wurde im Jahr 1350 geweiht. Ihr schönstes und kostbarstes Ausstattungsstück ist ein ausgesprochen kunstvoll geschnitztes Sakramentshäuschen aus dem 15. Jahrhundert.

! *Baedeker* TIPP

»Seid ihr alle da?«

Das Programm des Spielzeugmuseums verrät, an welchen Tagen es dort um 15.00 Uhr erst ganz leise und dann ganz laut wird – wenn nämlich der Museumskasperl kommt und die Frage aller Kasperl stellt.

Der Kontrast zum barocken Altstadtgepräge könnte nicht größer sein: Museum der Moderne.

Gstättengasse

Die enge Gstättengasse – als Gstätten bezeichnete man zum Ackerbau ungeeignetes Land – verläuft am Fuß des Mönchsberges. Seit 1669 ein Felssturz 230 Menschenleben gefordert und die Gasse vollkommen verwüstet hatte, wird die Mönchsbergwand alljährlich im Frühjahr durch »**Bergputzer**« von losem Gestein befreit.

Mönchsberglift

Wer jetzt gerne einmal das Ganze im Überblick haben möchte, nimmt den Mönchsberglift am Ende der Gstättengasse (Betriebszeiten: tgl. 9.00 – 23.00 Uhr). Die Auffahrt lohnt sich – von oben bietet sich einer der schönsten Blicke auf die Altstadt.

★ **Museum der Moderne**

Der Abstecher lohnt sich auch insofern, als seit Herbst 2004, an Stelle des einst berühmten Cafés Winkler, neben der Aussicht das neue »Museum der Moderne« mit einer bedeutenden Kollektion der klassischen Moderne und internationalen Kunst seit 1945 die Besucher anzieht (Öffnungszeiten: Di. – So. 10.00 – 18.00, Mi. bis 21.00 Uhr; www.museumdermoderne.at).

Müllner Kirche

Nun fährt man entweder wieder hinab in die Gstättengasse oder spaziert oben weiter, erst zur Humboldt-Terrasse, einer ebenfalls aussichtsreichen Felsenkanzel, dann hinab durch die romantischen Torbauten der Augustinus- und Monikapforte – Reste der alten Befestigungsanlagen von 1623 – zur Müllner Kirche.
Ein Bogen verbindet die Kirche mit dem Augustinerkloster (1835 von Benediktinern übernommen), das wegen des leckeren selbst

gebrauten Bieres schon seit dem 19. Jahrhundert bekannt ist. In den Brauereigaststätten (»Bräustübl«) finden bis zu 3000 Personen Platz, im schattigen Garten sind 2000 Sitzplätze vorhanden – man muss aber keine Sorge haben, dass etwa das Bier ausgeht, es ist genug vorhanden. Zurück in die Altstadt kommt man über die Müllner Hauptstraße bzw. entlang der Salzach.

! *Baedeker* TIPP

Panoramafahrt

Einen anderen Blickwinkel auf Salzburg bietet das Panoramaschiff »Amadeus Salzburg«, das von Mitte April bis Mitte Oktober täglich mehrmals am Makartsteg vor der Altstadt ablegt (Informationen unter Tel. 06 62 / 82 58 58, www.salzburghighlights.at).

Die Markuskirche wurde 1699 bis 1705 von J. B. Fischer von Erlach städtebaulich sehr wirkungsvoll auf trapezförmigem Grundriss errichtet. Auch die Kanzel im reich stuckierten Innern ist von Fischer von Erlach, die Deckenfresken wurden 1756 von Christoph Anton Mayr gemalt.

✶ Haus der Natur

Am Museumsplatz ist das Haus der Natur in das ehemalige Ursulinenkloster eingezogen. Das faszinierende **Naturkundemuseum** für angewandte und darstellende Naturkunde von der Urzeit bis zur Gegenwart mit Attraktionen wie Aquarium, Reptilienzoo und Weltraumhalle begeistert Erwachsene und Kinder gleichermaßen (Museumsplatz 5; Öffnungszeiten: tgl. 9.00 – 17.00 Uhr).

Griesgasse

Um den Stadtrundgang fortzusetzen, geht man zurück zum Anton-Neumayr-Platz und biegt links in die Griesgasse ein. Die im 17. Jh. angelegte Straße säumen noch Häuser mit Fassaden aus dem 17./18. Jahrhundert.

Trachtenmuseum

In der Griesgasse 25 hat neben einem handwerklichen Trachtenherstellungsbetrieb das Trachtenmuseum seinen Sitz. Zu sehen gibt es Trachten, die heute in der Region getragen werden, sowie deren Vorlagen aus der Barock- und Biedermeierzeit (Öffnungszeiten: Di. – Fr. 10.00 – 12.00 und 14.00 – 16.00 Uhr).

Getreidegasse

Die wohl meistfotografierte Gasse der Stadt, die Getreidegasse, wird gesäumt von schönen Bürgerhäusern; altertümliche schmiedeeiserne Geschäfts- und Wirtshausschilder zieren die vielen hübschen Läden. Am Haus Nr. 3 erinnert eine Gedenktafel an **August Bebel**, der 1859/1860 hier als Drechslergeselle arbeitete. In südlicher Richtung führen Hausdurchgänge, sog. Durchhäuser, zum Universitätsplatz.

✶ Mozarts Geburtshaus

Beliebtestes Ziel ist die Getreidegasse 9: Hier erblickte Wolfgang Amadeus Mozart am **27. Januar 1756** das Licht der Welt. 1747 – 1773 wohnte die Familie Mozart im dritten Stock; hier wurden sieben Kinder geboren, von denen nur zwei überlebten. Die Räume sind als

Wer dem Strom der vielen, vielen Touristen folgt, landet zwangsläufig in der Getreidegasse und vor Mozarts Geburtshaus. Hübsche Läden gibt es hier auch.

Museum eingerichtet. Gezeigt werden Gegenstände aus Mozarts Leben und Schaffen, darunter seine Kindergeige, Bildnisse, ein Klavichord von 1760, ein 1780 gefertigtes Hammerklavier und Noten. Die Ausstellung im zweiten Stockwerk widmet sich dem Thema »Mozart auf dem Theater«, im ersten Stockwerk werden jährlich wechselnde Sonderausstellungen gezeigt. Im hinteren Haus folgt die Ausstellung »Bürgerliche Wohnung in Salzburg zur Mozartzeit« (Öffnungszeiten: tgl. 9.00 – 17.30, Juli, Aug. bis 18.30 Uhr).

Rathaus

Am östlichen Ende der Getreidegasse steht das Rathaus, ein Barockbau (1616 – 1618) mit reizvoller Muschelverzierung aus der Zeit des Rokoko. Umgeben ist es von zahlreichen alten Salzburger Bürgerhäusern, die schon im Mittelalter aufgrund der beengten räumlichen Situation vier bis fünf Stockwerke in die Höhe wuchsen.

Alter Markt

Südöstlich folgt der Alte Markt, einer der stimmungsvollsten und ältesten (13. Jh.) Plätze in Salzburg. Das alteingesessene **Café Tomaselli** lockt zur süßen Pause – schließlich war auch Mozart hier schon zu Gast. Die gegenüberliegende, 1591 eröffnete Fürstbischöfliche Hofapotheke besitzt eine entzückende Rokokoeinrichtung. In der Mitte des Alten Marktes steht der Markt- oder Florianibrunnen (1687); sein schönes Renaissancespiralgitter ist noch älter (1583). Zu verweisen ist ferner auf das **kleinste Haus der Stadt** – dennoch ist Platz für ein Geschäft und sogar für Schmuckwerk: Die Dachtraufe wird von einem Wasser speienden Drachen bewacht.

Der Alte Markt ist Salzburgs gute Stube.

Judengasse Östliche Fortsetzung der Getreidegasse ist die Judengasse, wo ebenso wie in der abgehenden Brod- und Goldgasse noch viele im Kern mittelalterliche Häuser stehen. In der Brodgasse erfand der **Salzburger Konditor Paul Fürst 1890 die Mozartkugeln.** Über die Goldgasse kommt man zurück zum Residenzplatz.

✶✶ Festung Hohensalzburg

Wahrzeichen Salzburgs Die gewaltige Hohensalzburg (542 m), die größte noch vollständig erhaltene Burg Mitteleuropas, thront als Wahrzeichen Salzburgs mit ihren mittelalterlichen und barocken Wehrbauten auf dem Festungsberg, dem Südostgipfel des Mönchsberges, 120 m über der Salzach. Man erreicht sie in zwei Minuten mit der Standseilbahn (Festungsgasse) oder zu Fuß in etwa 20 Minuten vom Kapitelplatz aus durch die Festungsgasse bzw. vom Mönchsberg durch das Schartentor. Schon beim Aufstieg ergeben sich immer wieder weite und prächtige Ausblicke.

Geschichte Ab 1077 unter Erzbischof Gebhard während des Investiturstreits **zur Stärkung der kirchlichen Machtstellung erbaut**, erhielt die Burg ihre heutige Gestalt im Wesentlichen um 1500 durch Erzbischof Leonhard von Keutschach, dessen Wappensteine – die mit der Rübe – überall zu sehen sind. Der Dreißigjährige Krieg bewog Erzbischof Paris Lodron, weitere Befestigungen durchführen zu lassen. Mit der Vollendung der Kuenburg-Bastei 1681 war der Ausbau abgeschlossen. Nur ein Mal wurde die Hohensalzburg belagert: 1525 zogen aufständische Bauern vor die Burg, konnten sie aber nicht einnehmen. Die 1861 aufgelassene Festung diente bis 1938 zeitweilig als Kaserne und Gefängnis. Seit 1953 treffen sich hier in den Sommermonaten Kunstfreunde aus aller Welt in der von Oskar Kokoschka und dem Salzburger Galeristen Friedrich Welz ins Leben gerufenen »Schule des Sehens«, der heutigen **Internationalen Sommerakademie**.

Besichtigung

Die Festungscard berechtigt außer zur Besichtigung der Museen und der Innenräume auch zur Fahrt mit der Festungsbahn (Okt. – April 9.30 – 17.00, Mai/Juni u. Sept. bis 18.00, Juli/Aug. bis 19.00 Uhr, www.salzburg-burgen.at). Nur im Rahmen von Führungen zugänglich sind die Prunkräume der Salzburger Erzbischöfe (in der Gruppe mit Audioguide).

Burghof

Auf der steilen Zufahrt (kein privater Autoverkehr!) kommt man durch drei Sperrbogen hindurch und an der riesigen Wand der Feuerbastei von 1681 vorbei zu einer früher mit Pferden betriebenen, heute noch benutzten **Versorgungsseilbahn von 1504** und durch die Rosspforte in den äußeren Burghof (Haupthof) mit alten Linden und der 1539 gegrabenen Zisterne. Die 1501/1502 erbaute **Georgskirche** zeigt an der Außenwand das prachtvolle Hochrelief Leonhard von Keutschachs aus rotem Marmor, von Hans Valkenauer im Jahr 1515 und damit bereits zu Lebzeiten des Erzbischofs geschaffen. Die 13 Reliefs im Inneren, gehauen aus Adneter Scheckmarmor (1502), stellen Christus und die 12 Apostel dar.

Innenräume

Die Führung durch die Festung beginnt mit der ehemaligen Gerichtsstube im Reck- oder Gerichtsturm, dessen Plattform (170 m über der Stadt) eine hervorragende Aussicht bietet. Weiter geht es über den Wehrgang zum »**Salzburger Stier**«, einer Freiorgel von 1502 mit 200 Pfeifen, die täglich um 7.00, 11.00 und 18.00 Uhr nach dem Glockenspiel des Residenz-Neugebäudes zu hören ist. Die Wendeltreppe führt zu den spätgotischen Fürstenzimmern im dritten Stock. Die Goldene Stube besitzt Marmorportale, deren Türen kunstvoll mit schmiedeeisernen Ranken beschlagen sind. Hier steht der berühmte Kachelofen, ein Prachtstück Salzburger Hafnerkunst von 1501. Der sich anschließende Große oder Goldene Saal wirkt mit seiner blau und rot bemalten Holzvertäfelung und seinen Säulen aus rotem Adneter Marmor außerordentlich festlich.

Burgmuseen

Das **Festungsmuseum** im »Hohen Stock«, zugehörig zum »Salzburg Museum«, erhielt für seine Darstellung der Burggeschichte, der mittelalterlichen Gerichtsbarkeit und der mittelalterlichen Wohnverhältnisse **2001 den Österreichischen Museumspreis**. Ebenfalls in der Festung untergebracht ist das so genannte **Rainermuseum** zur Geschichte des 1871 – 1928 hier kasernierten Salzburger Hausregiments »Erzherzog Rainer« Nr. 59 (im Winter geschlossen). In den Fürstenkellern residiert das **Marionettenmuseum** mit Figuren aus aller Welt

WAHRZEICHEN SALZBURGS

✶✶ Hoch über Salzburg thront das Wahrzeichen der Stadt. Die im Jahr 1077 von dem Erzbischof und Landesfürsten Gebhard I. von Helffenstein errichtete Hohensalzburg ist mit ihren mittelalterlichen und barocken Wehrbauten eine der besterhaltenen Burgen Europas.

① Burghof

Der äußere Burghof (Haupthof) ist das Zentrum der Burg. Hier, inmitten von alten Linden, liegt mit der 1539 gegrabenen Zisterne und der Georgskirche das Herz der Festung.

② Salzburger Stier

Die Freiorgel von 1502 spielt täglich um 7.00, 11.00 und 18.00 Uhr nach dem Glockenspiel der Neuen Residenz. Angelegt wurde das Hornwerk mit 200 zinnernen Pfeifen unter Erzbischof Leonhard von Keutschach.

③ Fürstenzimmer

Die Goldene Stube besitzt Marmorportale, deren Türen kunstvoll mit schmiedeeisernen Ranken beschlagen sind. Der sich anschließende Große oder Goldene Saal wirkt mit seiner blau und rot bemalten Holzvertäfelung und seinen Säulen aus Adneter Marmor außerordentlich festlich.

④ Georgskirche

An der Außenwand der 1501/1502 erbauten Kirche sieht man das Hochrelief Leonhard von Keutschachs, von Hans Valkenauer 1515 – und damit bereits zu Lebzeiten des Erzbischofs – geschaffen.

Öffnungszeiten:
Burghof, Georgskirche und die Museen können ohne Führung besichtigt werden: Jan. – April und Okt. – Dez. 9.30 – 17.00, Mai, Juni u. Sept. 9.30 – 18.00, Juli/Aug. 9.30 – 19.00 Uhr.
Nur im Rahmen von Führungen zugänglich sind die Prunkräume (Auskunft: Tel. 0662/84243011, www.hohensalzburg.com)

Hohensalzburg Orientierung

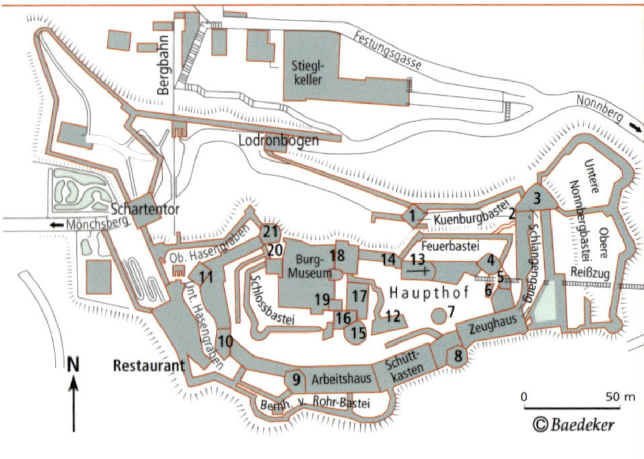

1 Keutschachbogen
2 Brücke
3 Bürgermeisterturm
4 Trompeterturm
5 Reißturm
6 Höllenpforte
7 Zisterne
8 Schmiedturm
9 Geyerturm
10 Hasenturm
11 Reckturm
12 Kaplanstöckl
13 Georgskirche
14 Krautturm
15 Kuchelturm
16 Pfisterei
17 Wallmeisterstöckl
18 Hoher Stock
19 Feuertürme
20 Keutschachzisterne
21 Glockenturm

(www.mozarteum.at) gebaut, deren Zielsetzung die Pflege der Tonkunst und der Mozartverehrung ist; sie veranstaltet Konzerte und verwaltet die verschiedenen Mozart-Museen. Im Basteigarten steht das so genannte **Zauberflötenhäuschen**, ein Gartenhaus des früheren Freihaustheaters am Naschmarkt in Wien, in dem einem Ondit zufolge Mozart 1791 die »Zauberflöte« komponiert haben soll. 1873 gelangte es durch Schenkung nach Salzburg, seit 1950 steht es am jetzigen Platz.

! *Baedeker* TIPP

Klangvolles Souvenir

Die Internationale Stiftung Mozarteum gibt auf CDs u. a. Werke von Mozart heraus, die mit original Mozart-Instrumenten aufgenommen wurden. Erhältlich sind sie in Mozarts Geburtshaus in der Getreidegasse 9 und in Mozarts Wohnhaus am Makartplatz 8.

Der **Mirabellgarten**, dessen Haupteingang am Makartplatz liegt, liefert mit seinen Terrassen, Marmorstatuen und Springbrunnen ein **ausgezeichnetes Beispiel barocker Gartenkunst**. Entworfen wurde er um 1690 von J. B. Fischer von Erlach. Den Mittelpunkt bildet eine Fontäne, umgeben von Gruppen mythologischer Figuren als Allegorien für die Elemente Feuer, Luft, Erde und Wasser. In der südwestlichen Ecke des Mirabellgartens findet man ein 1717 nach französischem Vorbild angelegtes Heckentheater.

* Zwerglgarten

Eine Besonderheit ist der Zwerglgarten. Erzbischof Franz Anton Harrach ließ um das Jahr 1715 darin 28 **groteske Zwergenfiguren** aufstellen (S. 54). Kronprinz Ludwig von Bayern fand sie so scheußlich, dass er sie 1812 entfernen ließ. Bedauerlicherweise wurde nur ein Teil der Figuren später wieder gefunden und am ursprünglichen Platz aufgestellt. Die zwischen 1,20 und 1,40 m großen Steinfiguren stellen stark verfremdet unterschiedliche Charaktere oder Berufe dar – darunter eine Bäuerin, ein Ballspieler, ein Lahmer und eine bucklige Frau.

Kurgarten

Nach Norden geht der Mirabellgarten in den Kurgarten über. An der Nordseite stehen das Paracelsus Kurhaus und das 2001 eröffnete neue Kongresszentrum.

* Schloss Mirabell

Erzbischof Wolf Dietrich von Raitenau ließ Schloss Mirabell 1606 für seine Freundin und Mutter seiner 15 Kinder, die Kaufmannstochter **Salome Alt** (▸ Berühmte Persönlichkeiten), errichten. Nach Wolf Dietrichs Sturz 1612 musste sie das Schloss verlassen, das nun als erzbischöfliche Sommerresidenz diente. Zwischen 1721 und 1727 wurde es von Lukas von Hildebrandt zu einem spätbarocken Palast umgestaltet. Nach dem Stadtbrand von 1818 stellte ihn Peter von Nobile im klassizistischen Stil seiner Zeit wieder her. Seit 1947 ist Schloss Mirabell **Amtssitz des Bürgermeisters** und der Stadtverwaltung. Von Hildebrandts Bau ist vor allem die prachtvolle Treppe, im

Volksmund »**Engelsstiege**« genannt, mit Marmorbalustrade, Stuckornamenten und entzückenden Putten von Georg Raphael Donner erhalten (► S. 27). Die Treppe führt zum Marmorsaal im ersten Stock, der heute für Konzerte und Trauungen genutzt wird.

Barockmuseum

Ein Trakt der ehemaligen Orangerie des Mirabellschlosses ist heute Teil des Salzburger Barockmuseums. Die europäische Kunst des 17. und 18. Jh.s ist hier vor allem durch Ölskizzen, Modelle und Entwürfe für Kunstwerke von Rubens, Rottmayr, Veronese, Tiepolo u. a. vertreten (Öffnungszeiten: Di. – Sa. 9.00 – 12.00 u. 14.00 – 17.00, So. u. Fei. 10.00 bis 13.00 Uhr).

★ Friedhof St. Sebastian

Wenn man nach der Staatsbrücke nicht nach links zum Makartplatz abbiegt, sondern geradeaus geht, kommt man geradewegs in die **Linzer Gasse**, die zu einer beliebten Einkaufsstraße avancierte. Nach wenigen hundert Metern folgt auf der linken Seite die ursprünglich aus dem 16. Jh. stammende, 1749 – 1753 im Rokokostil erneuerte Sebastianskirche, die ihrerseits den Sebastiansfriedhof begrenzt. Im Durchgang findet man links an der Wand das Grabmal des Arztes und Naturforschers Theophrastus Paracelsus (►Berühmte Persönlichkeiten), der 1541 in Salzburg starb. Der Friedhof St. Sebastian wurde unter der Ägide von Erzbischof Wolf Dietrich nach dem Vorbild eines italienischen Campo Santo angelegt und bietet eine gute Übersicht über die **Grabmalkunst des 17. – 19. Jahrhunderts**. In der Mitte steht die Gabrielskapelle, das kunstvoll gestaltete Mausoleum für Erzbischof Wolf Dietrich († 1617). Am Weg zur Kapelle ruhen Mozarts Vater Leopold († 1787), Constanze Mozart, wiederverheiratete von Nissen († 1842), und Genoveva von Weber († 1798), Mutter des Komponisten Carl Maria von Weber und Tante von Constanze Mozart.

Kapuzinerberg

Südlich der Sebastianskirche, an der Linzer Gasse 14, führt der **Stefan-Zweig-Weg** an Kreuzwegkapellen des 18. Jh.s und dem Kapuzinerkloster (prächtige Panoramasicht von der »Kanzel« unterhalb des Klosters) vorbei hinauf zum Kapuzinerberg (638 m), der von einem lichten Wald bedeckt ist und mehrere Aussichtspunkte bietet, darunter die »**Aussicht nach Bayern**«. Nach insgesamt etwa einer halben Stunde Fußweg erreicht man den Gipfel mit dem 1629 erbauten Franziskischlössl (heute Gartenrestaurant).
Vom Kapuzinerkloster kommt man auch über die Imbergstiege und die noch recht mittelalterlich wirkende Steingasse wieder in die Stadt. In der Steingasse 9 wurde übrigens 1792 Joseph Mohr geboren, der Dichter des Weihnachtsliedes »Stille Nacht, heilige Nacht«.

Nördliche Umgebung von Salzburg

★ Wallfahrtskirche Maria Plain

Einen Besuch lohnt am nördlichen Stadtrand von Salzburg die Wallfahrtskirche Maria Plain, die sich weithin sichtbar auf dem 530 m hohen Plainberg erhebt. Man erreicht das Gotteshaus über den alten

Barocke Pracht – Altäre in der Wallfahrtskirche Maria Plain

Wallfahrtsweg (s. u.), kann aber auch mit dem Auto bis zum Gasthof auf dem Plainberg hinauffahren und gelangt dann vorbei am Kalvarienberg über eine Treppe zur Wallfahrtskirche.
Die Kirche birgt das von einem unbekannten Maler geschaffene Gnadenbild Marias mit dem Jesuskind, das **seit 1633 als wundertätig verehrt** wird, weil es im niederbayerischen Regen einen Brand fast unversehrt überstand. 1656 kam es auf den Plainberg und eine Folge wunderbarer Heilungen zog schon bald unzählige Pilger an. Da ließ Erzbischof Maximilian Gandolf von Khuenburg nach Entwürfen des Hofbaumeisters Giovanni Antonio Dario 1671 – 1674 die heutige in Blau und Gold gehaltene Kirche erbauen. Ihre doppeltürmige Barockfassade erinnert an die des Salzburger Doms. Die prachtvolle Ausstattung stammt aus der Entstehungszeit. Der Hochaltar birgt das Altarbild Mariä Himmelfahrt sowie im Aufsatz ein Rundbild der Heiligen Dreifaltigkeit, flankiert vom Josefs- und Kreuzaltar – beide entstanden unter Mitarbeit von Thomas Schwanthaler.
Der alte **Wallfahrtsweg** beginnt in Salzburg an der Rainer-/Elisabethstraße, folgt aber erst ab der Plainbrücke dem ursprünglichen Verlauf. Am Fuß der Wallfahrtskirche gelangt man zu den Kapellen (Ende 17. Jh.). Die offene Kapelle mit der Kreuzigungsgruppe wurde 1685 gestiftet. Dazu kommen die Schmerzenskapelle (1728 – 1734) mit einer Pietà und die Heilig-Grab-Kapelle von 1692 mit einer Nachbildung des Heiligen Grabes.

? WUSSTEN SIE SCHON …?

- Das als wundertätig verehrte Gnadenbild in der Wallfahrtskirche Maria Plain wurde 1752 feierlich gekrönt, soviel ist historisch belegt. Dem Reich der Legende hingegen dürfte die Behauptung zuzuschreiben sein, dass Wolfgang Amadeus Mozart seine »Krönungsmesse« 1779 aus Anlass der Wiederkehr des Krönungstages geschrieben hat.

Salzburg Umgebung

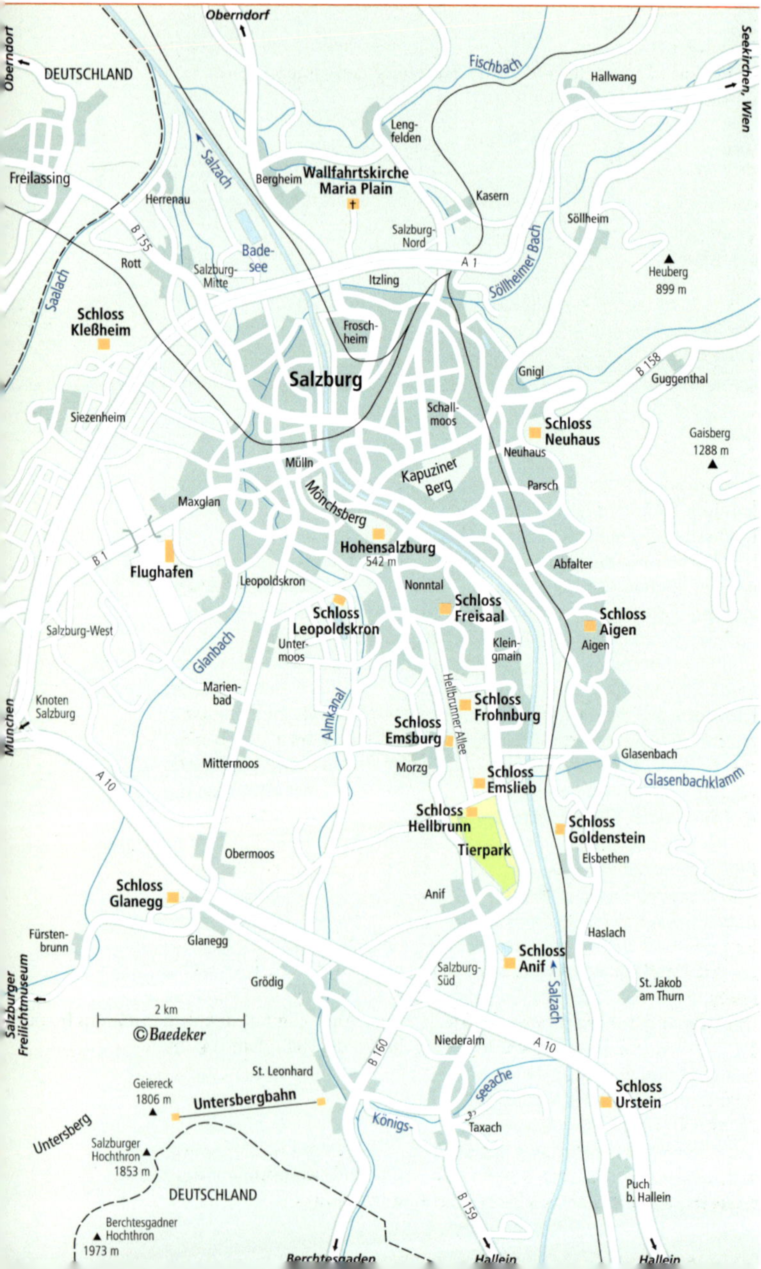

Östliche Umgebung von Salzburg

Gnigl

Im Vorort Gnigl am Fuß des Kühbergs erhebt sich – weithin sichtbar – das aus einer mittelalterlichen Hausburg hervorgegangene, 1851 umgebaute Schloss Neuhaus.

Kirche zum hl. Blut in Parsch

Wenig südlich, in Parsch am Abhang des Gaisbergs, steht die 1956 nach Plänen der Holzmeister-Schüler Holzbauer, Kurrent und Spalt durch Umbau eines Bauernhofes entstandene Kirche zum hl. Blut, im Volksmund liebevoll-spöttisch »**Talstation Gottes**« genannt. Sie gilt als einer der bedeutendsten Kirchenbauten des 20. Jh.s in Österreich. Die Gravuren am südlichen Portal entstanden nach Zeichnungen von Oskar Kokoschka, die Figur des Gekreuzigten über dem nördlichen stammt von Fritz Wotruba.

✶ Gaisberg

Der Gaisberg (1288 m), einer der Hausberge Salzburgs und leicht erkennbar am hohen **Sendemast**, ist entweder auf dem reizvollen Wanderweg von Glasenbach über die Glasenbachklamm zu erreichen oder von Norden her mit dem Auto. Der private Autoverkehr wird bei hohem Aufkommen allerdings eingeschränkt zugunsten des öffentlichen Nahverkehrs. Oben reicht die großartige Rundsicht vom Dachstein bis zum Chiemsee.

◄ Salzburgring

Nordöstlich vom Gaisberg liegt der Salzburgring, auf dem nationale und internationale Motorrad- und Automobilrennen ausgetragen werden (Termine und Infos unter www.salzburgring.com).

Südliche Umgebung von Salzburg

Schloss Leopoldskron

Im Süden der Stadt, vom Stadtteil Nonntal zu Fuß in 20 Minuten zu erreichen, liegt am Leopoldskroner Weiher das ehemals erzbischöfliche Schloss Leopoldskron, ein Rokokopalast von 1736. 1918 – 1956 gehörte es **Max Reinhardt** und seinen Erben; heute dient es dem »Salzburg Seminar in American Studies« (keine Besichtigung).

✶ Hellbrunner Allee

Ein schöner Spaziergang (oder eine Fahrradtour) führt vom Zentrum Salzburgs auf der für den Autoverkehr gesperrten Hellbrunner Allee zum ca. 4 km entfernten Schloss Hellbrunn. Den besonderen Reiz des Spaziergangs machen die Schlösser aus, die sich der Salzburger Adel entlang der schnurgerade verlaufenden Allee hat errichten lassen.

◄ Schloss Freisaal

Der Reigen der Adelssitze an der Hellbrunner Allee beginnt mit dem Schloss Freisaal (Freisaalweg 12). Der Name des seit dem 14. Jh. mehrfach umgebauten kleinen Wasserschlosses leitet sich von dem Begriff »Freudensaal« her. Seinen »Freuden« ging hier Erzbischof Pilgrim II. nach (keine Besichtigung).

◄ Schloss Frohnburg

Schloss Frohnburg (Hellbrunner Allee 53) ist ein schlichter Barockbau, den sich die Grafen Kuenburg ab 1672 errichten ließen. Heute dient es als Studentenwohnheim (keine Besichtigung).

Wasserinszenierungen im »römischen Theater« in Hellbrunn

Schloss Emsburg, Schloss Emslieb ▶

Auch die beiden Schlösschen Emsburg (Hellbrunner Allee 52) und Emslieb (Hellbrunner Allee 65), beide 1618 errichtet, befinden sich in Privatbesitz und können nicht besichtigt werden.

★ Schloss Hellbrunn

Den Endpunkt der Allee bildet Schloss Hellbrunn. Erzbischof Markus Sittikus ließ 1613 – 1616 vom Dombaumeister Solari **nach römischem Vorbild** Schloss, Park und Wasserspiele anlegen. Das manieristisch-frühbarocke Ensemble überdauerte die Jahrhunderte fast unverändert. Schloss und Wasserspiele sind nur mit Führung zugänglich. Außergewöhnlich sind die handgemalten chinesischen Papiertapeten im Schlafzimmer, der prächtige Kachelofen im Speisesaal und der Festsaal (Öffnungszeiten: April/Okt. 9.00 – 16.30, Mai/Sept. bis 17.30, Juli/Aug. Schloss bis 18.00, Wasserspiele bis 22.00 Uhr).

★ Wasserspiele, Mechanisches Theater

Den Ziergarten schmücken zahlreiche Statuen, Brunnen und Grotten mit durch Wasserkraft betriebenen Spielereien und Scherzen – auf Kosten anderer, versteht sich. Dazu gehört vor allem der Fürstentisch: An lauen Sommerabenden lud der Erzbischof seine Gäste hierher ein. Wenn ihm die Stimmung ausgelassen genug schien, winkte er seinem Brunnenmeister, und aus jedem Hocker schoss ein starker Wasserstrahl hervor. Da sich die Gäste nicht vor dem Erzbischof, der selbstverständlich »auf dem Trockenen saß«, erheben durften ... Als originellste Anlage gilt aber das »Mechanische Theater«. Es präsentiert das Leben und Treiben in einer barocken Kleinstadt mit 256 Figuren und Orgelwerk.

Oberhalb des zentralen Teiches steht auf dem Hellbrunner Berg das 1615 erbaute, früher nur einen Monat im Jahr zur Jagdzeit bewohnte sog. Monatsschlössl, das seit 1924 das sehenswerte **Salzburger Volkskundemuseum**, eine Abteilung des »Salzburg Museums«, beherbergt (Öffnungszeiten: April – Okt. tgl. 10.00 – 17.00 Uhr). Hinter dem Schlössl gelangt man zum Steinernen Theater, einer natürlichen, von Menschenhand erweiterten Felsschlucht, wo 1617 eine der ersten Opernaufführungen im deutschsprachigen Raum stattfand.

Monatsschlössl, Steinernes Theater

An den Schlosspark schließt sich südlich der Tiergarten Hellbrunn an. Bemerkenswert an dem 1961 aus dem Hirschgarten hervorgegangenen Salzburger Zoo ist die erfolgreiche Tierhaltung in weitgehend naturbelassenen Gehegen (Öffnungszeiten: tgl. ab 9.00 Uhr).

Tiergarten Hellbrunn

Östlich von Hellbrunn liegt Elsbethen. Die Pfarrkirche aus dem 14. Jh. wird überragt von Schloss Goldenstein, um 1350 durch die Herren von Haunsperg errichtet. Auf dem Gelände des Schlosses wurde ein römischer Gutshof ausgegraben (keine Besichtigung).
Im Ortsteil Glasenbach hat das Heimatmuseum mit rekonstruierter Schusterwerkstatt und Schnapsbrennerei seinen Sitz (Öffnungszeiten: Mai – Sept. So. 10.00 – 12.00 und 14.00 – 17.00 Uhr).

Elsbethen

Ein lohnendes Wanderziel ist die nahe, **an Versteinerungen reiche** Glasenbachklamm.

Glasenbachklamm

Anif am südlichen Stadtrand von Salzburg hat sich seinen ländlichen Charakter bewahrt. Das romantische Wasserschloss Anif geriet in den Blickpunkt der Weltöffentlichkeit, als **1918 König Ludwig III. von Bayern** hier Zuflucht suchte und **seine Abdankung erklärte**. Errichtet wurde das im 19. Jh. in Tudorgotik umgebaute »Castle« bereits im 16. Jh., es gehörte bis 1814 den Fürstbischöfen von Chiemsee (keine Besichtigung).

Schloss Anif

Die mitten im Ort gelegene Pfarrkirche **St. Oswald** besitzt einen spätromanischen Nordturm aus Nagelfluhquadern. Auf dem Friedhof befindet sich die Grabstätte des Dirigenten **Herbert von Karajan** (► Berühmte Persönlichkeiten).

! *Baedeker* TIPP

Park Anif ...

... ist für die Öffentlichkeit ebenso unzugänglich wie das Schloss, doch gibt es Ausnahmen anlässlich wichtiger Ereignisse: zur Fronleichnamsprozession, zum Turmblasen im Advent und zum Eislaufen und Eisstockschießen im Winter.

Westliche Umgebung von Salzburg

Österreichs **größte Privatbrauerei** hat ihr **500-jähriges Bestehen** zum Anlass genommen, am westlichen Stadtrand von Salzburg in ihrem ältesten Gebäude ein Bier-Museum samt Erlebnis-Brauerei ein-

Stiegl-Brauwelt

zurichten (Eingang Bräuhausstr. 9; Öffnungszeiten: tgl. 10.00 bis 17.00, Juli/Aug. bis 19.00 Uhr; www.brauwelt.at; Eintrittspreis inklusive Verkostung und Geschenk).

Schloss Kleßheim

Rund 3 km nordwestlich vom Salzburger Stadtteil Maxglan steht das Barockschloss Kleßheim, 1700 – 1709 nach Plänen von J. B. Fischer von Erlach für den Fürsterzbischof Johann Ernst Graf von Thun errichtet. Heute gehört es der Salzburger Landesregierung und bildet den noblen Rahmen für das **Salzburger Spielkasino** (Öffnungszeiten: tgl. ab 15.00 Uhr).

Salzkammergut

H–M 2–4

Bundesländer: Oberösterreich, Salzburg und Steiermark

Das Salzkammergut ist einer der Inbegriffe für einen Österreich-Urlaub: Das zauberhafte seenreiche Voralpen- und Alpengebiet vereinigt Natur und Kultur aufs Schönste und ist eine der meistbesuchten Regionen Österreichs.

Beliebte Urlaubsregion

Das außerordentlich vielfältige **Sportangebot** reicht von gemütlich bis extrem und hat für alle Altersgruppen etwas zu bieten, **Kultursommer** in verschiedenen Orten erfreuen mit Konzerten, Lesungen und Ausstellungen. Und die großartige, ja einzigartige **Natur** fasziniert wohl jeden Gast dieses schönen Landes. Der schroffe Gegensatz zwischen den Wasserflächen der über vierzig großen und kleinen Seen und den grünen Almen, den markanten Gipfeln und schroffen Steilwänden der umliegenden Berge gehört zu den herrlichsten Eindrücken einer Österreich-Reise. Auf dem Schafberg genießt man einen traumhaften Blick über diese Landschaft.

Geografisch gesehen umfasst das Salzkammergut die Gebiete ► Attersee, Ausseer Land (► Bad Aussee), ► Bad Ischl und den ► Wolfgangsee, die Ferienregion ► Traunsee, den ► Fuschlsee, das Innere Salzkammergut mit dem ► Hallstätter See und dem ► Dachstein sowie die Ferienregion ► Mondsee. Damit gehört das Salzkammergut größtenteils zu Oberösterreich, greift aber mit dem Wolfgang- und Fuschlsee nach Salzburg und mit dem Ausseer Land in die Steiermark über. Das Kernland des Salzkammergutes war zu Beginn der

► SALZKAMMERGUT

AUSKUNFT

Salzkammergut Tourismus-Marketing GmbH
Salinenplatz 1, A-4820 Bad Ischl
Tel. 0 61 32 / 26 90 90, Fax 2 69 09 14
www.salzkammergut.at

Weit schweift der Blick vom Schoberstein aus über den Attersee.

Neuzeit die Region um Ischl, als fürstlicher Grundbesitz und als Kammergut mit Sonderrechten ein außerordentlich lukrativer »Staat im Staate«. Aus der politisch-wirtschaftlichen Fachbezeichnung wurde im Lauf der Zeit der heute **ausschließlich geografisch-touristisch zu verstehende Begriff**.

★ St. Johann im Pongau

H 5

Höhe : 615 m ü. d. M.
Landschaft: Pongau
Einwohnerzahl: 10 300

St. Johann im Pongau, Bezirkshauptstadt und modernes Zentrum des Pongaus im mittleren Salzachtal, ist vor allem für einen maßgeschneiderten Winterurlaub bekannt. Der Ort hat sich mit Altenmarkt, Flachau, Radstadt, Wagrain u. a. zur sog. Sportwelt Amadé zusammengeschlossen.

Ski und Après: Sportwelt Amadé

Der touristische Verbund fördert insbesondere den Wintersport und spricht mit einem Skipass für eine Vielzahl von Skiliften, Abfahrten aller Schwierigkeitsgrade sowie einem ausgedehnten Rahmenprogramm bzw. Après-Ski-Angebot vor allem junges Publikum an. Aber auch im Sommer wird in St. Johann Outdoor-Sport mit fast grenzenlosen Möglichkeiten zum Raften, Canyoning, Klettern und Wandern ganz besonders groß geschrieben.

ST. JOHANN ERLEBEN

BERGBAHNEN

Kabinenbahn Alpendorf
St. Johann, 703 – 1537 m ü. d. M.
Tel. 0 64 12 / 62 60

Gernkogel-Panoramabahn
St. Johann, Sesselbahn, Anschluss an Kabinenbahn Alpendorf
1530 – 1735 m ü. d. M.
Tel. 0 64 12 / 62 60

ÜBERNACHTEN

► Luxus
Hotel Lerch
Liechtensteinklammstr. 12
A-5600 St. Johann
Tel. 0 64 12 / 42 51, Fax 40 15 13
www.hotel-lerch.at; 50 B.
Ein Paradies für Kinder: große Gartenanlage mit Minibauernhof, Ponyreiten, Streichelzoo und Abenteuerspielplatz; Kinderbetreuung.

► Komfortabel
Sporthotel Prem
Premweg 7, A-5600 St. Johann
Tel. 0 64 12 / 63 15, Fax, 63 15 47
www.prem.at; 58 B.
Hier fühlen sich v. a. Tennisspieler überaus wohl.

ESSEN

► Preisgünstig
Gasthof Grubhöhe
Wagrainer Str. 38, St. Johann
Tel. 0 64 12 / 84 32
Familiär geführter Gasthof mit gutbürgerlicher Küche.

AUSKUNFT

Tourismusverband St. Johann
A-5600 St. Johann im Pongau
Ing.-Ludwig-Pech-Straße 1
Tel. 0 64 12 / 60 36, Fax 60 36-74
www.stjohann.co.at

Sehenswertes in St. Johann und Umgebung

Pongauer Dom

St. Johann im Pongau liegt auf einer sonnigen Terrasse über dem rechten Ufer der Salzach. Die neugotische zweitürmige Pfarrkirche St. Johannes, wegen ihrer **großartigen Raumwirkung** auch »Pongauer Dom« genannt, beherrscht das Bild der Stadt. Sie wurde 1855 bis 1861 neu errichtet, nachdem der 924 erstmals erwähnte Vorgängerbau einem großen Stadtbrand zum Opfer gefallen war (►S. 103).

Annakapelle

Die nahe gelegene Annakapelle (14. Jh.) ist ein ehemaliger Karner (Beinhaus). Die Heiligenfiguren auf einem Altar im Untergeschoss gelten als bedeutende Werke der Schnitzkunst aus der Zeit um 1530.

★★ Liechtensteinklamm

Wenig südlich von St. Veit bieten die brausenden Wassermassen des Großarlbachs in einer der **großartigsten Felsschluchten der Alpen** ein überwältigendes Naturschauspiel. Ihren Namen verdankt die Klamm übrigens dem Fürsten zu Liechtenstein, der 1876 durch eine Geldspende die Erschließung ermöglichte. Die bis zu 300 m tiefe

Atemberaubend, aber ungefährlich ist der Weg durch die berühmte Liechtensteinklamm. →

Liechtensteinklamm sollte man am besten morgens durchwandern, wenn entlang des mit Geländer gesicherten Wegs die besten Lichtverhältnisse herrschen. Der Wasserfall ist nahezu 60 m hoch (Öffnungszeiten: Mai – Okt. 8.00 – 17.00 Uhr).

Alpendorf Kids-Club Jeder Tag ein Abenteuer, so lautet das Motto des Alpendorf Kids-Club von St. Johann. Kleine Abenteurer erwartet ein Pfadfindertrail, Olympic Games oder ein Bauernhofbesuch und natürlich der Abenteuerspielplatz mit Go-Carts, Riesensprungmatte, Malwänden, Kleintierstreichelzoo, Ponyreiten u. v. m. (www.alpendorf.at).

Schaubergwerk Arthurstollen Nördlich von St. Johann (in Einöden) kann man im Arthurstollen, der einst zur Erschließung der Lagerstätten im Süden des Mitterberger Kupferbergbaus diente, die **Arbeitsweise bronzezeitlicher Bergleute** kennen lernen (Öffnungszeiten: Mitte Mai – Mitte Okt. Di. bis So. 10.00 – 16.00 Uhr; Besichtigung nur im Rahmen einer Führung).

St. Michael im Lungau

K 7

Höhe : 1075 m ü. d. M.
Landschaft: Lungau
Einwohnerzahl: 3400

Im Tal der Mur, am Fuß des Katschberges liegt der Wander- und Wintersportort St. Michael. Seine frühere Bedeutung verdankte er dem Bergbau sowie seiner Lage an einer wichtigen Handelsstraße: Vom 14. Jh. bis zum Bau der Tauernautobahn führte die Tauernstraße über den Katschberg durch den Ort.

Sehenswertes in St. Michael und Umgebung

Pfarrkirche St. Michael Die heutige Kirche St. Michael entstand in mehreren Bauphasen während des Mittelalters, Anfang des 17. Jh.s wurde sie barockisiert. Als künstlerisch wertvoll gelten die Fresken in der Kirche: An der Chorsüdwand wurden Reste einer spätromanischen Ausmalung (um 1240) freigelegt. Besonders drastisch zeigen die Wandmalereien an der südlichen Langhauswand die sieben Todsünden (1620). In der Vorhalle der Kirche ist ein römischer Grabstein angebracht.

Wolfgangkapelle Südöstlich der Pfarrkirche steht beim Friedhof die Wolfgangkapelle, ein ehemaliger Karner aus dem 14. Jahrhundert. Neben gotischen Fresken ist die Wolfgangstatuette aus dem 15. Jh. von Bedeutung.

Filialkirche St. Ägidius Nahe dem nordwestlichen Ortsrand von St. Michael erhebt sich auf einem Berghang die ehemalige Wallfahrtskirche St. Ägidius. Das interessante Christophorus-Fresko in der Sakristei hat ein oberitalienischer Wandmaler um 1400 geschaffen.

ST. MICHAEL ERLEBEN

AUSKUNFT

Tourismusverband St. Michael
Raikaplatz 242, A-5582 St. Michael
Tel. 0 64 78 / 89 13
www.st.michael-lungau.at

BERGBAHNEN

Doppelsesselbahn St. Michael
St. Michael, 1100 – 1918 m ü. d. M.
Tel. 0 64 77 / 89 13

Aineck-Dreiersesselbahn
St. Michael, 1640 – 2220 m ü. d. M.
Tel. 9 64 76 / 8 12

ESSEN

▸ Fein & teuer

Der Wastlwirt
Marktstr. 13, St. Michael
Tel. 0 64 77 / 7 15 50
www.wastlwirt.at
Zu den Spezialitäten dieses Lungauer Gasthofes gehören Tauernlamm und Lungauer Bauernbraten. Das dazugehörige Lifestyle-Hotel hat mehr als 50 verschiedene Lifestyle-Pakete im Angebot.

ÜBERNACHTEN

▸ Luxus

Eggerwirt
Kaltbachstr. 5, St. Michael
Tel. 0 64 77 / 8 22 40
www.eggerwirt.at
Wellness und Beauty versprechen die ausgedehnte Badelandschaft, Vitalpark, Fitnesspavillon und der Meditations-Tempel.

St. Martin im Lungau

Kostbare Fresken bewahrt auch die Filialkirche in St. Martin. An der nördlichen Außenwand des Langhauses befindet sich ein bemerkenswerter **Freskenzyklus** (um 1380). Beachtenswert sind im Innern der Hochaltar (1738) und ein schöner spätgotischer Flügelaltar (um 1520). In die südliche Turmwand ist ein römischer Grabstein eingefügt. Dargestellt sind darauf eine Frau mit einer so genannten Norischen Haube und ein Mann in einer Toga.

St. Margarethen im Lungau

Im kleinen Ort St. Margarethen weisen mehrere Funde auf eine **Besiedlung in römischer Zeit** hin. Beim Gemeindeamt stehen ein römischer Meilenstein und ein Relief. Von St. Margarethen aus kann man an Führungen zur Trottner Mühle aus dem 18. Jh. teilnehmen.

Thomatal

Die Gemeinde Thomatal lebte vom Mittelalter bis weit ins 19. Jh. hinein vom Abbau und der Weiterverarbeitung von Eisenerz. Davon zeugt die Schmelzofenanlage Bundschuh, 5 km südwestlich des Ortskerns (Öffnungszeiten: Juni – Sept. Mi. und So. 10.00 – 16.00 Uhr). 🕒

Muhr

Ein Sträßchen führt von St. Michael in westlicher Richtung nach Muhr, Schauplatz der sommerlichen Prozessionen mit den sog. **Prangstangen**. Die Legende berichtet, Bauersfrauen hätten einst am Ende einer schrecklichen Heuschreckenplage zum Dank mehrere Meter hohe Stangen mit Blumen geschmückt und alle hätten die blühende Pracht durch den Ort zur Kirche getragen. Der farbenfrohe Brauch wird – auch zur Freude der Touristen – bis heute ausgeübt.

Zederhaus Auch Zederhaus bewahrt die Tradition des Prangstangentragens. Am 24. Juni werden die bis zu 85 kg schweren und zwischen 8 und 12 m hohen Prangstangen bei der Prozession mitgetragen und anschließend in der Kirche aufgestellt – ein Ereignis, das alljährlich Tausende von Besuchern anzieht. Wer zu spät kommt: Bis zum 15. August können die Prangstangen in der Pfarrkirche bewundert werden. Dann werden die Blumen abgenommen und als Weihkräuter bis zum Weihnachtsfest aufbewahrt.

Fürs Blumenbinden braucht man geschickte Finger!

Vom am Ende des Murtales gelegenen **Rotgülden** steigt man, vorbei am Unteren und Oberen Rotgüldensee, in vier bis fünf Stunden zum Großen Hafner (3076 m) auf. Bei Rotgülden wurde ab dem hohen Mittelalter Gold und Silber abgebaut. Noch bedeutungsvoller war aber das reiche Arsenerzvorkommen, wodurch Rotgülden zum **weltweit größten Arsenlieferanten** aufstieg. Der Abbau wurde erst 1924 ganz eingestellt.

St. Veit im Pongau

G 6

Höhe: 763 m ü. d. M.
Landschaft: Pongau
Einwohnerzahl: 2800

Wenig südlich von St. Johann liegt der Luftkurort St. Veit auf einer sonnigen Terrasse 200 m über dem Salzachtal. In der Ortsmitte erstreckt sich der verkehrsfreie Marktplatz mit seinen schönen Bürgerhäusern, Gasthäusern und Cafés.

Sehenswertes in St. Veit und Umgebung

Pfarrkirche St. Vitus Etwas erhöht liegt St. Vitus, die einzige vierschiffige Pfarrkirche im Land Salzburg. Sie entstand im 14./15. Jh. unter Einbeziehung von romanischen Bauteilen. In beiden Seitenschiffen sind Reste von gotischer Wandmalerei sichtbar, die Altäre stammen aus der Barockzeit.

Heimatmuseum In einem 1738 errichteten Bauernhaus ist das Heimatmuseum. Zwei eigene Räume sind dem österreichischen Schriftsteller **Thomas Bern-**

ST. VEIT ERLEBEN

AUSKUNFT

Tourismusgemeinschaft St. Veit / Schwarzach
Markt 1, A-5620 Schwarzach
Tel. 0 64 15 / 75 20, Fax 79 33
www.sonnenterrasse.at

ESSEN

► Preiswert

Laterndlwirt
St. Veiter Str. 5, St. Veit
Tel. 0 64 15 / 74 04-0
www.laterndlwirt.at

Ob für eine Kleinigkeit oder eine regionale Spezialität, einladend wirkt die Gaststube immer. »Ritterliche« Atmosphäre herrscht in der Hausbar »Excalibur«.

ÜBERNACHTEN

► Komfortabel

Metzgerwirt
Markt 5, A-5621 St. Veit
Tel. 0 64 15 / 74 14, Fax 74 14 12
www.metzgerwirt-stveit.com
Erholungsresort mit Wellness-Oase

hard gewidmet, der viele Jahre als Gast in St. Veit weilte (Öffnungszeiten: Mai – Okt. Fr. 14.00 – 17.00, So. 10.00 – 12.00 und 14.00 bis 17.00 Uhr).

Seelackenmühle

Die nahe stehende Seelackenmühle wird vom Heimatmuseum unterhalten. Sie wurde nach alten Plänen neu errichtet und mit einer historischen Innenausstattung versehen.

Schwarzach

Wo das Salzachtal etwas breiter wird, liegt der Markt Schwarzach. Er bildet zusammen mit St. Veit und Goldegg einen Tourismusverbund. Sein Zentrum liegt etwas abseits oberhalb der Bundesstraße.

◄ Vikariatskirche

Die Vikariatskirche zur Unbefleckten Empfängnis Mariä ist ein 1741 geweihter Rokokobau mit geschwungener Fassade und hübschem Zwiebelturm.

Schloss Schernberg

Ca. 1 km nordwestlich oberhalb von Schwarzach liegt Schloss Schernberg. Es ist nicht zu besichtigen, dafür aber die Schlosskapelle von 1402 mit ihrem spätgotischen Flügelaltar. Um 1450 entstand die Skulptur Maria mit Kind. Die übrige Ausstattung ist überwiegend neugotisch.

Goldegg

Wer seine Ferien gern in einem ländlich wirkenden Ort, abseits der großen Durchgangsstraßen, in malerischer Umgebung verbringen möchte, sollte Goldegg als Ziel wählen. Der kleine Moorbadesee (mit Freibad) unmittelbar beim Ort erhöht den Ferienspaß. Überragt wird der Ort von Schloss Goldegg. Es wurde 1323 errichtet und in der ersten Hälfte des 16. Jh.s zum repräsentativen Schloss umgebaut, das heute das Pongauer Heimatmuseum beherbergt (Öffnungszeiten: Juli/August Do. – Di. 15.00 – 18.00 Uhr).

◄ Schloss Goldegg

✶ Tamsweg

17

Höhe : 1024 m ü. d. M. **Einwohnerzahl:** 6000
Landschaft: Lungau

Die hübsche Gemeinde Tamsweg ist der Hauptort des Lungaus, alle bedeutenden Straßen der Region laufen hier zusammen. Obwohl sich der Lungau topografisch nur nach Osten in Richtung Steiermark öffnet, gehörte er doch politisch erst zu Kärnten und seit dem Mittelalter dann zu Salzburg.

✶ Abgeschiedene Idylle

Ungeachtet der Tatsache, dass die **uralte Handelsstraße** von Italien nach Salzburg mitten durch den Lungau hindurchführte, blieb das Gebiet lange Zeit recht abgeschieden. Tatsächlich wurde erst in den 1970er-Jahren durch den Bau der mautpflichtigen Tauernautobahn mit dem Tauern- und dem Katschbergtunnel der Lungau touristisch erschlossen und avancierte seither zum beliebten Ferienziel. Die Einheimischen verweisen aber gegenüber Touristen gerne darauf, dass das Zahlenverhältnis von Rindern zu Gästebetten immer noch zu Gunsten des Rindviehs steht.

Samsonumzüge

Berühmt ist der Lungau und insbesondere Tamsweg für die Samsonumzüge, die hier von Juni bis August stattfinden. Die Figur des Riesen **Samson** wurde vermutlich aus der slawischen Mythologie übernommen. Er soll einer alten Überlieferung nach den großen Gott repräsentieren, der in jedem Frühjahr die Natur wieder zum Leben erweckt. Der Samson wird bei Prozessionen von etlichen starken

TAMSWEG ERLEBEN

ESSEN

► Preiswert

Saliterer
Wölting 22, Tamsweg
Tel. 0 64 74 / 64 96
www.saliterer.com
Bodenständige, angenehme Küche.

ÜBERNACHTEN

► Komfortabel

Gasthof Gambswirt
Marktplatz 7, A-5580 Tamsweg
Tel. 0 64 74 / 23 37, Fax 23 37 53
www.gambswirt.at
Traditionshaus mit guter Küche und großem Saunabereich.

SCHMALSPURBAHN

Murtalbahn
Tamsweg – Murau (Steiermark)
Streckenlänge: 38 km
Diesel- und Dampfbetrieb
Im Sommer gibt es einen Fahrplan, für Gruppen nach Anmeldung das ganze Jahr über.

AUSKUNFT

Tourismusverband Tamsweg
Kirchengasse 8
A-5580 Tamsweg
Tel. 0 64 74 / 21 45
Fax 21 45 42
www.tamsweg.at

Männern feierlich durch die Straßen getragen. Begleitet wird der Riese von zwei Zwergen, einer Frau und einem Mann, die Sonne und Mond versinnbildlichen (S. 185).

Sehenswertes in Tamsweg und Umgebung

✶ Wallfahrtskirche St. Leonhard

Tamsweg ist insbesondere bekannt für seine spätgotische Wallfahrtskirche St. Leonhard (1430–1433). Sie steht südwestlich etwas außerhalb des Ortes und ist **eine der bedeutendsten Wallfahrtskirchen Österreichs**. Berühmt sind die herrlichen **Glasfenster**, besonders das überwiegend aus blauen und goldgelben Scheiben gestaltete »Goldfenster«; sehenswert sind ferner die gotischen Tafelbilder der Altäre (um 1460) und die Fresken im Chor (1433).

Die wundervollen Glasfenster von St. Leonhard begeistern durch ihre herrlichen Farben.

Das **Heimatmuseum** besitzt außer kirchlichem und bäuerlichem Gerät sowie römischen Fundstücken einen **über 6 m hohen und fast 98 kg schweren Samson** (nur mit Führung zugänglich: Juni–Mitte Sept. Di.–Fr. 10.00, 14.00 u. 15.30 Uhr).

Der **Prebersee** 10 km nordöstlich von Tamsweg lädt zum Wandern ein und ist am letzten Wochenende im August Schauplatz eines eigenartigen Wettbewerbs, des sog. **Wasserscheibenschießens**: Der Schütze steht am einen Ufer, die Zielscheibe am anderen – gezielt wird auf ihr Spiegelbild im Wasser! Vom Prebersee aus ersteigt man in gut drei Stunden den nördlich aufragenden Preber (2741 m).

Burg Finstergrün

Oberhalb des abgeschiedenen Ortes **Ramingstein** thront die Burg Finstergrün – ein sehr passender Name. Die Burg wurde bereits 1139 erwähnt, verfiel jedoch seit dem 16. Jh. zusehends. Ein ungarischer Graf erwarb die Ruine um 1900 und ließ daneben eine neue romantische Burganlage errichten (Führungen: Juli, Aug. Mo., Mi., Fr., So., Mitte Mai–Juni, Sept. Mi., So. jeweils 14.00 und 15.30 Uhr). Im Ortszentrum liegt Schloss Wintergrün. Von dem im Kern gotischen Bau blieb nur der vom Rokoko geprägte Nordtrakt, das so genannte Verweshaus, erhalten.

Der stille Almsee vor der grandiosen Kulisse des Toten Gebirges

★ Totes Gebirge

M/N 3/4

Höchste Erhebung : Großer Priel (2515 m ü. d. M.)

Landschaft: Salzkammergut

Das Tote Gebirge, der zweite Hauptgebirgsstock im Salzkammergut, besitzt die größte Hochfläche der Kalkalpen überhaupt und zeigt eines der prachtvollsten Hochgebirgsbilder der Alpen.

Karge Schönheit

Im Westen und Süden wird er vom Trauntal begrenzt und durch dieses und die Mitterndorfer Talwasserscheide vom Dachsteinstock geschieden. Der große, fast vegetationslose Gebirgszug ist von **Karrenfeldern** durchzogen und erstreckt sich weit nach Osten, wo seine höchsten und schönsten Erhebungen, die prächtigen Felsgestalten des Großen Priels (2515 m) und der Spitzmauer (2446 m), in jähen Wänden zum Stodertal abfallen.

Geologische Beschaffenheit ▶

Wie alle Gebirge der Nördlichen Kalkalpen fand die Auffaltung des Toten Gebirges in der Kreidezeit statt. Basis ist der Werfener Schiefer, darüber liegt der Dolomit, obenauf die massive, stark zerklüftete Decke des dickschichtigen Dachsteinkalkes. Das gesamte östliche Hochplateau besteht aus **Dachsteinkalk** und die großen Felsgipfel darauf sind säulenartige Überreste der einst viel mächtigeren Decke.

Hochplateau

Das Priel-Schutzhaus (1520 m) bei Hinterstoder ist ein Stützpunkt nicht nur für Klettertouren, sondern auch für die Überquerungen der Hochfläche. Man gelangt zur Pühringer Hütte (1703 m) beim

Elmsee (1670 m) im Zentrum des Plateaus und weiter – entweder zu den beiden Lahngangseen (1555 m) und hinunter zum Grundlsee (► Bad Aussee) am Südfuß oder über das ebenfalls inmitten der ungeheuren Fläche gelegene Appel-Haus (1660 m) zum einsamen Wildensee (1554 m) und auf der Nordseite abwärts zum Offensee (651 m) bei der Ortschaft Ebensee (► Traunsee). Großartig ist der gewaltige Nordabsturz des Toten Gebirges zum Almsee (589 m) südlich von Grünau (► Traunsee). In krassem Gegensatz zur düsteren Großartigkeit der Hochfläche und ihres Nordabfalls steht die heitere, offene Landschaft im Süden des Gebirges. Hier schneiden zwei größere Talbecken in den Bergstock ein, in denen der Altausseer See und der Grundlsee (► Bad Aussee) liegen.

Mitterndorfer Seenplatte

Im Südosten lagert vor dem Plateau eine niedrigere Stufe, die so genannte Mitterndorfer Seenplatte, ein ungewöhnlich reizvolles Gebiet **schönster Hochalmen**. In ihren grünen Mulden sind die Wasserflächen stiller, kleiner Seen (Steirersee, 1451 m; Schwarzensee, 1549 m) eingebettet, zahlreiche Alm- und Schutzhütten liegen verstreut im weiten Gelände, das auch als Skigebiet geschätzt wird (► Bad Mitterndorf).

✶ Traunsee

L 2/3

Höhe : 422 m ü. d. M. **Landschaft:** Salzkammergut

Mit 12 km Länge, bis zu 3 km Breite und bis 191 m Tiefe gehört der Traunsee zu den größten Seen des Salzkammergutes, was sich auch im sportlichen Angebot von Angeln über Tauchen bis zu Wasserski niederschlägt.

»Traumsee«

»Der Traunsee – ein Traumsee«, so lautet die Eigenwerbung dieser Ferienregion. Eingebettet zwischen den Gipfeln des Traunsteins (1691 m), Hochkogels (1486 m) und Erlakogels (1575 m) im Osten und dem Gmundner Berg (830 m) und dem Höllengebirge im Westen, gesäumt von hübschen Orten, lohnt der malerische See einen ausgiebigen Besuch.

Sehenswerte Orte am Traunsee

✶✶ Gmunden

Der Hauptort Gmunden, einst Salzhandels-, heute Kurstadt, erstreckt sich rund um die Nordspitze des Sees. Der Spaziergang vom hübschen Rathaus mit dem Keramik-Glockenspiel über die Esplanade am Ufer entlang gibt den Blick frei auf die Halbinsel Toscana und das Landschloss Orth, das über einen Holzsteg mit dem **Seeschloss Orth** (► S. 257) verbunden ist. Letzteres dürften viele Besucher kennen – als pittoresken Schauplatz der bekannten Vorabendserie.

TRAUNSEE ERLEBEN

AUSKUNFT

Traunsee Touristik GmbH
Toscanapark 6, A-4810 Gmunden
Tel. 0 76 12 / 66 01 40, Fax 6 68 43
www.traunsee-touristik.at

BERGBAHNEN

Feuerkogel-Seilbahn
Ebensee, 425 – 1585 m ü. d. M.
Tel. 0 61 33 / 52 19

Grünberg-Seilbahn
Gmunden, 440 – 987 m ü. d. M.
Tel. 0 76 12 / 6 49 77

SCHMALSPURBAHN

Traunseebahn
Vorchdorf – Gmunden
Streckenlänge 14,6 km
Elektrischer Betrieb
Das ganze Jahr über nach Fahrplan und Sonderfahrten.

ESSEN

► Erschwinglich

① ***Waldhotel Marienbrücke***
An der Marienbrücke 5, Gmunden
Tel. 0 76 12 / 6 40 11
www.marienbruecke.at
Das etwas außerhalb vom Zentrum idyllisch gelegene Waldhotel (mit Terrasse und großem Gastgarten) bietet eine herzhafte Küche.

② ***Grünberg am See***
Traunsteinstr. 109, Gmunden
Tel. 0 76 12 / 7 77 00
www.gruenberg.at
In diesem Gasthof am Fuß des Traunsteins – mit Schiffsanlegestelle und Terrasse am See – stehen Fische aus dem Traunsee auf der Speisekarte.

ÜBERNACHTEN

► Luxus

① ***Schlosshotel Freisitz Roith***
Traunsteinstr. 87, A-4810 Gmunden
Tel. 0 76 12 / 6 49 05, Fax 6 40 05 17
www.schlosshotel.at; 41 B.
Nicht umsonst bietet dieses romantische Hotel am Ostufer des Traunsees mit Blick auf Gmunden Hochzeits- und Flitterwochenarrangements an.

► Komfortabel

② ***Landhotel Traunsee***
Klosterplatz 4, A-4801 Traunkirchen
Tel. 0 76 17 / 22 16, Fax 34 96; 30 B.
Direkt am Ufer des Traunsees gelegen mit Seeuferbereich und Liegestühlen, Tauchzentrum, Bar und Seeterrasse, Sauna und Kneippgrotte.

Gmundner Keramik ►

Seit mehr als 100 Jahren ist Gmundner Töpferware Keramikfreunden ein Begriff. Wer nicht am letzten Augustwochenende zum **berühmten Töpfermarkt** kommt – und sich diesem möglichst im historischen Triebwagen der Gmundner Straßenbahn nähert –, kann in zwei Keramikbetrieben einen Blick auf die Entstehung der schönen Gebrauchs- und Kunstgegenstände werfen (►Abb. S. 78).

Pfarrkirche Mariä Himmelfahrt

Die ursprünglich gotische, im 18. Jh. barockisierte Stadtpfarrkirche Mariä Himmelfahrt enthält neben einer geschnitzten Gruppe der Heiligen Drei Könige von Thomas Schwanthaler (1678) im Hochaltar eine Schutzmantelmadonna aus Keramik (1947).

Gmunden *Orientierung*

Übernachten

① Schlosshotel Freisitz Roith
② Landhotel Traunsee

Essen

① Waldhotel Marienbrücke
② Grünberg am See

Museen im Kammerhof

Das **Stadtmuseum** im ehemaligen Kammerhof (15. Jh.) dokumentiert Gmundens Vergangenheit als Salzumschlagplatz; mit dem **Brahmsmuseum** im Kammerhof erinnert die Stadt an einen ihrer bekanntesten Gäste. (Öffnungszeiten: Da das Museum zzt. umgestaltet wird, ist es bis zur Wiedereröffnung im Sommer 2008 nur nach Voranmeldung und nur sehr eingeschränkt zugänglich, Tel. 076 12 / 79 44 20). Eine ganz ausgefallene Attraktion ist der sogenannte **Gmundner Jahrtausendweg**. Der geologisch und kulturell interessante Rundweg, der beim Seebahnhof beginnt, zeigt in 14 Stationen die erd- und kulturgeschichtliche Entwicklung seit der letzten Eiszeit im Traunseegebiet auf (Gehzeit: ca. 3,5 Std.).

Vom Gmundner Ortsteil Weyer führt eine Schwebebahn auf den Grünberg (1004 m), wo außer schönen Wanderwegen auch eine gute **Mountainbike-Strecke** ausgewiesen ist. Geübte Bergsteiger gelangen in knapp drei Stunden zum südlich des Ortes aufragenden **Traunstein** (1691 m).

! *Baedeker* TIPP

Eine Seefahrt, die ist lustig!

Die österreichische Seedampfschifffahrt begann am Traunsee! Und der Schaufelraddampfer »Gisela«, benannt nach einer Tochter von Kaiserin Elisabeth und Kaiser Franz Joseph I., fährt immer noch: In der Hauptsaison Mitte Juli bis Anfang September startet sonn- und feiertags die Große Seerundfahrt ab Gmunden (www.traunseeschiffahrt.at).

Auch **Altmünster** am Westufer des Traunsees wartet mit einer besonderen Sehenswürdigkeit, nämlich einem Museum für Freunde des Fahrrads auf: Das **Radmuseum** dokumentiert anhand seiner Exponate die Entwicklung des gemeinen Drahtesels von der Laufmaschine bis zum Waffenrad (Maria-Theresia-Str. 3, Öffnungszeiten: Mai/Juni, Sept./Okt. Sa., So. u. Fei. 14.00 bis 17.00, Juli/Aug. tgl. 10.00 bis 12.00 u. 14.00 – 18.00 Uhr).

Wildpark Hochkreut

Im Wildpark Hochkreut, südwestlich von Altmünster auf einer Bergkuppe (960 m) zwischen Traun- und Attersee, hausen Alpensteinbock, Sikawild, Rotwild, Yak, Tarpanpferd u. ä. Der Vogelstimmen- und Pilzlehrpfad wie auch der Froschlehrtümpel sind für alte und junge Gäste interessant. Im **Panoramamuseum** werden u. a. die umliegenden Berggipfel erklärt (Öffnungszeiten: tgl. 9.00 – 18.00 Uhr).

✶ Traunkirchen

Traunkirchen liegt malerisch auf einer Halbinsel im Traunsee und besitzt eine besondere Rarität: Die originelle **Fischerkanzel** in der Pfarrkirche hat die Form eines Bootes. Eine Darstellung von Petrus als »Menschenfischer« und eines Netzes zappelnder Fische (1753) ergänzen die Kanzel. Über dem Ort steht auf einem bewaldeten Fels das Johanneskirchlein (1609). Ein Touristenmagnet ist die seit 1632 durchgeführte prächtige **Fronleichnamsprozession per Boot**.

Ebensee

Ebensee am Südende des Traunsees ist heute hauptsächlich von der Industrie geprägt. Das **Zeitgeschichtemuseum** neben der katholischen Pfarrkirche zeigt anschaulich die politische Geschichte des Landes von 1918 bis 1955 (Öffnungszeiten: Di. – So. 10.00 – 17.00 Uhr; Tel. 0 61 33 / 56 01; www.ebensee.org). Dazu gehört auch die KZ-Gedenkstätte: Von November 1943 bis zur Befreiung im Mai 1945 durch US-Truppen war hier eines der vielen **Nebenlager des KZ Mauthausen** bei Linz eingerichtet. Rund 27 000 Häftlinge aus 20 Nationen mussten Stollen bauen, die erst die Raketenversuchsanstalt

KZ-Gedenkstätte ►

Bekannt aus dem Fernsehen, ist es eines der beliebtesten Ziele am Traunsee: Seeschloss Orth.

der Nazis von Peenemünde auf Usedom aufnehmen sollten, dann aber eine Erdölraffinerie und die Produktion von Panzerteilen durch die Steyr-Daimler-Puch AG beherbergten. Ein Drittel der Häftlinge kam bei den unmenschlichen Arbeitsbedingungen ums Leben.
Der Ausschilderung im Ort folgend, kommt man zum einstigen KZ-Gelände; von der Anlage ist nur noch ein Tor erhalten. Schon 1948 ließ die Frau eines Häftlings auf einem der Massengräber ein Denkmal errichten. Heute findet man **Denkmäler verschiedener Staaten** für ihre Landsleute. Einen der Stollen kann man besichtigen – bei durchgehend 8 °C im Sommer wie im Winter ist allerdings warme Kleidung nötig (Öffnungszeiten: Mai/Juni u. Okt. Sa., So. sowie Juli bis Sept. Mi. – So. 10.00 – 12.00 u. 14.00 – 18.00 Uhr).

Höllengebirge

Das schmale Plateau des Höllengebirges, ein 17 km breiter Felsriegel, erhebt sich frei zwischen den Südenden von Attersee und Traunsee. Die Aussicht von oben war einer der Hauptgründe für die Errichtung der Seilschwebebahn von Ebensee am Traunsee auf den Feuerkogel (1594 m) am Ostrand der Hochfläche. Von der Bergstation, wo mehrere Häuser Unterkunft bieten, ist die höchste Erhebung des Gebirges, der Große Höllenkogel (1862 m), gefahrlos zu erreichen.

★ **Langbathseen**

Einen Abstecher lohnen auch die etwa 10 km nordwestlich von Ebensee liegenden idyllischen Langbathseen und der rund 15 km südöstlich zu erreichende Offensee am Fuß des Toten Gebirges. Alle drei Seen sind zum Baden geeignet.

Scharnstein, Kriminalmuseum

Rund 15 km östlich von Gmunden beginnt das schöne Almtal. Im Schloss der Gemeinde Scharnstein hat 1973 das Österreichische Kriminalmuseum seine Pforten geöffnet. Anhand exemplarischer Fälle werden die österreichische Kriminalgeschichte und der Strafvollzug vom Mittelalter bis zur Aufhebung der Todesstrafe gezeigt – die Ausstellung ist allerdings **nichts für schwache Nerven** (Öffnungszeiten: Mai – Mitte Okt. Di. – So. 9.00 bis 17.00 Uhr). Sehenswert ist auch das Museum für Zeitgeschichte im Schloss.

Grünau Wildpark Cumberland

Südlich vom idyllischen Örtchen Grünau lädt der Cumberland-Wildpark zur Besichtigung seiner über 500 Tiere aus rund 70 Arten, z. B. Elche, Wisente oder Mufflons (Öffnungszeiten: April – Okt. tgl. 9.00 – 17.00, Nov. – März Mo. – Fr. 11.00 – 16.00, Sa., So. u. Fei. ab 9.00 Uhr). Zu sehen sind auch Graugänse und Kolkraben – die **Konrad-Lorenz-Forschungsstelle** ist nämlich gleich nebenan. Für seine grundlegenden Arbeiten auf dem Gebiet der biologischen Verhaltensforschung erhielt Konrad Lorenz 1973, zusammen mit Karl von Frisch (► Wolfgangsee, ► St. Gilgen) und Nikolaas Tinbergen, den Nobelpreis für Medizin.

Uttendorf

D 6

Höhe: 804 m ü. d. M.
Einwohnerzahl: 2800
Landschaft: Pinzgau

Uttendorf, zwischen Zell am See und Mittersill im Tal der Salzach gelegen, ist ein beliebtes Zentrum des Gebirgstourismus. Im Sommer bieten sich Touren ins Stubachtal an, im Winter führen die Weißsee-Gletscherbahnen in ein attraktives und relativ schneesicheres Skigebiet.

Sehenswertes in Uttendorf

Nationalpark-Informationsstelle

Näheres zu Gletschern, historischen Saumwegen, Mineralien und zur Tier- und Pflanzenwelt des Stubachtales erfährt man in der Nationalpark-Informationsstelle nahe dem örtlichen Badesee (Öffnungszeiten: tgl. 10.00 – 12.00 Uhr).

Urzeitliches Gräberfeld

Ca. 500 m westlich der Ortschaft wurde ein Gräberfeld der Hallstattperiode freigelegt. Die bedeutendsten Funde sind heute im ► Salzburg Museum ausgestellt.

St. Margaretha

Im zu Uttendorf gehörenden Ort Schwarzenbach steht die Filialkirche St. Margaretha. Erstmals um 1320 urkundlich erwähnt, wurde sie in ihrer heutigen Form um 1470 erbaut. An der linken Langhauswand sind spätromanische Szenen aus der Margarethenlegende und

UTTENDORF ERLEBEN

AUSKUNFT

Tourismusverband Uttendorf
Dorfbachstr. 27a, A-5723 Uttendorf
Tel. 0 65 63 / 827 90, Fax 85 85
www.uttendorf.com

BERGBAHNEN

Weißsee-Gletscherbahnen: Seilbahn Rudolfshütte
Stubachtal, 1483 – 2310 m ü. d. M.,
Mittelstation: 1742 m
Bergstation: 2308 m
Tel. 0 65 63 / 82 79

Doppelsesselbahn Medelz
Stubachtal, Anschluss Seilbahn Rudolfshütte
2253 – 2550 m ü. d. M.
Tel. 0 65 63 / 82 79

ESSEN

► Preiswert

Gasthof Tischlerwirt
Tobersbachstr. 23, Uttendorf
Tel. 0 65 63 / 82 46
Kräuter und Gemüse kommen auch aus dem eigenen Garten, gemütliche Gaststube.

ÜBERNACHTEN

► Komfortabel

Alpengasthof Enzingerboden
Enzingerboden
A-5723 Uttendorf
Tel. / Fax 0 65 63 / 84 05; 60 B.
Auf 1500 m Höhe gelegenes freundliches Haus. Für den vierbeinigen Liebling gibt es einen komfortablen Hundezwinger.

Teile eines gotischen Wandfrieses aus der Zeit um 1400 erhalten. Der Hochaltar stammt vom Bildhauer Benedikt Faistenberger (1686).

★ Stubachtal

Wunderbares Wandergebiet

In Uttendorf mündet das von den Gipfeln der Glockner- und Venedigergruppe eingerahmte Stubachtal in das Tal der Salzach. Es ist ein guter Ausgangspunkt für Touren in das Kerngebiet des Nationalparks ►Hohe Tauern.

★ Weißsee-Gletscherbahnen

Am Ende des Stubachtales, nach 17 km, kommt man zum Enzingerboden (1486 m). Hier befinden sich das gleichnamige Kraftwerk und die Talstation der **Weißsee-Gletscherbahnen**. 130 Gondeln mit je sechs Sitzplätzen befördern die Gäste hinauf zur Mittelstation Grünsee (1742 m) und nach insgesamt 20 Min. Fahrtdauer zur Bergstation Weißsee (2308 m). Von hier aus besteht noch die Möglichkeit, mit der Doppelsesselbahn Medelzkopf auf 2550 m zu gelangen.

Weißsee, Rudolfshütte

Am Ufer des aufgestauten Weißsees (2323 m) liegt inmitten einer malerischen Hochgebirgsszenerie die Rudolfshütte, ein **modernes Alpinzentrum** des Österreichischen Alpenvereins. Von hier aus kann man zahlreiche leichte und mittelschwere Bergtouren unternehmen. Ein Panoramarundweg bietet Ausblick auf mehr als 20 eindrucksvol-

Der Weißsee liegt inmitten einer malerischen Hochgebirgsszenerie.

le Berggipfel. Ein Gletscherlehrweg führt zum Ödenwinkelkees (von der Rudolfshütte bis zu den Gletscherrändern dauert die Wanderung 1,5 Std.). Zudem kann man vorbei am Grünsee in ca. 2 Std. hinab zum Parkplatz am Enzingerboden wandern. Nur erfahrene Bergwanderer sollten sich die hochalpinen Touren zur Granatspitze (3086 m) und zum Sonnblick (3088 m) zumuten.

★ Wagrain

H 5/6

Höhe : 900 m ü. d. M.
Landschaft: Pongau
Einwohnerzahl: 2900

Nahe St. Johann im Pongau liegt am Rande der Radstädter Tauern, am Beginn des Kleinarltales, der Ort Wagrain. Zahlreiche schöne alte Bauernhöfe bestimmen das Bild des Marktortes, der einst an der wichtigen Durchgangsstraße nach Venedig lag.

Sehenswertes in Wagrain und im Kleinarltal

Pfarrkirche St. Rupert Die gotische Pfarrkirche St. Rupert besitzt einen recht auffallenden Grundriss: Dem Hauptschiff wurde im 15. Jh. ein fast quadratischer Einsäulenraum und 1711 nördlich ein Seitenschiff vorgesetzt. Die Ausstattung der Kirche stammt im Wesentlichen aus dem 19. und 20. Jahrhundert.

WAGRAIN ERLEBEN

BERGBAHNEN

Grafenberg-Gondelbahn
Wagrain, 900 – 1700 m ü. d. M.
Tel. 0 64 13 / 84 48

Flying-Mozart-Gondelbahn
980 – 1900 m ü. d. M.
Mittelstation: 1280 m
Tel. 0 64 13 / 84 48

Doppelsesselbahn Kleinarl
Kleinarl, 1010 – 1380 m ü. d. M.
Tel. 0 64 18 / 2 75

ESSEN

► Preiswert

Bauernstüberl
Höllensteinweg 31, Wagrain
Tel. 0 64 13 / 84 04
Deftige Pongauer Hausmannskost, mit Panoramablick über Wagrain.

Dorfkrug
Kleinarl 216, Tel. 0 64 18 / 37 40
Hervorragende österreichische Küche, beachtliche Weinkarte.

ÜBERNACHTEN

► Luxus

Sporthotel Wagrain
Hofmark 9, A-5602 Wagrain
Tel. 0 64 13 / 73 33
www.sporthotel.at; 232 B.
Wellness-Sportprogramme sorgen für das Wohlbefinden der Gäste, die Beautyfarm verwöhnt sie von den Haar- bis zu den Zehenspitzen.

AUSKUNFT

Tourismusverband Wagrain
Markt 14, A-5602 Wagrain
Tel. 0 64 13 / 84 48, Fax 84 49
www.wagrain-info.at

Friedhof

Auf dem Wagrainer Friedhof sind der wegen seiner Haltung in der Nazizeit umstrittene Heimatdichter **Karl Heinrich Waggerl** (1897 – 1973) und der Pfarrer **Joseph Mohr** (gest. 1848), der Dichter des in mehr als 70 Sprachen übersetzten Weihnachtsliedes »Stille Nacht, Heilige Nacht«, begraben.

Karl-Heinrich-Waggerl-Haus

Ein Museum ist dem Leben und Werk Karl Heinrich Waggerls gewidmet, der Wagrain zu seiner Wahlheimat erkoren hatte. Er machte sich mit Romanen und Novellen einen Namen, die das bäuerliche Dorf- und Landleben thematisieren.

Kleinarl

Der Ort Kleinarl im gleichnamigen Tal ist die Heimat der sechsfachen Weltcupsiegerin, fünffachen Weltmeisterin und Olympiasiegerin im Abfahrtslauf **Annemarie Moser-Pröll** (►Berühmte Persönlichkeiten). Ihre »Trophäensammlung« ist im »Weltcup-Café Annemarie« zu bestaunen.

Jägersee, Tappenkarsee

Ca. 5 km südlich von Kleinarl liegt der idyllische Jägersee (1120 m). Ein historischer Gasthof am See lädt zur Rast ein. Weiterwandern kann man von hier zum Tappenkarsee (1762 m), der mit einer Fläche von 23,8 ha als größter Gebirgssee der Ostalpen gilt.

Wallersee

G/H 2

Höhe: 504 m ü. d. M. **Landschaft:** Flachgau

Der Wallersee ist als Badesee vor allem bei Tagesgästen aus dem nahen Salzburg sehr geschätzt. Eingebettet ist der fast 6 km lange und 2 km breite See in die leicht hügelige Landschaft des Alpenvorlandes und in den Orten rund um den See geht es noch recht geruhsam zu.

Orte am Wallersee

Neumarkt am Wallersee Die Gemeinde Neumarkt liegt 2 km nordöstlich vom Wallersee. Neumarkt war und ist bedeutender Verkehrs- und Handelspunkt des Flachgaus. Eine Wallanlage mit einem 1638 eingefügten barocken Torturm umschließt die Ende des 19. Jh.s errichtete Pfarrkirche und den Friedhof. Das Heimatmuseum von Neumarkt zeigt bäuerlichen Hausrat und Exponate zur Ortsgeschichte. Nahe dem östlichen Ortsrand erhebt sich auf einem Höhenrücken Schloss Sieghartstein. Die Mitte des 15. Jh.s errichtete Anlage erhielt ihr heutiges Aussehen zu Beginn des 18. Jh.s (Privatbesitz, keine Besichtigung).

Straßwalchen Straßwalchen liegt nordöstlich von Neumarkt nahe der Grenze zu Oberösterreich. Der Erlebnispark Fantasiana in Straßwalchen lädt zu Zauberwaldtheater, Safari-Floßfahrt und Westerneisenbahn.

Irrsdorf ► Einen Besuch lohnt in Irrsdorf die kostbar ausgestattete **Filialkirche Mariä Himmelfahrt**. Sie bewahrt Kunstschätze, die zu den bedeutendsten des Flachgaus zählen. Sein heutiges Aussehen erhielt das Gotteshaus 1408. Die geschnitzten Eichentürflügel gelten als eines der Hauptwerke des sog. Weichen Stils. Sie zeigen die Begegnung zwischen Maria und Elisabeth, beide tragen ihre ungeborenen Kinder

WALLERSEE ERLEBEN

AUSKUNFT

Tourismusbüro Neumarkt
Hauptstr. 30, A-5202 Neumarkt
Tel. 0 62 16 / 69 07
www.neumarkt.at

ESSEN

► **Erschwinglich**
Seehotel Winkler
Ostbucht 12, Neumarkt
Tel. 0 62 16 / 52 70-0, www.seehotel.at
Das Fisch- und Schneckenrestaurant ist eine erste Adresse für Liebhaber solcher Gerichte.

ÜBERNACHTEN

► **Günstig**
Ferienhotel Herzog
Maierhofstr. 19, A-5202 Neumarkt
Tel. 0 62 16 / 45 19, Fax 4 51 94
www.ferienhotel-herzog.at
Gemütliches Hotel in der Nähe des Wallersees. Die Marmelade zum Frühstück ist hausgemacht.

sichtbar im Leib. Zu den Prunkstücken gehören drei **Barockaltäre**, die zwischen 1684 und 1691 in der Werkstatt von Meinrad Guggenbichler geschaffen wurden. Die Schreinfigur des Hochaltars, eine Madonna mit Kind, ist Überrest des gotischen Hochaltars (die Flügelreliefs sind im Salzburg Museum in der Neuen Residenz zu bewundern). An der Südwand der Kirche ist ein römisches Grabrelief eingelassen. Darüber steht die Kalksteinfigur einer Madonna mit Kind aus dem 15. Jahrhundert.

Barockes Juwel des Flachgaus: die Filialkirche Mariä Himmelfahrt in Irrsdorf

Attraktion des Heimatmuseums im 3 km nordwestlich gelegenen **Köstendorf** ist ein Holzfahrrad (Öffnungszeiten: Juni – Sept. Mi. 14.00 bis 17.00, Sa. 9.00 – 12.00 Uhr). Die Mitte des 16. Jh.s errichtete, später barockisierte Dekanatskirche besitzt eine einheitlich barocke Ausstattung und bildet zusammen mit dem Pfarrhof, einem zweigeschossigen Barockbau vom Anfang des 18. Jh.s, und dem angrenzenden Maierhof ein ansprechendes Bauensemble.
Eine sehr lohnende Wanderung führt von Köstendorf auf den Tannberg (785 m), von dem sich eine prächtige Aussicht vom Salzkammergut bis hinüber zu den Chiemgauer Bergen bietet.

Seekirchen am Wallersee

Nahe dem Südufer des Wallersees verteilen sich die Häuser von Seekirchen. Im Juli und August fährt ein **Bummelzug** von der Ortsmitte zum Strandbad. Von Seekirchen aus soll der heilige Rupert die Besiedelung des Landes um 700 begonnen haben, nachdem er sich in Salzburg einen Stützpunkt geschaffen hatte.
Die Kollegiats- und Stiftskirche St. Petrus steht in der Ortsmitte des kleinen Marktes. Die Kirche wurde im Jahr 1443 geweiht, das Langhaus kam erst um 1670 dazu. Das Hochaltarbild zeigt die Schlüsselübergabe an Petrus. Die Figuren, darunter eine Gold gefasste Gottesmutter, stammen aus dem 18. Jahrhundert.

◄ Schloss Seeburg

Nahe dem Ortsteil Seewalchen steht das Schloss Seeburg. Das im 15. Jahrhundert errichtete Gebäude erhielt sein derzeitiges Aussehen im 18. und 19. Jahrhundert und beherbergt heute das Heimat- und Stiftsmuseum mit einer Gemäldegalerie, sakralen Kunstgegenständen, alten Handschriften und bäuerlichem Gerät (Öffnungszeiten: Mo. 10.00 – 12.00 und 15.00 – 19.00, Mi. 15.00 – 20.00, Fr. 15.00 bis 19.00 Uhr).

In der Wiesmühle in **Henndorf**, Freunden der Literatur des 20. Jahrhunderts wohlbekannt, lebte von 1926 bis 1938 der Schriftsteller **Carl Zuckmayer** (1896 – 1977). In seiner sehr lesenswerten Autobiografie »Als wär's ein Stück von mir ...« beschreibt er die Wiesmühle als »Einmal gelebt im Paradies« (das Paradies ist allerdings Privatbesitz; Führungen nur nach telefonischer Vereinbarung unter 0 62 14 / 2 77). In der Autobiografie und in der Erzählung »Der Seelenbräu« verewigte Carl Zuckmayer auch den Gasthof »Caspar Moser Bräu«. Das Gebäude Hauptstraße 61 gehört zu einem Komplex von ehemaligen Brauereigebäuden (Nr. 55 – 59), die zum Teil bereits Ende 17./Anfang 18. Jh. erbaut wurden.

! *Baedeker* TIPP

Zuckmayer-Jause

In der gemütlichen holzvertäfelten Gaststube des »Caspar Moser Bräus« kann man sich eine Original-Zuckmayer-Jause servieren lassen, bestehend aus Deftigem vom Schwein, Mondseer Käse, Bier und einem doppelten Obstler – Schreiben macht offenbar hungrig.

★ Werfen

G/H 5

Höhe : 524 m ü. d. M.
Landschaft: Pongau
Einwohnerzahl: 3000

An der großen Durchgangsstraße von Salzburg nach Süden in Richtung Osttirol und Kärnten gelegen und eingebettet zwischen dem Hochkönig, dem Hagen- und dem Tennengebirge, besitzt der alte Markt Werfen zwei Attraktionen: die imponierende Burg Hohenwerfen und die fantastische Eisriesenwelt.

★ **Burg Hohenwerfen**

Nördlich über dem Ort Werfen thront auf einem bewaldeten Felsen die Burg Hohenwerfen (680 m). Der Wehrbau, bereits 1077 von Erzbischof Gebhard angelegt und jahrhundertelang als Gefängnis genutzt, wurde 1931 nach einem verheerenden Brand gründlich renoviert und 1938 vom Land Salzburg erworben. Hohenwerfen ist nur im Rahmen einer Führung zu besichtigen; gezeigt werden u. a. die Burgkapelle, das Fürstenzimmer und eine Waffensammlung. Auch das **Österreichische Falknereimuseum** hat hier seinen Sitz und demonstriert den Gästen die großartigen Flugkünste seiner gefiederten Schützlinge; interessant für Groß und Klein ist auch der Greifvogel-Lehrpfad (Öffnungszeiten: April u. Okt. tgl., im April Mo. geschlossen, 9.00 – 16.30, Mai, Juni, Sept. bis 17.00, Juli/Aug. bis 18.00 Uhr; Flugvorführungen tgl. 11.00 u. 15.00 Uhr).

WERFEN ERLEBEN

AUSKUNFT

Tourismusverband Werfen
Markt 24
A-5450 Werfen
Tel. 0 64 68 / 53 88, Fax 75 62
www.werfen.at

BERGBAHNEN

Seilbahn Eisriesenwelt
Werfen, 1076 – 1586 m ü. d. M.
Tel. 0 64 68 / 52 48 00

Ikarus 8-er Kabinenbahn
Werfenweng, 970 – 1828 m ü. d. M.
Tel. 0 64 66 / 6 14

ESSEN

▸ **Fein & teuer**
Zur Stiege
Hauptstr. 10, Werfen
Tel. 0 64 68 / 52 56
Hier kommen Feinschmecker auf ihre Kosten.

ÜBERNACHTEN

▸ **Luxus**
Hotel Obauer
Markt 46, A-5450 Werfen
Tel. 0 64 68 / 5 21 20
www.obauer.com; 17 B.
Spitzenhotel mit Spitzenrestaurant.

✶✶ Eisriesenwelt

Naturwunder Eishöhle

Die Eisriesenwelt am Westrand des Tennengebirges ist mit rund 30 000 m² Eisfläche die **weltweit größte aller bekannten Eishöhlen** und eine der fantastischsten Sehenswürdigkeiten der Ostalpen. Der renommierte britische Natur- und Tierfilmer David Attenborough zählt sie zu den 30 größten Naturwundern der Erde. Die in der Tertiärzeit durch einen unterirdischen Fluss geschaffene Höhle wurde 1879 entdeckt und ab 1912 erschlossen. Von ihren weit über 40 km ist etwa 1 km mit Eis bedeckt. Dieser Abschnitt ist als Schauhöhle der Öffentlichkeit zugänglich. Während der gut einstündigen Führung müssen 134 Höhenmeter überwunden werden. Trotz dieser Anstrengung ist neben festem Schuhwerk warme Kleidung erforderlich, denn selbst während der Sommermonate herrscht in der Höhle eine Durchschnittstemperatur von ca. 0 °C! Bedenken Sie auch, dass die Höhle ausschließlich durch mitgeführte Karbidlampen und Magnesiumlicht erhellt wird! Der gesamte Ausflug zur Eisriesenwelt und zurück dauert etwa **vier Stunden**. Die Zufahrt zur Eishöhle erfolgt von Werfen aus mit dem

Tief in der Welt der Eisriesen ...

Pkw oder kleinen Linienbussen über die 5 km lange Bergstraße zum Parkplatz nahe der Seilbahn-Talstation. Ein leicht ansteigender Fußweg führt in 15 Minuten zur Talstation. Die Seilbahnfahrt dauert 3 Minuten (zu Fuß ca. anderthalb Stunden). Vom Berggasthof Dr.-Friedrich-Oedl-Haus kommt man nach weiteren 15 Min. Fußmarsch zum Höhlenportal (1664 m). Durch die »Posselthalle« und über den »Großen Eiswall« gelangt man in die mächtige »Hymir-Halle« – benannt nach dem Eisriesen des Edda-Liedes. Die Hymir-Burg ist die mächtigste Eisfigur der Höhle; die »Eisorgel« im »Niflheim«, auch »Friggas Schleier« genannt, ist ein kuppelförmiges Gebilde von seltener Schönheit. Durch den »Mörkdom«, benannt nach dem Höhlenforscher Alexander Mörk, kommt man zum großen Eispalast, etwa 1 km im Berginneren. Dann geht es wieder zurück ans Tageslicht. Seilbahnbetrieb und Höhlenführung sind organisatorisch zusammengefasst: Mai – Ende Okt. 9.00 – 15.30 (letzte Führung) bzw. 16.30 Uhr (Juli/Aug.); Tel. 0 64 68 / 52 48 oder 52 91.

Umgebung von Werfen

Pfarrwerfen

Am gegenüberliegenden Ufer der Salzach liegt Pfarrwerfen. Sehenswert ist die gotische Pfarrkirche mit einer spätgotischen Madonna. Unter Denkmalschutz stehen **sieben Wassermühlen** (16. – 18. Jh.) entlang des Mühlbaches, in einer in Stand gesetzten Mühle finden im Sommer freitags Mahlvorführungen statt.

Werfenweng

Werfenweng ist ein beliebtes Wintersportzentrum und im Sommer ein guter Ausgangspunkt für Bergwanderungen. Ein Sessellift führt über die Strussingalm (1530 m) zur Bischlinghöhe (1836 m). Bedeutendste Sehenswürdigkeit im Ort ist das **Landes-Skimuseum** (Öffnungszeiten: Mo., Mi., Fr. – So. 10.00 – 12.00 und 14.00 – 18.00 Uhr).

Eiskogelhöhle

Der sich nordöstlich von Werfenweng erhebende Eiskogel (2321 m) besitzt mit einer **4 km langen Eishöhle** ein eindrucksvolles Naturdenkmal. Führungen (2,5 Std.; Anstieg ab Zaglau) werden organisiert vom Tourismusbüro in Werfenweng.

★ Tennengebirge

Das Tennengebirge erhebt sich nördlich des Westflügels der Niederen Tauern als Fortsetzung der nördlichen Kalkalpen. Zu seinem Formenschatz gehören Eishöhlen und Dolinen. Mit dem westlich benachbarten Hagengebirge bildete das Tennengebirge ursprünglich einen zusammenhängenden Stock, der im Lauf der Jahrtausende von der Salzach im Durchbruch des Passes Lueg durchschnitten wurde.

◄ Raucheck, Bleikogel

Am Ostrand des von Rundbuckeln und breiten Senken durchzogenen öden Hochplateaus steht die Laufener Hütte (1726 m); im jähen Südabsturz, wo als höchste Gipfel das Raucheck (2431 m) und der Bleikogel (2412 m) aufragen, gibt es noch andere Berghäuser.

← *Früher als Gefängnis, heute museal genutzt: Burg Hohenwerfen*

★★ Wolfgangsee

J 3

Höhe : 549 m ü. d. M. **Landschaft:** Salzkammergut

Der 10 km lange, 2 km breite und bis 114 m tiefe Wolfgangsee ist einfach wunderschön gelegen; im Norden erhebt sich über der steilen Falkensteinwand der Schafberg, bei St. Gilgen ragt das Zwölferhorn auf. Und wer hat nicht schon vom »Weissen Rössl am Wolfgangsee« gehört?

★★ Operette und Wallfahrt

Nicht erst seit Ralph Benatzkys walzerseliger Operette »Im Weißen Rössl« kommen Besucher an den wohl bekanntesten See im Salzkammergut. Die Wallfahrtskirche St. Wolfgang zog bereits im Mittelalter Pilgerströme an. Wer an Kultur weniger interessiert ist, kommt trotzdem auf seine Kosten: Das Wassersport-Angebot reicht vom Baden, Surfen, Segeln und Angeln bis zum Wasserskifahren, Parasailing und Tuberiding.

WOLFGANGSEE ERLEBEN

AUSKUNFT

Wolfgangsee Tourismus
Bundesstr. 1 a, A-5340 St. Gilgen
Tel. 0 62 27 / 23 48, Fax 23 48-9
www.wolfgangsee.at

BERGBAHN

Zwölferhornseilbahn
St. Gilgen, 568 – 1478 m ü. d. M.
Tel. 0 62 27 / 23 48

SCHMALSPURBAHN

Schafbergbahn
St. Wolfgang – Schafberg
Streckenlänge 5,9 km; Höhenunterschied 1188 m
Diesel- und Dampfbetrieb
Verkehrt im Sommer täglich.

ESSEN

► **Erschwinglich**

① *Gasthof zur Post*
Mozartplatz 8, St. Gilgen
Tel. 0 62 27 / 21 57
www.gasthofzurpost.at
Die Post ist ein berühmter Renaissancebau und ein architektonischer Höhepunkt in St. Gilgen. Hier lässt es sich vorzüglich und haubengekrönt speisen.

② *Kendler*
Kirchplatz 3
St. Gilgen
Tel. 0 62 27 / 22 30
Freundlicher, gepflegter Gasthof mit angeschlossener Fleischerei.

ÜBERNACHTEN

► **Luxus**

① *Hotel Hollweger*
Mondsee-Bundesstr. 2
A-5340 St. Gilgen
Tel. 0 62 27 / 22 26
Fax 79 56 52
www.hollweger.at; 86 B.
Ein inmitten einer gepflegten Gartenanlage gelegenes Hotel mit Blick auf St. Gilgen und den Wolfgangsee. Zum Hotel gehört eine eigene Badebucht und ein Hallenbad mit Sauna-Landschaft.

Sehenswerte Orte am Wolfgangsee

✶ St. Gilgen

Bis 1600 war St. Gilgen ein unbedeutendes Bauerndorf am Seeufer. Einen bescheidenen Aufschwung brachte die Spitzenklöppelei, die bis ins 19. Jh. in St. Gilgen betrieben wurde. 1873 wendete sich das Blatt: Die **Dampfschifffahrt** auf dem Wolfgangsee wurde begonnen, 1893 erfolgte die Eröffnung der **Salzkammergut-Lokalbahn** – und damit der bis heute anhaltende Zustrom Erholung suchender Sommergäste, die es immer wieder in die liebliche Seelandschaft zieht.
St. Gilgen ist eng mit dem Namen **Mozart** verknüpft: Wolfgang Amadeus' Mutter wurde hier 1720 geboren und seine Schwester Nannerl lebte mit ihrem Mann hier bis 1801.
Der schmucke Ortskern mit dem Mozart-, dem Kirch- und dem Johann-Pichler-Platz ist für den Durchgangsverkehr gänzlich gesperrt. Besucher können ihre Fahrzeuge einfach an den großen Parkplätzen an der Bundesstraße 158 abstellen. Um den Ortskern und in der hübschen Uferzone stehen etliche schöne um 1900 errichtete Villen, darunter das stattliche Hotel Billroth. Von der Uferpromenade verkehren Ausflugsschiffe nach Strobl und St. Wolfgang, zum Verweilen lädt der Seepark ein.

Mozartplatz, Rathaus

Besonders stimmungsvoll zeigt sich der Mozartplatz mit dem hübschen Rathaus (erbaut 1914/1915) und dem Mozartbrunnen. Eines der ältesten Häuser von St. Gilgen ist das »Hotel zur Post«, das noch Bauteile aus der zweiten Hälfte des 16. Jh.s besitzt. Um 1600 erhielt es das marmorne Rundbogenportal und 1618 seine Fassadenmalerei.

Pfarrkirche St. Ägydius

Die vom Friedhof umgebene Pfarrkirche St. Ägydius (1767) ist eine spätbarocke Saalkirche. An ihrer Stelle stand einst ein gotischen Bau, von dem noch Teile des Turms und die Vorhalle erhalten sind. Die

St. Gilgen Orientierung

Übernachten
① Hotel Hollweger

Essen
① Gasthof zur Post
② Kendler

Was St. Gilgen mit den Mozarts zu tun hat, wird im Instrumente-Museum erläutert.

reizende Madonna mit Kind im Chor stammt aus der **Guggenbichler-Werkstatt** (um 1700).

Mozart-Gedenkstätte

Unweit der Kirche steht das Geburtshaus von Wolfgang Amadeus Mozarts Mutter, **Anna Maria Pertl** (1720 – 1778). Ihr Vater war Gerichtspfleger in St. Gilgen. Mozarts ebenfalls hochbegabte Schwester Maria Anna, genannt **Nannerl**, heiratete 1784 einen Nachfolger ihres Großvaters und lebte mit ihm im Geburtshaus ihrer Mutter. Die Gedenktafel an der Fassade zeigt die beiden Frauen. Ein Raum des heute als Bezirksgericht genutzten Baus ist als Mozart-Gedenkstätte eingerichtet (Öffnungszeiten: Juni – Sept. tgl. 10.00 – 12.00 und 14.00 bis 18.00 Uhr).

Heimatmuseum

Das Heimatmuseum Wetzhäusl beschäftigt sich u. a. mit der Tiersammlung des Nobelpreisträgers Karl von Frisch, der die **Kommunikation der Bienen** untersuchte, besitzt aber auch filigrane Exponate wie Salzburger Klöppelspitze (Pichlerplatz 6; Öffnungszeiten: Juni bis Sept. Di – So. 10.00 – 12.00 u. 14.00 – 18.00 Uhr).

Musikinstrumente-Museum

Im Musikinstrumente-Museum der Völker sind 700 Exponate aus aller Welt zu sehen. Eine Tonbildschau informiert über »Die Mozarts und St. Gilgen« (Öffnungszeiten: Juni – Mitte Okt. Di. – So. 9.00 bis 11.00, 15.00 – 19.00 Uhr, 16. Okt. bis 6. Jan. auf Anfrage, 7. Jan. – 31. Mai Mo. – Do. 14.00 – 17.00, So. 15.00 – 18.00 Uhr).

Pilgerweg nach St. Wolfgang

Ein Pilgerweg führt von Fürberg (unweit östlich von St. Gilgen) hinauf zum Falkenstein, auf dem sich die Einsiedelei des hl. Wolfgang (►Wolfgangsee) befunden haben soll, und weiter nach St. Wolfgang (Gehzeit 3 Std., von dort kann man mit dem Schiff zurückfahren). Den Weg säumen Kapellen und Bildstöcke. Auf dem Falkenstein steht die Wallfahrtskirche Unserer Lieben Frau und des hl. Wolfgang. Die **Hacklwurfkapelle** bezeichnet den Platz, von dem aus der hl. Wolfgang sein Beil geschleudert haben soll, das an der Stelle der Pfarrkirche von St. Wolfgang niedergefallen ist.

> **! *Baedeker* TIPP**
>
> **Schwimmende k.u.k.-Nostalgie**
>
> Mit dem Schaufelraddampfer »Franz Joseph I.« wurde am 20. Mai 1873 die hiesige Passagierschifffahrt feierlich eröffnet. Er pflügt noch heute durch die Wellen, allerdings nicht mehr kohlen-, sondern dieselgetrieben, und das während der Hauptsaison im Juli zwischen Gschwendt, St. Wolfgang und St. Gilgen.

Von St. Gilgen erreicht man mit der Seilbahn in 15 Min. das **Zwölferhorn** (1522 m), im Sommer beliebtes Wanderziel und im Winter Skigebiet mit mehreren Liften. Von der Bergstation erreicht man in 10 Min. das Gipfelkreuz, von dort reicht der Blick weit über die Landschaft des Salzkammergutes. Wer den Gipfel aus eigener Kraft erwandern will, braucht von St. Gilgen ca. 3 Stunden.

Abersee

Die Bundesstraße am Südufer des Wolfgangsees erreicht nach 7 km die Häuseransammlung Abersee. Das um 1500 errichtete »Lipphaus« beherbergt ein Heimatmuseum (Öffnungszeiten: Juni – Sept. Di., Do. 14.00 – 17.00, Sa. 16.00 – 18.00, So. 10.00 – 12.00 Uhr).

Strobl

Erheblich ruhiger als in St. Gilgen oder St. Wolfgang geht es in Strobl an der Ostspitze des Wolfgangsees zu. Neben traditionellen Bauernhäusern sieht man hier eine Reihe schöner Villen aus der Zeit der vorigen Jahrhundertwende.

*** St. Wolfgang**

Zu den beliebtesten Ausflugszielen gehört das viel besungene St. Wolfgang am sonnigen Nordufer des Sees zu Füßen des Schafbergs.

**** Wallfahrtskirche**

◄ Pacher-Altar

Die spätgotische Wallfahrtskirche wurde nach einem Brand 1429 – 1477 neu erbaut und 1683 – 1697 barock ausgemalt. Der reich geschmückte spätgotische Flügelaltar von Michael Pacher (1481 fertig gestellt) am Hochaltar ist ein **Kunstwerk von einmaligem Rang** (►S. 43). Im prächtigen Mittelschrein kniet Maria als Fürbitterin vor Christus, ihr zur Seite der hl. Wolfgang und der hl. Benedikt. Das Gesprenge – der obere Teil des Altars – besteht aus vielen schlanken Türmchen, Fialen genannt.

◄ Doppelaltar von Schwanthaler

Ein einzigartiges Kunstwerk ist auch der prachtvolle barocke Doppelaltar für den hl. Wolfgang und Johannes den Täufer, **Thomas Schwanthalers Hauptwerk** (1675/1676). In der linken Hälfte des Al-

St. Wolfgang Orientierung

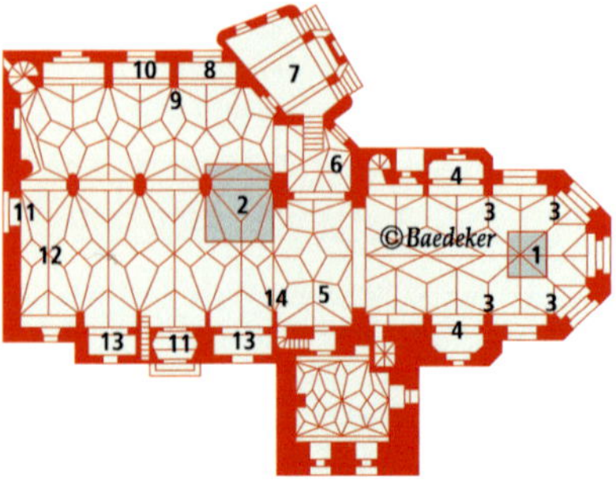

1 Pacher-Altar
2 Doppelaltar von Schwanthaler
3 Zunftstangen
4 Marmoraltäre
5 Sakristeiportal
6 Rosenkranzaltar
7 Wolfgangkapelle
8 Allerseelenaltar
9 Schmerzensmann
10 Antonius-Altar
11 Portale mit Reliefs
12 Orgel
13 Josef-Altar und Anna-Altar
14 Kanzel

tars steht die gotische Wolfgangstatue (15. Jh.) aus der 1429 abgebrannten Kirche. Drei weitere Altäre, eine ergreifende Darstellung des leidenden Heilands sowie die Kanzel stammen von Meinrad Guggenbichler, dem Meister des Klosters Mondsee. Die im Rokokostil gehaltene Wolfgangkapelle im Westteil der Kirche wurde 1713 errichtet mit der Absicht, die Zelle des hl. Wolfgang, die früher im Freien gewesen war, in die Kirche mit einzubeziehen. Nördlich der Kirche – im entzückenden Brunnenhaus – steht ein bronzener Wallfahrtsbrunnen (1515) mit allegorischen Darstellungen. Sein Überbau ist kulturhistorisch insofern sehr interessant, als er das **erste österreichische Werk im Renaissancestil** ist.

> ! *Baedeker* TIPP
>
> **»Im Weißen Rössl am Wolfgangsee ...«**
> Weltberühmt wurden St. Wolfgang und das Hotel »Weisses Rössl« durch Ralph Benatzkys Operette »Im Weißen Rössl«. Besonders fein speist man abends im Restaurant »Kaiserterrasse« mit herrlichem Blick auf See und Berge (Tel. 0 61 38 / 2 30 60; www.weissesroessl.at).

Puppenmuseum

In der Villa Bacher-Rix können 250 Puppen aus aller Welt besichtigt werden (Öffnungszeiten: tgl. 10.00 – 12.00 und 14.00 – 17.30 Uhr).

★ St. Wolfgangs Hausberg – der Schafberg

Traditionsreiche Verkehrsmittel finden sich nicht nur auf dem See, sondern auch auf dem Berg, genauer gesagt auf dem Schafberg (1783 m). Den kann man von Mai bis Oktober mit der Schafbergbahn erobern, auf deren Fahrten gelegentlich auch eine alte Dampfzahnradbahn eingesetzt wird. Insgesamt **sieben Seen des Salzkammergutes** sind vom Schafberggipfel aus zu sehen, denn er liegt zentral zwischen Wolfgang-, Mond- und Attersee und bietet einen traumhaften Blick auf die Ostalpen. Wer sich diesen Rundblick zu Fuß verdienen möchte, benötigt ab St. Wolfgang etwa 4 Stunden und kann sich in der Gipfelhütte »Himmelspforte« erholen.

Traumhaft gelegen – das »Weisse Rössl« am Wolfgangsee

★ Zeller See

E 5/6

Höhe : 750 m ü. d. M. **Landschaft:** Pinzgau

In schönster Lage zwischen den schneebedeckten Gipfeln von Großglockner und Kitzsteinhorn im Süden und den grauen Riesen des Steinernen Meeres im Norden liegt in ein hübsches Tal gebettet der Zeller See.

Zwischen Badestrand und Gletscher

Vom eiszeitlichen Saalachgletscher geschürft, aufgrund von stehen gebliebenen Endmoränen aber weder von Saalach noch von Salzach, sondern nur von Schmelzwassern gespeist, erwärmt sich der 4 km lange, 1,5 km breite und bis zu 69 m tiefe See im Hochsommer schon mal auf 23 °C, dafür ist er im Winter zur Freude der Gäste regelmäßig zugefroren.

Rund um den Zeller See und in den weiter taleinwärts gelegenen Orten bieten sich jede Menge Sportmöglichkeiten. Nicht umsonst nennt sich die touristische Interessengemeinschaft von Zell am See und ► Kaprun »**Europa-Sportregion**«. Wasser- und Wintersporteinrichtungen aller Art stehen zur Verfügung; Reiter, Golfer, Tennisspieler oder Mountainbiker finden ausgezeichnete Bedingungen. Die Schule für alpinen Segelflug (Alpenrundflüge) und Skischulen komplettieren das Angebot. Auch bei den Après-Sport-Möglichkeiten ist für Abwechslung gut gesorgt.

ZELLER SEE ERLEBEN

AUSKUNFT

Zell am See Information
Brucker Bundesstr. 1 a
A-5700 Zell am See
Tel. 0 65 42 / 7 700
Fax 7 20 32
www.zellamsee.com

BERGBAHNEN

Sonnenalmbahn
Zell am See, Seilbahn
949 – 1382 m ü. d. M.
Tel. 0 65 42 / 78 90

Sonnkogelbahn
Zell am See, Anschluss an Sonnalmbahn
1380 – 1834 m ü. d. M.
Tel. 0 65 42 / 78 90

Zeller Bergbahn
Zell am See, Seilbahn
780 – 1335 m ü. d. M.
Tel. 0 65 42 / 78 90

Schmittenhöhebahn
Zell am See, Seilbahn
939 – 1949 m ü. d. M.
Tel. 0 65 42 / 78 90

Areitbahnen
Zell am See, Seilbahn
757 – 1896 m ü. d. M.

Kohlmais-Gruppenumlaufbahn
Saalbach Hinterglemm
1015 – 1760 m ü. d. M.
Tel. 0 65 41 / 62 71 11

Reiterkogel-Doppelsesselbahn
Saalbach Hinterglemm
1126 – 1390 m ü. d. M.
Tel. 0 65 41 / 64 65 10

Zwölferkogelbahn
Saalbach Hinterglemm
1070 – 1984 m ü. d. M.
Mittelstation: 1505 m
Tel. 0 65 41 / 6 32 10

SCHMALSPURBAHN

Pinzgauer Lokalbahn
Zell am See – Mittersill – Krimml
Streckenlänge 53 km
Diesel- und Dampfbetrieb
Das ganze Jahr über nach Fahrplan, im Sommer fahrplanmäßig als Dampfzugfahrten.

ESSEN

► Fein & teuer

Schloss Prielau
Hofmannsthalstr. 10, Zell am See
Tel. 0 65 42 / 72 91 10
www.schloss-prielau.at
Das Gourmet-Restaurant Mayer's des Starkochs Andreas Mayer wurde schon mit einem Michelin-Stern und zwei Hauben ausgezeichnet.

► Erschwinglich

Erlhof
Erlhofweg 11, Thumersbach
Tel. 0 65 42 / 5 66 37
www.erlhof.at
Österreichische Küche auf hohem Niveau, angenehmer Service und gemütliche Gasträume.

Metzgerwirt
Sebastian-Hörl-Str. 11, Zell am See
Tel. 0 65 42 / 72 52 00
www.hotel-metzgerwirt.at
Familiär geführter Hotelgasthof; bodenständige Küche bei gutem Preis-Leistungs-Verhältnis.

Sonnleiten
Hinterhagweg 361, Saalbach
Tel. 0 65 41 / 6 40 20
Recht uriges Lokal mit abwechslungsreicher Küche.

▶ **Preiswert**
Forellenhof
Pfefferweg 206, Hinterglemm
Tel. 0 65 41 / 7 17 10
www.forellenhof.at
Forellen in unterschiedlichsten Zubereitungsarten; bodenständige österreichische Küche.

Grand Hotel Zell am See
Esplanade 4-6, A-5700 Zell am See
Tel. 0 65 42 / 78 80, Fax 78 83 05
www.grandhotel-zellamsee.at; 220 B.
Das Hotel, auf einer kleinen Halbinsel im Zeller See gelegen, hat einen eigenen Badestrand. Die Restaurants sowie Café und Bar haben Terrassen zum See hin.

ÜBERNACHTEN

▶ **Luxus**
Theresia-Gartenhotel
Glemmtaler Landesstr. 208
A-5754 Hinterglemm
Tel. 0 65 41 / 7 41 40, Fax 7 41 41 21
www.hotel-theresia.co.at; 98 B.
Wellness-Hotel mit direktem Einstieg in den Skicircus, große Badelandschaft. Mitglied der Kinder-Hotels.

▶ **Komfortabel**
Bellevue
Seeuferstr. 41
A-5700 Zell am See
Tel. 0 65 42 / 73 10 40, Fax 73 10 44
www.zellamsee.at/bellevue; 80 B.
Schlossähnliches Hotel mit eigenem Strand, im Winter kostenloser Skibus-Transfer.

◀ Ausflugsschiffe

Wer es geruhsam angehen will bei der Erkundung der Umgebung: Auf dem Zeller See verkehren Rundfahrtschiffe, außerdem besteht ein Liniendienst zwischen Zell am See und drei Anlegestellen am gegenüberliegenden Ufer.

Sehenswertes am Zeller See

✶ **Zell am See**

Zell am See, die lebhafte Bezirkshauptstadt des Pinzgaus, besitzt eine exponierte Lage zwischen See und Schmittenhöhe. Urkundlich bereits 749 als »Celle am Bisontio« erwähnt, entwickelte sich aus der einst bescheidenen Ansiedlung rasch ein wichtiger Marktort an einer bedeutenden Nord-Süd-Verbindung über die Tauern.
Sehenswert sind die ursprünglich romanische Pfarrkirche St. Hippolyt mit zwei Apostelfresken (um 1200), der **1000-jährige Vogtturm** am Stadtplatz mit dem Heimatmuseum (Öffnungszeiten: Juni – Mitte Okt. Mo. – Fr. 14.00 bis 18.00, bei schlechtem Wetter ab 12.00 Uhr) und das Renaissanceschloss Rosenberg (16. Jh.), das heutige Rathaus. Die **Pinzgauer Schmalspurbahn** (760 mm) schnauft in den Sommermonaten sonntags die knapp 53 km von Zell entlang der Salzach westwärts bis nach Krimml – etwas für Nostalgiefreunde.

? WUSSTEN SIE SCHON ...?

- Bedeutung erlangte Zell am See ab dem 19. Jahrhundert als Lieferant von Eisblöcken, geschnitten aus dem recht zuverlässig zugefrorenen Zeller See. Vor allem Brauereien in Süddeutschland bezogen hier das Kühlmaterial für ihren Gerstensaft.

Abendstimmung am Zeller See

✶✶ Schmittenhöhe Die Seilbahn zur Schmittenhöhe (1965 m) beginnt westlich von Zell. Oben bietet sich eine wunderbare Aussicht: Im Süden sieht man den Großglockner (davor die Staubecken des Kapruner Tals) und den Großvenediger aufragen, im Norden die Kalkalpen vom Kaisergebirge bis zum Dachstein. Bei der Bergstation steht die Elisabethkapelle zur Erinnerung daran, dass die wanderlustige Kaiserin einige Male zur Sommerfrische hierher kam. Ein aussichtsreicher Höhenweg führt in rund 45 Minuten zum Sonnkogel (1834 m); dort geht es mit dem Sessellift zur Sonnenalm (1382 m) und dann mit der Seilbahn nach Zell hinab.

Pinzgauer Spaziergang Auf der Schmittenhöhe beginnt **eine der bekanntesten Höhenwanderungen Österreichs**, der so genannte Pinzgauer Spaziergang, ein sechs- bis siebenstündiger Weg in rund 2000 m Höhe ohne wesentliche Höhenunterschiede, der immer wieder fantastische Blicke auf die umliegenden Gebirgszüge ermöglicht. Der Weg endet an der Bergstation der Schattbergbahn (Kombiticket mit der Schmittenhöhebahn möglich), die nach Saalbach abfährt. Der Bus bringt die müden Wanderer nach Zell zurück.

Schloss Prielau Nahe dem Nordufer des Zeller Sees steht inmitten von Wiesen Schloss Prielau, das heute als Hotel und Restaurant genutzt wird. Seine jetzige Gestalt erhielt es schon um 1590. Ab 1928 gehörte es zeitweise der Familie von **Hugo von Hofmannsthal**. Die barocke Filialkirche Hl. Dreifaltigkeit beim Schloss besitzt ein Hochaltarbild von Jakob Zanusi (1734).

Thumersbach

Schräg gegenüber von Zell am östlichen Ufer des Sees, auch per Schiff erreichbar, liegt der Ortsteil Thumersbach mit Strandbad, Kurpark und reizvollem Blick auf Zell und die dahinter aufragenden Berge. Schöne Seepromenaden führen von Thumersbach in zwei bis drei Stunden rund um den See nach Zell.

◄ Hundstein

Thumersbach wird östlich vom Hundstein (2117 m; Statzer Haus) überragt, einem Berg mit ausgezeichneter Rundsicht. Der Aufstieg dauert etwa vier Stunden. Alljährlich im Juli ist der Hundstein Schauplatz einer recht urtümlichen Kampfsportveranstaltung, dem so genannten »Hundstoa-Ranggeln« (► Praktische Informationen, Feiertage, Feste, Events, S. 78).

Skicircus Saalbach Hinterglemm

Nordwestlich von Zell am See erstreckt sich das Glemmtal mit dem Hauptort Saalbach. Bekannt ist die Gemeinde Saalbach Hinterglemm vor allem als Wintersportort – hier fanden schon Alpine Skiweltmeisterschaften statt. Die Pistenbedingungen sind ausgezeichnet. Hierher sollte allerdings nur fahren, wer Trubel mag. Nach Sonnenuntergang grassiert das Party-Fieber, Bars und Diskotheken haben bis lange nach Mitternacht geöffnet und sorgen für ein mondänes »Après«. Die Saalbacher und Hinterglemmer Bergbahnen verkehren aber auch im Sommer.

Skicircus – tagsüber ...

Herausragende Sehenswürdigkeiten besitzt das zur Winterszeit turbulente so Saalbach nicht. Unmittelbar nördlich der Kirche steht der Wartturm aus dem 16. Jahrhundert, der zur Lagerung von Vorräten für die Bergwerke im Saalachtal diente. Besichtigen kann man daneben das Heimathaus, ein Bauernhaus aus dem 16. Jahrhundert, das mit bäuerlichem Hausrat und Arbeitsgeräten ausgestattet ist (Öffnungszeiten: Di. und Do. 15.00 – 18.00 Uhr).

REGISTER

BILDNACHWEIS

AKG S. 33, 58, 61, 63, 159
Amman S. 21
Bacher S. 198
Baedeker-Archiv S. 85, 155, 187
Borowksi S. 38
Friedrichsmeier (Pasdzior) S. 276
Friedrichsmeier (PhotoPress/Hapf) S. 28
Friedrichsmeier (PhotoPress/Rose) S. 9, 10/11, 11, 12, 103 (unten rechts), 106 (unten links), 108 (unten rechts), 165, 175, 251
Friedrichsmeier (PhotoPress/Seve) S. 1, 5
Friedrichsmeier (Siepmann) S. 14 (oben), 91, 102, 208, 230
Friedrichsmeier (Stankiewicz) S. 14 (Mitte), 125, 205, 243
Friedrichsmeier (Wrba) S. 94, 195
Hackenberg S. 7
HB Verlag S. 8 (unten), 16, 78, 111 (oben)
HB Verlag/Holz S. 22, 97
HB Verlag/Spitta S. 3 (unten)
HB Verlag/Trummer S. 8 (oben),13 (oben, unten), 14 (unten), 15, 30, 40, 46, 50, 56, 65, 70, 76, 100/101, 101, 108 (oben und unten links), 111 (unten rechts), 112/113, 113, 126, 128, 132, 133, 141, 145, 146, 152, 171, 178, 181, 185, 188, 201, 203, 218, 222, 233 (rechts oben), 237, 240, 263, 266, 270, 273, 277
HB Verlag/Widmann S. 43, 111 (Mitte und unten links), 118, 138, 160, 163, 192
Huber S. 233 (rechts unten)
Huber/Gräfenhain S. 122
Lade S. 229
laif/Caputo S. 64/65, 88, 89, 106 (unten rechts), 214, 245
laif/Heuer S. 6, 73, 103 (oben), 213, 214, 257
Mader S. 13, 19, 86, 108 (oben rechts), 197, 252, 260
Salzburger Burgen und Schlösser S. 232, 233 (links oben und unten, Mitte unten), 234
Stankiewicz S. 150
Storto S. 77, 169, 248
Verein Dt. Salzindustrie S. 158
Wagner S. 3 (oben), 4, 27, 37, 54, 210, 223 (oben links und rechts), 224, 227
Wrba S. 5, 53, 103 (unten links), 106 (oben), 116, 149, 216, 223 (unten), 265

Titelbild: picture-alliance/IMAGNO (Fritz Simak)

VERZEICHNIS DER KARTEN & GRAFISCHEN DARSTELLUNGEN

IMPRESSUM

Ausstattung:
155 Abbildungen, 21 Karten und grafische Darstellungen, eine große Reisekarte
Text:
Isolde Bacher, Birgit Borowski, Achim Bourmer, Christian Eder, Silwen Randebrock, Reinhard Strüber
Bearbeitung:
Baedeker Redaktion
Kartografie:
Christoph Gallus, Hohberg; Franz Huber, München; MAIRDUMONT/Falk Verlag, Ostfildern (Cityplan)
3D-Illustrationen:
jangled nerves, Stuttgart
Gestalterisches Konzept:
independent Medien-Design, München (Kathrin Schemel)

Chefredaktion:
Rainer Eisenschmid, Baedeker Ostfildern

7. Auflage 2008

Urheberschaft:
Karl Baedeker Verlag, Ostfildern

Printed in China
Gedruckt auf 100% chlorfrei gebleichtem Papier

BAEDEKER VERLAGSPROGRAMM

- Ägypten
- Algarve
- Allgäu
- Amsterdam
- Andalusien
- Athen
- Australien
- Australien • Osten
- Bali
- Baltikum
- Barcelona
- Belgien
- Berlin • Potsdam
- Bodensee
- Brasilien
- Bretagne
- Brüssel
- Budapest
- Bulgarien
- Burgund
- Chicago • Große Seen
- China
- Costa Blanca
- Costa Brava
- Dänemark
- Deutsche Nordseeküste
- Deutschland
- Deutschland • Osten
- Djerba • Südtunesien
- Dominikanische Republik
- Dresden
- Dubai • Vereinigte Arabische Emirate
- Elba
- Elsass • Vogesen
- Finnland
- Florenz
- Florida
- Franken
- Frankfurt am Main
- Frankreich
- Fuerteventura
- Gardasee
- Golf von Neapel
- Gomera
- Gran Canaria
- Griechenland
- Griechische Inseln
- Großbritannien
- Hamburg
- Harz
- Hongkong • Macau
- Indien
- Irland
- Island
- Israel
- Istanbul
- Istrien • Kvarner Bucht
- Italien
- Italien • Norden
- Italien • Süden
- Italienische Adria
- Italienische Riviera
- Japan
- Jordanien
- Kalifornien
- Kanada • Osten
- Kanada • Westen
- Kanalinseln
- Kenia
- Köln
- Kopenhagen
- Korfu • Ionische Inseln
- Korsika
- Kos
- Kreta
- Kroatische Adriaküste • Dalmatien
- Kuba
- La Palma
- Lanzarote
- Lissabon
- Loire
- London

- Madeira
- Madrid
- Malediven
- Mallorca
- Malta • Gozo • Comino
- Marokko
- Mecklenburg-Vorpommern
- Menorca
- Mexiko
- Moskau
- München
- Namibia
- Neuseeland
- New York
- Niederlande
- Norwegen
- Oberbayern
- Oberitalienische Seen • Lombardei • Mailand
- Österreich
- Paris
- Peking
- Piemont
- Polen
- Polnische Ostseeküste • Danzig • Masuren
- Portugal
- Prag
- Provence • Côte d'Azur
- Rhodos
- Rom
- Rügen • Hiddensee
- Sachsen
- Salzburger Land
- St. Petersburg
- Sardinien
- Schottland
- Schwäbische Alb
- Schwarzwald
- Schweden
- Schweiz
- Sizilien
- Skandinavien
- Slowenien
- Spanien
- Spanien • Norden • Jakobsweg
- Sri Lanka
- Stuttgart
- Südafrika
- Südengland
- Südtirol
- Sylt
- Teneriffa
- Tessin
- Thailand
- Toskana
- Tschechien
- Tunesien
- Türkei
- Türkische Mittelmeerküste
- Umbrien
- Ungarn
- USA
- USA • Nordosten
- USA • Südwesten
- Usedom
- Venedig
- Vietnam
- Weimar
- Wien
- Zypern

LIEBE LESERINNEN, LIEBE LESER,

ein herzliches Dankeschön, dass Sie sich für einen Baedeker Allianz Reiseführer entschieden haben. Er wird Sie zuverlässig auf Ihrer Reise begleiten und Sie nicht im Stich lassen.
Natürlich beschreibt er die wichtigen Sehenswürdigkeiten, aber er empfiehlt auch interessante Veranstaltungen, nennt Hotels für den großen und kleinen Geldbeutel, gibt Tipps für Restaurants, Shopping und für vieles mehr, was eine Reise zum Erlebnis macht. Dafür haben die Autoren und die Redaktion Sorge getragen. Sie sind für Sie regelmäßig ins Salzburger Land gereist und haben all ihre Erfahrungen und Kenntnisse in diesen Reiseführer gepackt.

Trotzdem: Die Erfahrung zeigt, dass Fehler und Änderungen nach Drucklegung, für die der Verlag keine Haftung übernehmen kann, nicht ausgeschlossen werden können. Für Kritik, Berichtigungen und Verbesserungsvorschläge sind wir Ihnen außerordentlich dankbar. Schreiben Sie uns, mailen Sie uns oder rufen Sie an:

▶ **Verlag Karl Baedeker GmbH**
Redaktion
Postfach 3162
D-73751 Ostfildern
Tel. (0711) 4502-262, Fax -343
E-Mail: info@baedeker.com

Besuchen Sie uns auch im Internet unter www. baedeker.com. Hier finden Sie jeden Monat den aktuellen Reisetipp der Redaktion und das gesamte Verlagsprogramm. Hier können Sie auch lesen, wer Karl Baedeker war und wie er seinen ersten Reiseführer geschrieben hat. Mit seinen über 180 Jahren ist der Karl Baedeker Verlag der älteste Reiseführer-Verlag der Welt.

www.baedeker.com

ZU GEWINNEN: STADTREISE NACH LONDON

Unter allen Einsendungen verlost der Verlag am Jahresende – unter Ausschluss des Rechtswegs – eine Städtekurzreise für zwei Personen nach London.
Freuen Sie sich auf ein spannendes Wochenende in London. Natürlich ist ein Baedeker Allianz Reiseführer London auch dabei!